2026

작심 3일

요양보호사 필기/실기
합격비법노트

100% 무료강의 제공되는

"단시간에 시험에 합격할 수 있는 핵심요약+문제를 담았다!"

3일 안에도
완성할 수 있는
빠르고 쉬운 개념

언제 어디서나
가지고 다닐 수
있는 간편함

요양보호사자격증
시험 단기합격의
비법을 담은 교재

유튜브
바로가기

네이버 카페
바로가기

송아름 편저

PREFACE

여러분 안녕하십니까.

저는 간호사 출신이고, 현재 겸임교수이자, 병원컨설턴트로 간호, 보건, 요양보호사 등 다양한 분야에서 강의하고 있는 송아름입니다.

2008년 간호사면허증, 요양보호사자격증을 취득하였고, 2011년 8월부터 요양보호사 자격증 강의를 시작했습니다. 그리고 지금까지 꾸준히 요양보호사 자격증 교육 및 요양보호사 직무교육을 지속적으로 하고 있습니다.

요양보호사자격증을 쉽고 빠르게 획득할 수 있는 방법을 오프라인으로만 제공하다 보니 교재와 온라인으로도 제공해달라고 하는 요청이 늘 끊이지 않았지만, 너무 바빠서 진행하지 못하다가 이제야 여러분과 함께할 수 있게 되었습니다.

단순히 빠른 합격의 방법, 비법 제공 뿐 아니라 학문적으로나 경력적으로나 여러분들께 도움을 드릴 수 있기 때문에 이 내용들로 교재를 만들었고, 쉽게 이해할 수 있도록 강의를 제공합니다.

요양보호사교육원에서 교재를 보고 강의는 듣는데 너무 방대하고 어려워서 힘들었던 분들이 많으셨죠?
이제 걱정하지 마시고 저의 교재와 강의와 함께 하시길 바랍니다!

앞으로도 여러분의 빠른 합격을 위해 노력하겠습니다.
교재에 대한 자세한 설명은 **"간나운서 송아름"** 유튜브에서 무료 강의로 제공합니다.

GUIDE

책의 구성과 표시의 의미를 이해하시면 더욱 더 효율적으로 학습하실 수 있습니다.

* 아래와 같이 표시했어요 *

기출

핵심 개념과 연관된 기출문제 수록함

- 개념에 이어 바로 문제가 나오므로
- 한번에 두 마리 토끼를 잡을 수 있는 교재

비법

쉽게 외우는 방법, 자세히 봐야 하는 이유를 제시함

뉴스

실제 뉴스에 나온 내용

예시: 요양보호사의 학대가 주요 뉴스였을 때 시험에 나왔어요 등

뉴스에 나오는 내용은 우리가 꼭 알아야 하는 근거가 있는 내용이므로 더 확실하게 공부하고 암기 하셔야

해요!

CONTENTS

요양보호사
합격비법노트

1 요양보호 대상자 이해

1 노인의 의미와 개념

노인의 일반적 정의	• 생리적, 행동적, 심리적, 사회적으로 노화 과정 변화가 복합적 • 노화의 과정 또는 그 결과로써 생물, 심리, 사회적 기능이 약화되어 자립적 • 생활 능력과 환경에 대한 적응 능력이 약화되고 있는 사람을 의미 (국제노년학회 1951)

2 노인의 기여

경제적 기여	• 65세 이상의 노인들은 우리나라의 산업화를 이룩한 세대 • 한국전쟁 전후로 태어난 노인 세대는 국내는 물론 외국의 산업체와 건설 현장에서 열심히 일하던 우리나라를 경제 대국으로 성장시킴
정치적 기여	• 노인 세대는 산업화를 통한 경제성장과 더불어 민주화에도 기여 • 개헌을 통한 대통령 직접 선거, 평화적인 정권교체 등을 이루어냄 • 식민지와 전쟁을 겪었음에도 경제성장과 민주화를 동시에 달성한 최초의 국가로 평가받음
사회적 기여	• 노인 세대는 경제성장과 민주화 과정에서 겪게 된 많은 고통과 어려움 속에서도 가족과 사회를 지탱해 온 당사자 • 노인 세대들은 1997년 외환 위기에 동참하여 이를 극복하였고 가족과 이웃 중심의 따뜻한 집단 문화를 발전시킴 • 사회문화적 발전은 전 세계에 우리의 노래, 드라마, 음식을 전파하는 한류를 형성함

3 노인의 건강한 노화

건강	질병이 없거나 허약하지 않은 것, 신체, 정신, 사회적으로 완전히 안녕한 상태
건강한 노화	• 사회구성원으로 활발한 사회활동 • 지역사회에서 차별적인 자립적이고 행복한 삶 영위 • 신체적, 사회적, 정신적 안녕을 유지하고, 사회구성원으로서 활발한 사회활동을 하며, 지역사회에서 차별 없이 자립적으로 행복한 삶을 살도록 기회를 제공하는 것을 뜻함 • 노인이 건강하게 노화하기 위해서는 건강을 유지하고 적극적으로 사회활동을 뜻함 • 건강을 유지하기 위해서는 노인의 신체와 활동에 맞게 영양분을 섭취, 적절한 운동을 실시

건강한 노화	• **지속적으로 뇌에 자극을 주어 기억력과 인지력을 유지** • 유전적, 생활습관적 특징을 살펴 **자신에게 맞는 음식과 영양보조 식품을 섭취** • **고혈압, 당뇨, 비만, 그 밖의 질병 유무를 확인**하고 신체기능에 적합한 운동을 지속하여 신체적 노화를 늦추도록 노력 • 노인 스스로 자신감과 역할이 상실되지 않도록 사회적 관계를 유지하고 생산적 활동 • 가족, 친구 등과 접촉하며 적극적인 애정 표현과 의사소통 • 자원봉사, 여가 활동, 지역사회 참여 등 생산적 활동으로 자신감을 유지 • 노인의 건강한 노화를 지원하기 위해서는 노인의 욕구 중심으로 노인의 기능성 역량을 최대한 오랫동안 발휘할 수 있도록 도와주는 장기요양 및 돌봄, 보건의료와의 연계 필요 • 노인들이 지속적으로 학습하고 성장하는 등 기능장애의 저하에도 불구하고 사회에서 활동할 수 있도록 노인 친화적인 환경을 조성해주는 것도 중요

기출 건강한 노화의 특성으로 옳은 것은?

① 지역사회에서 전적으로 도와줄 수 있는 삶을 살도록 한다.

② 노화로 인하여 적극적 의사소통이 힘들다.

③ 연령으로 인하여 지역사회 참여는 제한되어 있다.

④ 역할이 상실되지 않도록 사회적 관계를 유지한다.

⑤ 노인 친화적인 환경은 개개인의 노력으로 충분히 가능하다.

해 옳지 않은 것을 올바르게 수정하면,
　① 지역사회에서 차별적이고 자립적인 삶을 영위하도록 한다.
　② 가족, 친구 등 지인들과 접촉하며 적극적 의사소통을 한다.
　③ 지역사회 참여, 지원봉사, 여가활동을 지속하여 자신감을 유지한다.
　⑤ 개인의 노력만으로도 불충분하여 사회에서 노인 친화적인 환경을 조성해 주어야 한다.

답 ④

기출 노화에 따라 얻을 수 있는 긍정적인 측면은?

① 오랜 시간 집중할 수 있다.　　　　② 빠르게 판단을 내릴 수 있다.

③ 지혜가 많이 축적된다.　　　　　④ 변화하는 환경에 적응하기 쉽다.

⑤ 넘치는 에너지를 쏟아부을 수 있다.

해 노인은 지혜가 많이 축적되었다는 긍적적인 측면이 있다.

답 ③

1 신체적 특성

신체적 특성	세포의 노화	뼈와 근육이 위축되어 등이 굽고 키가 줄어들며 피하지방이 감소하여 전신이 마르고 주름이 많아짐	
	면역능력의 저하	**잠재하고 있던 질병이 나타나거나 질병이 발생할 경우 급격하게 상황이 악화되어 죽음을 맞기도 함**	
	잔존능력의 저하	**신체 조직의 잔존능력이 저하**되고, 적응력이 떨어져 일상생활에서 어려운 상황이 발생할 수 있음	
		잔존능력	• 생체의 능력은 항상 최고 한도까지 쓰이고 있는 것이 아니며 일부가 쓰이고 있는 것에 불과 • 일상에 필요한 능력수준과 최대능력과의 차이가 잔존능력이며 긴급 시 혹은 운동 중에 나타남
	회복능력의 저하	만성질환이 있는 노인은 다른 합병증이 쉽게 올 수 있어 사소한 원인으로도 중증에 이를 수 있음	
	비가역적 진행	노화는 점진적으로 일어나는 진행성 과정이며, 인간의 노력으로 노화의 진행을 막을 수 없음	
		비가역적	주위 환경의 변화에 따라 이리저리 쉽게 변화하지 않는 것을 의미, 환경적으로는 회복 불가능한 상태를 의미

기출 인간의 노력으로 노화의 진행을 막을 수 없다는 것은 노인의 신체적 특성 중 무엇인가?

① 사회적 발달　　　　　　　　　　② 활동력 증가
③ 비가역적 진행　　　　　　　　　　④ 세포의 활성
⑤ 반사신경 활성

해 노화는 점진적으로 진행되는 과정으로, 인간의 노력으로 노화의 진행을 막을 수 없다는 의미로 비가역적 진행이 이루어진다.

답 ③

② 심리적 특성

심리적 특성	우울증 경향 증가	• 우울증에 빠진 노인은 **불면증, 식욕부진, 체중감소 등과 같은 신체적인 증상을 호소, 기억력이 저하, 흥미와 의욕을 상실** • 주변 사람들에게 적대적으로 대하거나 타인을 비난하는 등의 행동
	내향성의 증가	• **사회적 활동이 감소하고, 타인과 만나는 것을 기피할 뿐만 아니라 내향적인 성격이 되어 감(내향성)**

	조심성이 증가	• 나이가 들수록 조심성이 증가
		  - 일의 결과를 중시하기 때문에 조심스럽게 행동한다는 의견
		  - 시청각 및 지각 능력이 감퇴하고 **자신감이 감퇴하기 때문에 조심성이 증가**한다는 의견
		• **결단이나 행동이 느려지고 매사에 신중**

	경직성 증가	• **노인은 자신에게 익숙한 습관적인 태도나 방법을 고수** • **매사에 융통성이 없어지고 새로운 변화를 싫어하며 도전적인 일 꺼림** • 새로운 기구를 사용하거나 새로운 방식으로 일을 처리하는 데 저항
	생에 대한 회고의 경향	• 자신이 지나온 일생의 여러 요인들 즉, 가족구성, 신체적 조건, 결혼, 취업, 직장생활, 부부생활, 성생활, 성역할 등을 떠올려 보게 됨 • 지난 생에 대한 회상은 **응어리졌던 감정을 해소, 실패와 좌절에 담담해져 자아통합을 가능하게 하고 다가오는 죽음을 평온한 마음으로 맞을 수 있음**
	친근한 사물에 대한 애착심	• **오랫동안 자신이 사용해 오던 친근한 사물에 대해 애착이 강함** • 애착은 지나온 과거를 회상하거나 마음의 안락을 찾는데는 도움을 줌 • 친근한 사물에 애착을 보이는 이유는 자기 자신과 주변이 변하지 않고 유지되고 있다는 안도감, 정서적 안정감을 느끼고 세월의 흐름 속에서 자기정체감을 유지하려는 것

		애착	• 노인이 가진 대표적인 심리적 특성 • 애착이 심하면 문제가 될 수 있으나 장기요양현장에서 노인의 애착을 인정하고 환경 조성이나 서비스 제공과정에 활용하고자 하는 노력도 중요

	유산을 남기려는 경향	• 노인은 죽음의 필연성을 인식하고 생명이 유한하다는 것을 자각하면서 자신이 이 세상에 다녀갔다는 흔적을 후세에 남기고자 함 • 자신이 가치 있는 삶을 살았다는 것을 인정받고자 함 • 혈육, 물질적 재산, 창조적 업적, 전통과 가치를 남기고자 함
	의존성의 증가	• 신체적 기능이 저하되면서 **신체적으로 의존** • 임금 노동자로서의 역할을 상실함에 따라 **경제적으로 의존** • 중추신경조직이 퇴화되므로 인해 **정신적으로도 의존** • 중요한 사람을 상실하게 되면서 사회적, 심리적으로 다른 사람에게 의존

기출   노년의 우울증 경향으로 옳지 않은 것은?

① 불면증을 경험한다.

② 식욕부진이 온다.

③ 기억력 저하가 흔하다.

④ 흥미와 의욕을 상실한다.

⑤ 주변사람들은 노년의 우울증에 대해 잘 의식하지 못한다.

해 의식이 될 정도로 주변 사람들에게 적대적으로 대하거나 타인을 비난하는 행동을 한다.

답 ⑤

3 사회적 특성

사회적 특성		• 노인이 되면 사회적 역할이 변화함. 역할 변화를 편안하게 기꺼이 받아들이는 사람도 있지만 해오던 역할을 갑작스럽게 상실한 경우 위기를 경험 • 새로운 기술과 적응 방식을 사용해야 하는 역할 변화도 스트레스를 초래 • 노인은 경쟁사회에서 노동력의 노화와 생산성의 감소 등을 겪으면서 젊은 세대와의 경쟁에서 뒤쳐지게 되고 상실감과 고립감을 느낌
	역할 상실	• 노인에게 사회적 역할 변화가 생기는 대표적인 사건은 **은퇴** • 은퇴로 인해 사회적 역할을 상실할 뿐 아니라 가정 내에서도 가장으로서의 역할이나 어머니로서 가족을 돌보는 역할을 잃게 되어 심리적으로 위축
	경제적 빈곤	• 노인은 대부분 자신이 일하던 직장에서 퇴직하여 여가생활이나 새로운 일을 수행하게 됨 • 연금이나 노후 자금이 없는 경우에는 **경제적 빈곤에 놓이게 됨** • 경제협력개발기구(OECD) 국가 중 노인 빈곤율이 가장 높음
	유대감의 상실	• 노인은 직장에서 퇴직하면서도 사회적 관계도 줄어들게 됨 • 친척, 친구 관계도 소원해지고, **유대감도 줄어들거나 없어짐** • 단순화된 관계 속에서 노인은 고립감과 우울감이 증가, 자살까지도 발생
	사회적 관계 위축	• 노인은 신체적 노화를 경험하면서 복합적이고 만성적인 질환을 갖게 됨 • 고혈압, 당뇨 등의 만성질환은 다른 질환과 복합되어 나타나면서, 신체적 기능을 쇠퇴시키고, 사회적 관계에서도 부정적으로 작용

기출 노년기에 겪는 사회적특성으로 옳지 않은 것은?

① 은퇴로 인해 사회적 역할을 상실한다.

② 우리나라는 OECD 국가 중 노인 빈곤율이 가장 높다.

③ 직장에서 퇴직하지만 사회적 관계는 늘어나게 된다.

④ 단순화된 관계 속에서 고립감과 우울감이 증가하게 된다.

⑤ 신체 노화를 경험하면서 만성질환에 걸릴수도 있다.

해 직장에서 퇴직하면서도 사회적 관계도 줄어든다.

답 ③

4 생애주기와 특성

	생애주기	개인의 출생에서 사망까지의 전 과정을 의미
생애주기 특성	특성	• 입학, 진학, 취직, 결혼, 은퇴 인간의 공통적 발달상과 변화 향상이 존재 • 개인이 생활하는 문화에 따라 다르나, 순서는 공통적으로 연령과 관련 • 우리가 살아가면서 겪게 되는 사건들은 위기이자 변화의 기회 • 부정적 상태에 있더라도 실패가 아니라 변화를 위한 준비 과정으로 이해 • 각자가 속한 생애주기의 단계에서 서로 영향을 주고받으면서 변화, 발전 • 노인은 개인으로서만이 아니라, 가족 내에서 부모와 배우자로서, 지역사회에서 친구와 이웃으로서 계속 주어진 역할을 수행하며, 서로 영향

통합 대 질망	• **생애주기에서 노년기는 통합 대 절망을 경험하는 시기** • 장기요양 현장에서 노인을 만날 때 특정 시점의 일회적 만남만으로 노인의 특성을 일반화하거나 선입견을 가져서는 안 되며, 심리적 상태와 수준, 강도가 있음을 이해 • 일회적 접촉보다는 정기 및 수시 형태의 반복적 만남을 통해 해당 노인의 특성을 파악해나가는 접근이 바람직
통합	현실의 자신과 자신이 지금까지 맞이했던 모든 사건과 상황들이 자신의 삶이라는 것 그리고 그것이 바로 현재의 자신이라는 것으로 긍정하며, 죽음도 이런 사건의 일부로 인식함으로써 자신의 과거와 현재의 상황을 자기 내부로 통합할 수 있는 긍정적 능력과 상태
절망	지나온 삶과 현재의 자신을 부정적으로 인식하며, 수정될 수 없는 자신의 과거에 절망하고 다가오는 죽음 앞에서 좌절하는 심리상태를 의미

제3절 가족관계 변화와 노인 부양

1 노인 가구 형태의 변화

노인가족	노부부끼리 살거나 노인이 포함된 가족[1]
노인 가구 형태의 변화	• 현대 사회에서 가족구조와 가족관계, 가족기능, 가족생활주기에 큰 변화 • 전반적으로 **기혼 자녀와의 동거는 줄어든 반면, 혼자 살거나 노부부만 사는 세대 증가**

2 가족 관계의 변화

부부관계	• 자녀가 독립해 나가는 빈 둥지 시기가 되면 소원했던 부부관계와 친밀감 회복해야 함 • 은퇴 후 대부분의 시간을 함께 보내게 되어 건강 악화에 따른 재적응이 필요 • 생활 습관을 수정하고 병든 배우자를 돌보고 배우자의 상실에 대해서도 준비 • 역할과 취미를 공유하며 절한 상호작용 방식 재수립하면 결혼 생활 만족도를 높일 수 있음		
	역할 변화 적응	• 퇴직으로 배우자의 역할이 사회에서 가정으로 돌아와 부부간의 관계가 동반자로 전환 • 융통성 있게 가정일을 분담하는 것이 바람직 • 노년기 부부관계를 긍정적으로 유지하기 위해 적극적으로 대화하고 부부 공통의 화제나 취미생활을 만들 필요	
	배우자 사별 대한 적응	• 노인은 젊은 사람보다 죽음에 대해 더 많이 생각 • **가족이나 친한 친구의 죽음으로 스트레스를 받게 됨** • 배우자나 친구의 죽음이 현실화되면서 심한 허무감, 절망감, 고독감을 느낌 • **여성의 수명이 더 길기 때문에 대략 70%의 여성이 남편보다 오래 생존** • 노인이 혼자된 삶에 잘 적응하기 위해서는 가족이나 자녀의 지지, 자아존중감 향상 등이 필요	
	배우자 사별 적응 단계	1단계	상실감의 시기, 우울감과 비탄
		2단계	배우자 없는 생활을 받아들이고, 혼자된 사람으로서의 정체감 지님
		3단계	혼자 사는 삶을 적극적으로 개척함

---

1 (출처: 국립국어원 누리집)

부모 – 자녀 관계	• 자녀의 결혼으로 부부만 남게 되면서 '빈 둥지 증후군'을 겪음 • 핵가족화가 진행되면서 자녀가 직접 노인 부모를 부양하는 일이 점점 사라지고 있음 • **최근에 자녀가 노인 부모와 근거리에 살면서 부양을 하는 수정 확대가족이 등장** • 부모와 따로 살지만, 자주 상호 작용하면서 각자의 사생활을 지킬 수 있다는 장점

빈둥지증후군	자녀가 독립하여 집을 떠난 뒤에 부모가 경험하는 슬픔, 외로움과 상실감
수정확대가족	노인 부모가 자녀와 근거리에 살면서 자녀의 보살핌을 받는 가족 형태

고부, 장서 관계	• 가치관과 세대 차이로 여전히 고부갈등이 존재하며 **장모와 사위 간의 장서갈등도 증가** • 며느리와 시어머니, 사위와 장모 등 가정을 이룬 자녀들과의 역할 관계 재정립과 가치관 • 공유 등을 통해 바람직한 관계를 유지하도록 노력 • 노인은 가정을 이룬 자녀에게 과도하게 관심을 가지고 참견하거나 의존하기보다는 **자신의 삶을 활기차게 살아가기 위해 노력**
조부모 – 손자녀 관계	• 조부모는 손자녀와의 관계에 만족하며 부모 노릇을 할 때보다 역할에 쉽게 적응 • 조부모는 부모에 비해 손자녀에 대해 비교적 순수하게 애정으로만 감싸 줄 수 있음 • 손자녀는 노년기에 활기와 탄력을 제공하며, 노인은 손자녀에게 아낌없는 사랑을 쏟을 수 있어 손자녀의 긍정적인 자아 형성에 기여

조손가정	조부모가 부모의 이혼, 가출, 질환, 경제적 이유 등으로 가족이 해체되어 손자녀의 양육하는 도맡을 가정을 의미

형제자매 관계	• 형제자매는 일생을 통하여 서로에게 많은 영향을 미치고, 상호작용 • 노년기에 과거의 경쟁심이나 갈등이 줄어들고, 상호이해와 동조성이 강화 • 노년기 특성상 어린 시절의 생활 경험을 공유하면서 형제자매간 심리적 안정감을 공유 • 배우자나 자녀 등에 의한 지원이 충분하지 못할 때, 형제자매는 중요한 사회적 지지

기출 노년기에 변화하는 가족관계의 득성으로 옳은 것은?

① 현대 사회에 고부갈등은 거의 사라졌다.

② 삼대가 같이 생활하는 대가족이 늘어났다.

③ 조부모는 손자녀의 긍정적인 자아 형성에 기여한다.

④ 부부간의 관계가 수직적으로 변화한다.

⑤ 형제자매 간의 경쟁심과 갈등이 늘어난다.

해 부모에 비해 조부모는 양육 책임이 덜해 순수한 애정으로 감싸줄 수 있어 손자녀의 긍정적인 자아 형성에 기여한다.

답 ③

1) 노인부양 문제

노인부양 문제	• 노인 문제는 어느 사회에서나 누구나 당연하고 복합적으로 연결되어 있는 특징 • **빈곤, 질병, 고독, 무위(역할상실)** • 노인이 되면 수입이 감소하고 건강이 악화되며 소외와 고독감 • 노인은 자신이 무엇을 해야 할지 모르는 **역할 상실을 경험** • 노인 문제는 재정적, 신체적, 심리적 지원이 필요한 부양의 문제로 연결 • 노인부양 문제는 개인, 가족의 부담을 넘어 사회적 문제로 인식되어 해결하기 위해 정부에서는 **다양한 노인복지 사업을 추진** • 노부모 부양에 대한 인식 조사에서 가족이 부양해야 한다는 비중은 낮아지고 사회가 부양해야 한다는 비중은 증가한 것으로 보고
노인의 4고	• 노인의 4가지 고통으로 **병고, 빈고, 고독고, 무위고** • 노인은 이러한 고통을 한 가지만이 아니라 복합적으로 겪게 된다는 의미 • 노인이 가지는 건강과 소득, 안전과 여가의 욕구(필요)로도 연결 • 지역사회에는 이러한 노인의 문제와 욕구에 대응한 다양한 제도와 사업, 서비스들이 있으며 이러한 자원을 적절히 연계하여 활용할 수 있도록 지원

2) 노인부양 해결 방안

사회와 가족 협력	**노인부양을 위해서는 공적, 사적 부양이 모두 필요**	
	사적 부양	노인 본인이나 가족이 보살피는 부양
	공적 부양	노인복지서비스와 노인장기요양보험제도 등 국가나 사회가 노인의 생활을 지원하는 것
세대 간의 갈등 조절	• 현재의 경제, 사회발전은 과거 부모 세대가 기여한 바가 큼 • 현재의 젊은 세대는 부모 세대에 대한 존경과 감사의 의미로 사회적 부양에 대해 긍정적으로 인식할 필요 • **국민연금, 노인장기요양보험제도를 통한 세대 간 위험의 분산, 소득 재분배 등이 바람직한 세대 통합 효과** • **자녀 세대와 부모 세대의 상호 존중, 적극적 의사소통을 통해 실질적인 상호작용과 상호통합을 달성**	
노인 개인적 대처	• 노인은 1차적으로 노년의 삶을 스스로 책임질 수 있도록 노력 • **경제적으로는 연금과 보험을 이용하고 사회적으로 재교육 프로그램을 통해 삶의 변화에 대비**	
노인복지정책 강화	• **국가와 사회는 노인복지정책을 강화** • 국민연금, 기초연금을 강화하여 노후소득을 보전하고, 노인장기요양보험제도를 통해 장기적인 **돌봄 서비스를 제공할 필요** • 다양한 노인복지서비스 프로그램을 제공, 적극적이고 활기찬 여가, 노후생활 지원	

3) 요양보호와 가족의 역할

요양보호와 가족의 역할	• 인간은 태이나고 자라고 활용하고 늙어가고 죽음을 맞이하는 순간까지 누군가에게 돌봄을 받거나 돌봄을 주어야만 하는 존재 • 요양보호 과정에서는 사회복지사와 간호사, 요양보호사와 같은 공식적 돌봄 인원은 물론 배우자와 자녀, 이웃과 같은 비공식적 돌봄 인력도 함께 참여 • 재가 노인에 대해서는 24시간 모든 서비스를 요양보호사가 담당할 수 없으며, 노인의 심리 정서적 안정, 사회적 관계, 경제적 생활 유지를 위해 가족 역할이 필수적
1차적 돌봄관계	돌봄을 받는 노인과 돌봄을 주는 자의 관계
2차적 돌봄관계	1차적 돌봄관계가 유지, 지속할 수 있도록 지원하는 역할
요양보호	요양보호에 있어 배우자와 자녀 등 가족의 돌봄을 요양보호사가 함께 지원하는 것으로, 가족의 역할을 **요양보호사가 대신하거나 대체하는 것이 아니라 돕는다는 점을 명확히 인식**
돌봄인력	특정한 자격을 가지거나 직업으로서 업무를 담당하는 공식적 인력과 가족이나 이웃 같은 비공식적을 모두 포함하여 이들의 협력적 활동과 참여가 필수적

제4절　대상자 중심

과거 요양보호 관점	대상자가 자기의 다양한 요구를 표현하거나 자기 개성을 주장하면, '요구가 많아서 돌보기 어려운 노인', '말을 잘 안 듣는 노인'으로 여겨짐
인간중심 요양보호	대상자 개개인의 가치관을 존중하고 생활양식, 필요와 심신 상태에 따른 요구 등을 충분히 고려하여 개개인에 맞춘 요양보호를 제공하는 것을 의미
대상자 입장 관점	요구가 많은 이유는 무엇이며 어떻게 잘 대응할 수 있을까를 대상자 입상에서 고민하고, 숨겨진 감정과 상화 등을 파악하기 위해 의료, 재활, 복지, 요양 전문가가 모여 그 해결책을 찾아서 대응하는 것

"노인부양문제 심각"

과거에 "고려장"이라는 풍습의 부정적인 시선으로 70~90년대에는 맏아들이 결혼과 상관없이 부모를 봉양하는 형태로 변했지만, 2000년대에 들어서부터 부모 봉양에 대한 부담의 증가로 "해외 유기" 등 사회적 문제가 발생했어요. 그래서 이를 해결하고자 개인과 가족에게 노인인구 부양을 책임지게 하지 않고 <u>사회에서 노인 인구를 부양하고자 하는 취지로 2007년 「노인장기요양보험법」이 제정되었어요.</u>

→ <u>이는 노인부양문제에서 시작되었으므로 중요한 이슈 중 하나입니다!</u>

2 노인복지와 장기요양제도

1) 사회복지 분야

사회복지 분야	공공부조, 사회보험, 사회서비스	
	공공부조 (기초생활수급자)	국가와 지방자치단체 책임하에 생활 유지 능력이 없거나 생활이 어려운 국민의 최저생활을 보장하고 자립을 지원하는 제도
	사회보험 (4대보험)	• 국민에게 발생할 수 있는 질병, 실업, 장애, 사망, 소득 상실 등의 사회적 위험을 보험의 방식으로 대처하는 제도 • 국민연금(노인장기요양보험료 포함), 건강보험, 고용보험, 산재보험
	사회서비스	도움이 필요한 모든 국민에게 복지, 보건, 의료, 교육, 고용, 주거, 문화, 환경 등 분야에서 인간다운 생활을 보장하고 상담, 재활, 돌봄, 정보, 관련 시설 이용, 역량 개발, 사회참여 지원 등을 통하여 국민의 삶의 질이 향상되도록 지원하는 제도

2) 사회복지 분야 사회보장기본법 제3조

공공부조	국민기초생활보장제도	생활이 어려운 사람에게 필요한 급여를 제공하여 최저생활을 보장하고 자활을 돕는 것을 목적으로 함
사회보험	국민건강보험	국민의 질병, 부상에 대한 예방, 진단. 치료, 재활과 출산, 사망 및 건강증진에 대하여 보험급여를 제공함으로써 전 국민 보건 향상과 사회보장 증진에 기여
	국민연금보험	국민의 노령, 장애 또는 사망에 대하여 연금급여를 함으로써 국민의 생활 안정과 복지 증진에 기여
	고용보험	실업의 예방, 고용의 촉진 및 근로자의 직업능력의 개발과 향상을 꾀하고 국가의 직업지도와 직업소개 기능을 강화, 근로자가 실업한 경우에 생활에 필요한 급여를 하여 근로자의 생활 안정과 구직 활동을 촉진
	산업재해보상보험	근로자의 업무상 재해를 신속하고 공정하게 보상, 재해근로자의 재활 및 사회복귀를 촉진

사회보험	노인장기요양보험	고령이나 노인성 질병 등의 사유로 일상생활을 혼자서 수행하기 어려운 노인 등에게 제공하는 **신체활동 또는 가사 활동 지원 등의 장기요양급여에 관한 장기요양급여에 관한 사항을 규정**하여 노후의 건강증진 및 생활 안정을 도모하고 그 가족의 부담을 덜어줌으로써 국민의 삶의 질을 향상하도록 함을 목적으로 함
사회서비스		• 도움이 필요한 사람에게 제공되는 인간다운 보장, 상담, 재활, 돌봄, 정보의 제공, 관련 시설의 이용, 역량 개발, 사회참여 지원 등을 위한 개별 서비스임 • 아동, 청소년, 장애인, 여성, 노인, 다문화 가정 등의 대상별 서비스와 정신보건복지, 산업복지, 의료사회복지, 학교 사회복지 서비스 등의 분야별 서비스로 나눔

3) 고령사회 구분

고령화 사회	현재 진행형(aging)	7% ~ 13.9%	전체 인구 대비 65세 이상 **노인인구가 7% 이상 14% 미만인 국가**
고령 사회	과거형(aged)	14% ~ 19%	전체 인구 대비 65세 이상 **노인인구가 14% 이상 20% 미만인 국가**
초고령 사회	미래형(ageds)	20% 이상	전체 인구 대비 **65세 이상 노인인구가 20% 이상 국가**

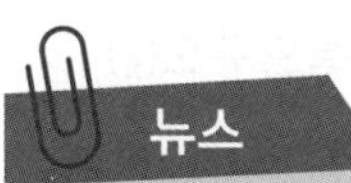

"대한민국, 초고령 사회 접어들었다"

2025년 3월로 예상하였던 대한민국의 초고령사회는, 2024.12.24. 언론을 통하여 보도되었어요.

국민 5명 중 1명이 65세 이상의 노인인구가 자지하는 결과인데, 이에 따라 노인 복지에 대한 예산편성이 늘어날 것으로 전망해요!

4) 사회보험 용어 정리

국민연금제도	• 국민의 노령, 장애, 사망에 대하여 연금을 주는 제도 • 10년 이상 보험료를 납부하고 퇴직 후 자신이 낸 보험료와 이자 및 투자수익, 인플레이션을 반영하여 연금을 받도록 설계한 사회보험제도 • 국민연금 급여에는 노령 연금, 유족연금, 장애연금이 있음
기초연금제도	• 국민연금이 1988년에 도입되었으나 가입하지 못한 노인인구가 없었고, 가입한 경우에 가입 기간이 짧고 급여 수준이 낮아 노후소득을 충분히 보장받기 어려웠음 • 정부에서는 2014년 조세를 재원으로 하는 기초연금을 도입하여 65세 이상 노인에게 매월 20만원을 지급하였으며, 2018년 9월부터 25만원으로 인상하여 지급
산업재해보상 보험제도	노인 중 퇴직 전 산업현장에서 업무상 재해(질병, 부상, 장해 등)를 입었을 경우 사망 전까지 필요한 급여를 받아 생활할 수 있도록 설계되어 있음

• **국민건강보험과 노인장기요양보험 비교**

구분 내용	국민건강보험(1989.07.01.)	노인장기요양보험(2008.07.01.)
대상	전 국민	65세이상 노인, 치매 노인
기간	단기적	장기적
주요성격	치료의 성격	요양의 성격 (의식주 제공, 안전 욕구, 소속, 의사소통요구 도움)

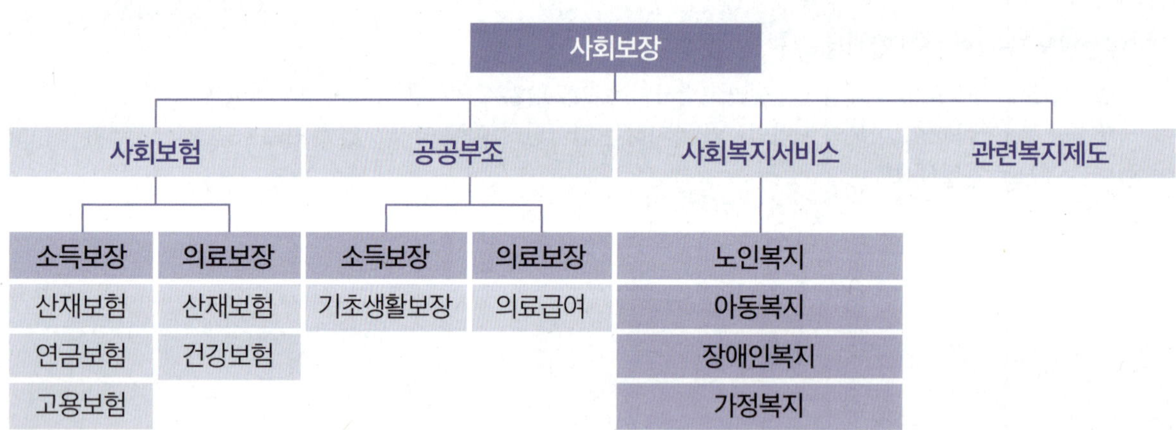

비법 　이렇게 이해하고 암기하세요!

바로 위에 있는 도식화된 사회보장제도 그림만 암기하더라도 많은 문제를 풀 수 있어요.
사회보험(사대보험=4대보험)부터 차근차근 외워보세요!

기출 국민의 노령, 장애 또는 사망에 대하여 연금 급여를 하는 제도는?

① 국민건강보험　　　　　　　　　② 노인장기요양보험

③ 산업재해보상보험　　　　　　　④ 고용보험

⑤ 국민연금보험

해 연금급여를 지급하되 국민들의 노령, 장애, 사망에 대하여 지급한다.

답 ⑤

2 노인복지시설

1) 노인복지시설의 개념과 종류

- 노인복지시설은 65세 이상 노인이 심신적, 사회적, 경제적 등의 이유로 생활하기 어려울 때 이용하거나 거주하는 시설로 노인복지를 증진하기 위한 시설을 의미

- 노인복지법에서 노인복지시설은 노인주거복지시설, 노인의료복지시설, 노인여가복지시설, 재가노인복지시설, 노인보호전문기관, 노인일자리 지원기관, 학대피해노인 전용쉼터

(1) 노인주거복지시설

노인주거복지시설 : 양로시설, 노인공동생활가정, 노인복지주택　　　　(노인복지법제32조)

시설 종류	시설 명	설치 목적
노인주거 복지시설	양로시설	노인을 입소시켜 급식과 그 밖의 일상생활에 필요한 편의를 제공함을 목적으로 하는 시설(대규모 입소 가능)
	노인 공동생활가정	노인들에게 가성과 같은 주거 여건과 급식, 그 밖의 일상생활에 필요한 편의를 제공함을 목적으로 하는 시설
	노인복지주택 (실버타운)	노인에게 주거시설을 임대하여 주거의 편의, 생활지도, 상담 및 안전관리 등 일상생활에 필요한 편의를 제공함을 목적으로 하는 시설, 경제적 여유 있는 노인들이 선택할 수 있는 노인주거복지시설

(2) 노인의료복지시설

노인의료복지시설 : 노인요양시설, 노인요양공동생활가정　　　　　　　(노인복지법제34조)

시설 종류	시설 명	설치 목적
노인의료 복지시설	노인요양시설	치매, 중풍 등 노인성 질환 등으로 심신의 상당한 장애가 발생하여 도움을 필요로 하는 노인을 입소시켜 급식, 요양과 그 밖에 일상생활에 필요한 편의를 제공함을 목적으로 하는 시설 (입소자 10인 이상 시설)
	노인요양 공동생활가정	치매 중풍 등 노인성 질환 등으로 심신에 상당한 장애가 발생하여 도움을 필요로 하는 노인에게 가정과 같은 주거 여건과 급식, 요양, 그 밖에 일상생활에 필요한 편의를 제공함을 목적으로 하는 시설 (입소자 9인 이내 시설)

(3) 노인여가복지시설

노인여가복지시설 : 노인복지관, 경로당, 노인교실　　　　　　　(노인복지법제36조)

시설 종류	시설 명	설치 목적
노인 여가복지시설	노인복지관	노인의 교양, 취미생활 및 사회 참여 활동 등에 대한 각종 정보와 서비스를 제공, 건강증진 및 질병 예방과 소득보장, 재가 복지, 그 밖에 노인 복지증진에 필요한 서비스를 제공함을 목적으로 하는 시설
	경로당	지역 노인들이 자율적으로 친목 도모, 취미활동, 공동작업장 운영 및 각종 정보 교환과 기타 여가활동을 할 수 있도록 장소를 제공함을 목적인 시설
	노인교실	노인들에 대하여 사회활동 참여 욕구를 충족시키기 위하여 건전한 취미생활, 노인건강 유지, 소득보장 기타 일상생활과 관련한 **학습 프로그램을 제공**함을 목적으로 하는 시설

(4) 재가노인복지시설

재가노인복지시설 : 방문요양서비스, 방문목욕서비스, 주야간 보호서비스, 단기 보호서비스　　(노인복지법제38조)

시설 종류	시설 명	설치 목적
재가 노인복지시설	방문요양 서비스	가정에서 일상생활을 영위하고 있는 노인으로서 신체적, 정신적 장애로 어려움을 겪고 있는 노인에게 필요한 각종 편의를 제공하여 지역사회 안에서 건전하고 안정된 노후를 영위하도록 하는 서비스
	주야간 보호 서비스	부득이한 사유로 가족의 보호를 받을 수 없는 심신이 허약한 노인과 장애 노인을 **주간 또는 야간 동안 보호시설에 입소시켜 필요한 각종 편의를 제공**하여 이들의 생활 안정과 심신 기능의 유지, 향상을 도모하고 그 가족의 신체적, 정신적 부담을 덜어주기 위한 서비스
	단기보호 서비스	부득이한 사유로 가족의 보호를 받을 수 없어 일시적으로 보호가 필요한 심신이 허약한 노인과 장애 노인을 보호시설에 **단기간 입소시켜 보호하여 노인 및 노인 가정의 복지 증진을 도모하기 위한 서비스**
	방문목욕 서비스	목욕장비를 갖추고 **재가노인을 방문하여 목욕을 제공하는 서비스**
	그 밖의 서비스	그 밖에 재가노인에게 제공하는 서비스, 보건복지부령이 정하는 서비스 ① 재가노인지원 서비스, ② 방문간호 서비스, ③ 복지용구지원 서비스

• '보건복지부령이 정하는 서비스'는 아래 서비스들을 포함한다.

재가노인지원서비스	재가 노인에게 노인 생활 및 신상에 관한 상담을 제공, 재가 노인 및 가족 등 보호자를 교육하며 각종 편의를 제공하여 지역사회 안에서 건전하고 안정된 노후생활을 영위하도록 하는 서비스
방문간호서비스	간호사가 의사, 힌의사 또는 치과 의사의 지시서에 따라 재가노인의 가정 등을 방문하여 간호, 진료의 보조, 요양에 관한 상담 또는 구강위생을 제공하는 서비스
복지용구지원서비스	「노인장기요양보험법 시행규칙」 제19조제1항에 따른 복지용구('복지용구'라 한다)를 제공하거나 대여하는 서비스

1 제도의 목적

제도의 목적	고령이나 노인성 질병 등의 사유로 일상생활을 혼자서 수행하기 어려운 노인에게 신체활동, 가사활동 지원 등의 장기요양급여를 제공하여 노후의 건강증진 생활 안정을 도모하고 그 가족의 부담을 덜어줌으로써 국민의 삶의 질을 향상이 제도의 목적

2 보험자 및 가입자

보험자 및 가입자	• 노인장기요양보험의 보험자는 국민건강보험공단 • 노인장기요양보험의 가입자는 국내에 거주하는 국민, 국내에 체류하는 재외국민, 외국인으로서 대통령령으로 정하는 사람

1) 국민건강보험법

제5조 (적용 대상 등)	국내에 거주하는 국민은 건강보험의 가입자 또는 피부양자가 됨 다만, 다음 각 호의 어느 하나에 해당하는 사람은 제외 • 「의료급여법」에 따라 의료급여를 받는 사람 • 「독립유공자예우에 관한 법률」 및 국가유공자 등 예우 및 지원에 관한 법률에 따라 의료보호를 받는 사람

2) 노인장기요양보험법

제7조 (장기요양보험)	• 장기요양보험사업은 보건복지부장관이 관장 • 장기요양보험사업의 보험자는 공단으로 함 • 장기요양보험의 가입자(이하 "장기요양보험가입자"라 한다)는 「국민건강보험법」 제5조 및 제109조에 따른 가입자로 함
제12조 (장기요양 인정의 신청자격)	장기요양인정을 신청할 수 있는 자는 노인 등으로서 다음 중하나에 해당하는 자격 갖추기 • 장기요양보험가입자 또는 그 피부양자 • 「의료급여법」 제3조제1항에 따른 수급권자(이하'의료급여수급권자'라 한다)

3) 보험 용어 정리

보험자	보험료를 받아 계약 조건에 따라 보험급여를 지급하는 자
가입자	보험자에게 보험료를 납부하고 사고 발생 시 보험에서 보상을 받을 권리를 갖는 자
수급자	보험으로 보장하는 급여를 받는 자(혜택을 받는 자) 실천 현장에서는 대상자로 지칭하나, 법적으로는 수급자를 공식적인 용어로 사용
급여	보험에서 공식적으로 보장하는 현물 및 현금 등의 서비스를 말함

4) 노인장기요양보험 기본 구조 및 절차

수급자/가입자	장기요양기관		서비스 신청 및 계약, 본인 부담금 납부
	국민건강보험공단		• 가족 요양 시 현금 급여 청구 • 건강보험료 납부, 장기요양 등급 인정 신청
장기요양기관	수급자/가입자	재가급여	**수급자 가정 방문 서비스 제공** • 방문요양 서비스 • 방문목욕 서비스 • 방문간호 서비스 • 주·야간보호 서비스 • 단기보호 서비스 • 복지용구 제공 서비스
		시설급여	• 노인요양시설 • 노인요양공동생활가정
	국민건강보험공단		급여비용 청구(매월)
	시, 군, 구		장기요양기관 설립 신고, 지도, 감독
국민건강보험공단 (장기요양등급 판정위원회)	수급자/가입자		• 장기요양등급판정(장기요양등급 통지) • 개인별장기요양이용계획서 제공 • 필요한 서비스 종류, 내용 및 월 이용한도액 통보
	보건복지부		서비스 이용 지원금 받음
	장기요양기관		서비스 이용지원 (급여비용, 심사, 지급)

3 장기요양급여 대상자

장기요양 급여 수급자	'65세 이상인 자' 또는 '65세 미만이지만 노인성 질병을 가진 자'로 거동이 불편하거나 치매 등으로 인지가 저하되어 6개월 이상의 기간 동안 혼자서 일상생활을 수행하기 어렵다고 인정되는 자

• 노인성 질병은 치매, 뇌혈관성질환, 파킨슨병 등 대통령령으로 정하는 질병

4 장기요양 인정신청 및 판정 절차

노인장기요양보험을 이용하고자 하는 자는 다음과 같은 절차를 따름

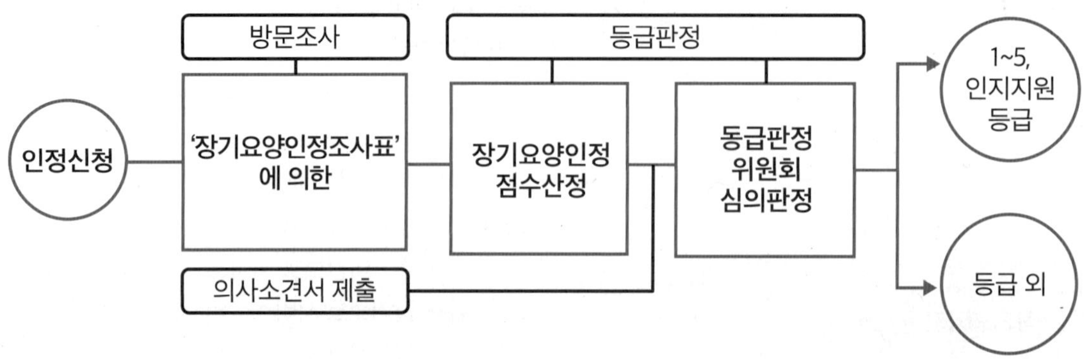

1) 장기요양 인정신청 및 판정 절차

인정신청	대상자	65세 이상 노인 또는 65세 미만 노인성 질환 대상자
	신청방법	공단에 의사 또는 한의사가 발급하는 소견서를 첨부, 장기요양인정신청서 제출
	대상자 외 접수	장기요양급여를 받고자 하는 자가 신체적·정신적인 사유로 직접 수행할 수 없을 때 본인의 가족이나 친족 또는 이해관계인, **관할 지역 사회복지 전담 공무원, 치매안심센터의 장(치매 환자인 경우 한정), 시장·군수·구청장이 지정하는 자 등이 대리 신청할 수 있으며, 사회복지 전담 공무원 또는 치매안심센터의 장이 대리 신청하는 경우, 본인, 가족의 동의를 받아야 함**
방문 조사	조사 내용	소정의 교육을 이수한 공단 직원(사회복지사, 간호사 등)이 신청인의 거주지를 방문하여 신청인의 심신상태, 신청인에게 필요한 장기요양급여의 종류 및 내용 등을 조사
등급판정	공단	방문 조사가 완료된 때, 조사 결과서, 신청서, 의사 소견서, 그 밖에 심의에 필요한 자료를 등급판정 위원회에 제출
	<u>등급판정 위원회</u>	심의에 필요한 자료를 검토하여 신청인이 자격 요건을 충족하고, 6개월 이상 동안 혼자서 일상생활을 수행하기 어렵다고 인정하는 경우, 대통령령으로 정하는 **등급판정기준에 따라 수급자로 판정**
	<u>완료 기간</u>	신청인이 신청서를 제출한 날부터 **30일 이내에 완료**, 다만 정밀 조사가 필요한 경우 등 부득이한 사유가 있는 경우에는 30일 이내의 범위에서 연장할 수 있음
수장기 요양급여		수장기요양급여를 받고자 하는 자가 신체적·정신적인 사유로 직접 수행할 수 없을 때 본인의 가족이나 친족 또는 이해관계인, 관할 지역 사회복지 전담 공무원, 치매안심센터의 장(치매 환자인 경우 한정), 시장·군 수·구청장이 지정하는 자 등이 대리신청 가능

기출 장기요양인정 신청에 대한 설명으로 옳은 것은?

① 본인 또는 가족만 신청 가능하다.

② 한의사가 발급하는 소견서는 제출이 불가능하다.

③ 대리인이 신청할 경우에는 신청자의 신분증만 있으면 된다.

④ 60세 이상 노인 또는 60세 미만 노인성 질환 대상자가 신청한다.

⑤ 치매안심센터의 장이 대리 신청하는 경우 본인 또는 가족 동의가 필요하다.

해 • 사회복지전담공무원 또는 치매안심센터 장이 대리 신청하는 경우, 본인 또는 가족의 동의를 받아야 함
 • 65세 이상 노인 또는 65세 미만 노인성 질환 대상자가 공단에 의사 또는 한의사가 발급하는 소견서를 첨부하여 장기요양인정 신청서를 제출한다.

답 ⑤

2) 판정 결과

장기요양등급 판정 결과와 등급별 상태에 대한 예시는 아래와 같다.

등급	상태	장기요양 인정 점수	키워드
장기요양 1등급	심신의 기능 장태 장애로 일상생활에서 **전적으로(100%)** 다른 사람의 도움을 필요한 자	95점 이상	전적으로
장기요양 2등급	심신의 기능 상태 장애로 일상생활에서 **상당 부분(80%)** 다른 사람의 도움이 필요한 자	75점 이상 95점 미만	상당부분
장기요양 3등급	심신의 기능 상태 장애로 일상생활에서 **부분적으로(60%)** 다른 사람의 도움을 필요한 자	60점 이상 75점 미만	부분적
장기요양 4등급	심신의 기능 상태 장애로 일상생활에서 **일정 부분(30%)** 다른 사람의 도움을 필요한 자	51점 이상 60점 미만	일정부분
장기요양 5등급	**치매환자**(노인장기요양보험법 시행령 제2조에 따른 노인성 질병에 해당하는 치매로 한정함)로 도움이 필요한 자 (방문요양 서비스 신청 가능 등급)	45점 이상 51점 미만	**치매 환자**
장기요양 인지지원 등급	**치매환자**(노인장기요양보험법 시행령 제2조에 따른 노인성 질병에 해당하는 치매로 한정함)로 도움이 필요한 자 (주, 야간요양센터 단체생활 가능한 자)	45점 미만	

근거 : 「**노인장기요양보호법 시행령**」제7조(등급 판정기준 등)

3) 등급판정위원회

등급판정위원회	• 장기요양 인정 및 등급판정 등을 심의하기 위하여 공단에 두는 회의 기구 • 시·군·구 단위로 설치되며, 위원장 1인을 포함하여 15인의 위원으로 구성됨 • 「**의료법**」에 따른 의료인, 「**사회복지사업법**」에 따른 사회복지사, 시·군·구 소속 공무원, 그 밖에 법학 또는 장기요양에 관한 학식과 경험이 풍부한 자로 구성됨 (의사 또는 한의사는 1인 이상 각각 필수 포함)
	등급판정 위원회는 거짓이나 그 밖의 부정한 방법, 고의로 사고를 발생하도록 하거나 본인의 위법 행위에 기인하여 장기요양 인정을 받은 경우, 직권으로 등급을 조정하거나 재판정할 수 있음

4) 판정 결과 통보

공단	장기요양 등급, 장기요양 인정 유효기간, 장기요양급여의 종류 및 내용 등이 담긴 장기요양인정서와 장기요양급여를 원활히 이용할 수 있도록 등급별 월 한도액 범위 안에서 작성된 개인별 장기요양 이용계획서를 수급자에게 송부
장기요양인정의 유효기간	갱신 결과, 심신 상태 등에 따라 **최소 1년 이상 ~ 최대 4년 6개월까지 산정**

등급판정에 이의제기 하는 경우도 많으니 장기요양 인정신청 & 등급판정 그리고 위원회 부분은 중요하게 시험에 출제되어요. 하지만 용어 등 어려워서 간과하는 경우가 많으니 꼼꼼하게 외우셔야 해요!

5) 장기요양 유효기간 산정 (최초 등급 받을 때는 2년)

장기요양 유효기간 산정
• 유효기간을 갱신할 때 갱신 직전 등급과 같은 등급으로 판정을 받는 경우 　- **1등급의 경우 4년** 　- **2등급 4등급의 경우 3년** 　- **5등급, 인지지원등급의 경우 2년** • 등급판정위원회는 장기요양 신청인의 심신상태 등을 고려하여 장기요양인정유효기간을 6개월의 범위에서 늘리거나 줄일 수 있음
근거 : 「**노인장기보험법 시행령**」제8조(장기요양인정 유효기간)

기출 노인장기요양인정 절차로 옳은 것은?

① 장기요양인정신청 → 방문조사 → 등급판정

② 방문조사 → 장기요양인정신청 → 등급판정

③ 방문조사 → 등급판정 → 장기요양인정신청

④ 장기요양인정신청 → 방문조사 → 조사 3일후 확정

⑤ 장기요양인정신청 → 방문조사 → 조사 당일 확정

해 장기요양인정신청 후 방문조사가 이루어지고 등급판정위원회에서 등급을 최종판정한다.

답 ①

5 장기요양 급여의 내용

노인장기요양보험법에 따른 장기요양급여의 종류는 현물급여인 재가급여, 시설급여와 현금 급여인 특별 현금급여가 있음

재가급여	• 가정에서 생활하며 장기요양기관이 운영하는 방문요양, 방문목욕, 방문간호, 주 · 야간보호 단기보호 기타재가급여(복지용구)를 통해 신체활동 및 심신 기능의 유지 향상을 위한 서비스를 제공 받음 • 요양보호사는 방문요양, 방문목욕, 주, 야간보호, 단기보호를 제공하는 장기요양기관에서 장기요양 요원으로 활동할 수 있음

1) 재가급여

① 재가급여의 종류

급여의 종류	내용
방문요양	장기요양요원이 수급자의 가정 등을 방문하여 신체활동 및 가사 활동 등을 지원
방문목욕	장기요양요원이 목욕설비를 갖춘 장비를 이용해 수급자의 가정 등을 방문하여 목욕을 제공
방문간호	장기요양요원인 간호사 등이 의사, 한의사 또는 치과의사의 지시서(방문간호지시서)에 따라 수급자의 가정 등을 방문하여 간호, 진료의 보조, 요양에 관한 상담 또는 구강위생 등을 제공
주 · 야간보호	수급자를 하루 중 일정한 시간 동안 장기요양기관에 보호하여 신체활동 지원 및 심신 기능의 유지 향상을 위한 교육 훈련 등을 제공
단기보호	수급자를 보건복지부령으로 판정하는 범위 안에서 일정 기간 동안 장기요양기관에 보호하여 신체활동 지원 및 심신 기능의 유지 향상을 위한 교육·훈련 등을 제공
기타 재가급여	수급자의 일상생활 신체활동 지원 및 인지기능의 유지 향상에 필요한 용구를 제공하거나 가정을 방문하여 재활에 관한 지원 등을 제공하는 장기요양급여로서 대통령령으로 정하는 것

② 재가급여의 장 · 단점

장점	• 평소에 생활하는 친숙한 환경에서 지낼 수 있음 • 사생활이 존중되고 개인 중심 생활을 할 수 있음
단점	• 의료, 간호, 요양서비스가 단편적으로 진행되기 쉬움 • 긴급한 상황에 신속하게 대응하기 어려움

2) 시설급여

① 시설급여의 종류

급여의 종류	내용
노인요양시설	치매 중풍 등 노인성 질환 등으로 심신에 상당한 장애가 발생하여 도움이 필요한 노인을 입소시켜 급식, 요양과 그 밖에 일상생활에 필요한 편의를 제공하는 시설 (10인 이상)
노인요양 공동생활가정	치매, 중풍 등 노인성 질환 등으로 심신에 상당한 장애가 발생하여 도움이 필요한 노인에게 가정과 같은 주거 여건과 급식, 요양, 그 밖에 일상생활에 필요한 편의를 제공하는 시설 (9인 이하)

근거 : 「노인장기보험법」제23조(장기요양급여의 종류) 노인복지법 제24제1항 1, 2호

② 시설급여의 장 · 단점

장점	의료, 간호, 요양서비스를 종합적으로 제공 받을 수 있음
단점	지역사회(가족, 형제, 이웃)와 떨어져 지내며 소외되기 쉬움, **개인 중심의 생활이 어려움**

③ 특별현금 급여

가족요양비	도서 벽지 등 **장기요양 기관이 현저히 부족한 지역, 천재지변, 수급자의 신체·정신 또**는 성격상의 사유 등으로 인해 가족 등으로부터 방문요양에 상당한 장기요양급여를 받은 경우 지급되는 현금급여
특례요양비 (실제로 사용 X)	수급자가 장기요양기관이 아닌 **노인요양시설 등의 기관 또는 시설에서 재가급여, 시설 급여에 상당한 장기요양급여를 받은 경우 수급자에게 지급되는 현금급여**
요양병원간병비 (실제로 사용 X)	수급자가 요양병원에 입원했을 때 장기요양에 사용되는 비용의 일부가 지급되는 현금급여 간병비 지원 서비스

6 장기요양기관의 비용 청구 및 지급

장기요양기관	수급자에게 재가급여 또는 시설급여를 제공한 경우, 공단에 장기요양 급여비용을 청구
국민건강보험 공단	장기요양기관으로부터 재가급여 비용 또는 시설급여 비용을 청구받은 경우, 이를 심사하여 장기요양에 사용된 비용 중 공단부담금(재가 및 시설 급여비용 중 본인부담금을 공제한 금액을 말한다)을 해당 장기요양기관에 지급

7 재원 조달

노인장기요양보험제도가 운영되기 위한 재원은 **보험료, 국가지원, 본인 부담으로 구성**

보험료	• 건강보험료를 내는 사람(직장가입자, 지역가입자)은 장기요양 보험료 내야하며, 장기요양보험료는 건강보험료율 대비 장기요양보험료율의 비율을 곱해 산정 • 공단은 장기요양 보험료와 건강보험료를 통합하여 징수하고, 징수 후 장기요양 보험료와 건강보험료는 각각 독립회계로 관리
국가지원	• 국가는 보험료 예상 수입액의 20%를 국고에서 부담 • 국가와 지방자치단체는 의료급여수급권자의 장기요양급여 비용, 의사소견서 발급비용, 방문간호 지시서 발급비용 중 공단이 부담하여야할 비용, 관리운영비의 전액을 부담
본인 부담	• 급여 대상자가 **시설급여를 이용하면 20%, 재가급여를 이용하면 15% 국민이 부담** • 저소득층, 의료급여수급권자 등은 **법정 본인 부담금의 40~60%를 경감** • 국민기초생활수급권자는 본인 부담금이 없음 ※ 단, 비급여 항목은 전액을 본인이 부담

8 장기요양급여 이용 지원

장기요양서비스 이용 절차	
1단계	서비스 신청접수 및 방문 상담
2단계	서비스 제공 계획 수립
3단계	서비스 이용 계약 체결
4단계	서비스 제공
5단계	모니터링 실시 / 서비스 종료 혹은 계속

1단계 서비스 신청 및 상담	
장기요양서비스 이용방법	장기요양기관을 방문하거나 전화로 상담
장기요양기관 주요 업무	대상자 또는 가족이 장기요양서비스를 신청하면 상담을 통해 해당 기관 서비스를 제공할 수 있는지를 판단
장기요양서비스 신청 서류	장기요양인정서, 개인별장기요양이용계획서

장기요양 인정서	발급처	국민건강보험공단
	발급 대상	장애 등급판정 받은 대상자
	목적	국민건강보험공단이 장애 등급판정 받은 대상자에게 장기요양인정서를 발급
	내용	**대상자의 기본 인적 사항과 장기요양등급. 유효기간, 이용할 수 있는 급여의 종류와 내용, 대상자가 장기요양서비스를 제공받을 때 필요한 안내 사항 등이 포함**
	장기요양기관 제출하는 사람	장애등급을 받은 대상자, 그 가족

개인별 장기요양 이용계획서	주요 역할	**대상자 및 가족들이 적절한 장기요양 서비스를 이용할 수 있도록 안내하는 역할**
		장기요양기관이 대상자를 이해하는 데 도움이 되는 자료로서 역할
	주요 내용	대상자의 등급에 따라 **이용할 수 있는 한도액과 본인부담률이 포함**되어 있으며, 국민건강보험공단에서 제시하는 **급여의 종류와 횟수, 이에 따른 비용이 기재**되어 있어 대상자 및 가족들이 장기요양 서비스를 이해하고 이용하는 데 도움을 줌

수급자의 장기요양기관 신청 방법	
수급자	장기요양급여를 받으려면 장기 요양기관에 장기요양인정서, 개인별장기요양이용계획서 제시
장기요양기관	수급자가 제시한 장기요양인정서와 개인별 장기요양이용계획서를 바탕으로 '장기요양급여 제공계획서'를 작성하고, 수급자의 동의를 받음

1) 장기요양 신청서

발급기관	국민건강보험공단
목적	장기요양 급여를 받기 위해 제출하는 신청서
사용 사유	• 장기요양 등급을 최초 신청하는 경우 • 장기요양 등급에서 건강 상태에 변동이 생겨 등급 재산정 필요한 경우 • 지급 받는 요양급여의 종류를 변경하는 경우 　- 장기요양신청서를 제출해야 함
주요 내용	신청인 성명, 생년월일, 장기요양인정번호, 장기요양등급, 유효기간, 장기요양급여의 종류 및 내용, 장기요양등급 판정위원회의견, 관리지사, 저화번호, 주소, 홈페이지 등이 적혀 있음
수급자 안내사항	• **수급자가 장기요양급여를 받기 위해서는 장기요양기관에 장기요양인정서를 제시해야 함** • 노인장기요양보험법 의료급여법에 따라 의료급여를 받는 사람은 본인 부담금이 면제되고, 본인부담금이 100분의 60의 범위에서 보건복지부장관이 정하고 고시하는 바에 따라 감경됨 • 장기요양급여는 월 한도액 범위 내에서 이용이 가능하며 이를 초과하는 비용 및 비급여비용은 본인이 전액 부담 • **장기요양 보험료를 6회 이상 납부하지 않으면 장기요양급여를 받을 수 없음** • 장기요양 인정 등급판정 결과에 대한 **이의가 있는 경우 통보를 받은 날로부터 90일 이내에 공단에 증명서류를 첨부하여 심사청구할 수 있음** • 장기요양 인정의 갱신신청을 하려는 경우에는 유효기간이 끝나기 90일 전부터 30일 전까지 기간 동안 공단에 신청 • 장기요양급여의 종류 및 내용이 "가족요양비"인 경우 지급계좌를 특별현금급여 수급계좌로 신청, 변경 • 노인장기요양보험법 제15조4항에 따라 거짓이나 그밖의 부정한 방법 등으로 장기요양인정을 받은 것으로 의심되는 경우 공단은 인정조사를 실시하여 다시 등급판정을 할 수 있음
작성시 주의사항	• 신청인(수급자)은 장기요양 등급이 필요한 어르신을 적어야 하며, 주민등록번호는 번호 전체를 기재해야 함 • 실제 거주지가 중요하므로 어르신이 병원에 입원해 있는 경우에는 병원 주소를 기재 • 대리인이 신청하는 경우 대리인의 성명, 주민등록번호, 주소, 연락처(핸드폰번호)를 적고, 보호자가 있는 경우 '보호자 있음'에 체크
신청방법	• 온라인 신청 또는 팩스 신청, 직접 방문 신청 가능 • 장기요양인정 신청서는 어르신이 거주하는 해당 건강보험공단에 대리인(보호자) 신분증과 함께 가져가서 제출
서류소요 기간	**신청서 제출부터 발급까지 전체 기간(대략 30일(한 달) 소요**

2) 개인별 장기요양이용계획서

발급기관	국민건강보험공단
목적	장기요양수급자의 적정급여 이용을 지원하기 위해서 국민건강보험공단에서 제공하는 계획서
사용 사유	• 수급자가 장기요양급여를 원활히 이용할 수 있도록 발급하는 이용 계획서 – 장기요양기관가 급여계약 체결 시 제시
주요 내용	• 수급자 성명, 생년월일, 장기요양등급, 인정유효기간, 재가급여(월 한도액), • 시설급여별 1인별 금액, 본인부담율, 수급자 희망급여, 유의사항, 장기요양 이용계획 및 비용
수급자 안내사항	• 국민건강보험공단 담당직원이 장기요양 수급자와 가족의 욕구 및 희망급여, 수급자의 심신 기능 상태, 지지체계 등을 종합적으로 고려하여 발급 • 장기요양수급자는 개인별장기요양이용계획서에 표기된 급여종류 내에서 장기요양기관과 계약을 체결할 수 있음 • 장기요양기관과 계약 시에는 개인별장기요양이용계획서를 제시

2단계 서비스 제공 계획 수립		
서비스 제공 계획 수립	1단계	서비스 신청대상자의 가정을 방문하여 대상자의 기능 상태평가, 욕구 평가
	2단계	욕구 평가 내용을 바탕으로 서비스 목표 설정하고 구체적인 서비스의 내용과 횟수, 비용을 결정
	3단계	서비스 제공 계획 수립 시 국민건강보험공단이 작성한 개인별장기요양이용계획서를 바탕으로 함

3단계 서비스 이용 계약 체결		
서비스 이용 계약 체결	1단계	대상자와 그 가족에게 서비스 제공 계획 충분히 설명
	2단계	대상자와 가족이 서비스 제공 계획에 동의하면 서비스 이용 계약을 체결
	주의사항	서비스 이용 계약을 체결할 때는 반드시 계약서 내용을 꼼꼼히 확인하고 서명해야 함

4단계 서비스 제공		
서비스 제공	서비스 이용 계약이 체결되면 장기요양기관은 대상자에게 장기요양급여제공계획서를 바탕으로 서비스를 제공	
	서비스 제공자	장기요양기관 요양보호사
	주요 업무	요양보호사는 급여제공계획서에 기입되어 있는 대상자의 주요 기능 상태와 욕구 등을 명확히 인식하고 서비스 내용과 시간, 방법을 파악 후 서비스

5단계 모니터링		
모니터링	모니터링 기관	장기요양기관
	주요 내용	대상자 및 가족에게 만족스러운 서비스가 제공되고 있는지, 새로운 변화가 발생했는지 등에 대해 모니터링
	모니터링 결과	모니터링 결과에 따라서 서비스 제공 계획을 수정할 수도 있음

6단계 서비스 종료		
서비스 종료	서비스 종료 기준	• 대상자가 사망하거나 대상자 스스로 종료를 원할 때 • 타 기관으로 이관되었을 때

기출 요양서비스 이용 절차에서 신청 대상자의 욕구평가가 이루어지는 단계는?

① 모니터링   ② 서비스 제공

③ 서비스 이용 계약 체결   ④ 서비스 제공 계획 수립

⑤ 서비스 신청 및 상담

해 서비스 제공 계획 수립 단계에서 신청 대상자의 가정을 방문하여 기능상태평가와 욕구평가를 실시하고, 평가 내용을 바탕으로 서비스 제공 계획을 수립한다.

답 ④

제3절   요양보호 업무

1 요양보호 업무의 목적

관련 제도	노인장기요양보험제도
업무 목적	65세 이상 노인 또는 노인성 질병을 가진 65세 미만인 자에게 계획적이고, 전문적인 요양보호 서비스를 제공하여 장기요양 대상자들의 신체 기능 증진 및 삶의 질 향상에 기여
업무 대상자	**65세 이상 노인, 노인성 질병을 가진 65세 미만인 자**
서비스 제공자	요양보호사
요양보호 업무 필요한 내용	요양보호 업무가 대상자에게 실질적인 도움이 되기 위해서는 인간 욕구에 대해 기본적으로 이해하고 있어야 하며, **생리적 욕구를 충족하는 것부터 도와주어야 함**
구체적 목표	• 요양보호서비스를 제공받는 대상자는 노화와 질병으로 인해 신체적, 정신적 불편감 • 대상자의 현재 기능수준을 향상 유지하며 필요한 일상생활 지원과 심리, 정서적 지원을 통해 안락한 노후생활을 영위할 수 있도록 도와야 함

• 매슬로의 욕구단계

매슬로의 욕구 단계	• 하위 단계의 욕구들이 충족되었을 때 비로소 다음 단계의 욕구를 위해 행동하게 됨 • 매슬로의 욕구 단계 이론은 요양보호 서비스의 제공순서를 결정하는 데 도움이 됨 (생리적 욕구 - 의식주, 안전의 욕구를 제공함)		
	상위단계	5단계 자아실현의 욕구	가장 상위 욕구, 자기완성, 삶의 보람, 자기만족 느낌
		4단계 존경의 욕구	타인에게 지위, 명예 등을 인정받고 존중받고 싶음
		3단계 사랑, 소속의 욕구	가족이나 친구 모임 등 소속되어 사랑받고 싶음
	하위단계	2단계 안전의 욕구	신체, 정신이 고통이나 위험으로부터 안전하기를 추구
		1단계 생리적 욕구	배고픔, 목마름, 배설, 수면, 성 등과 같은 생리적 욕구를 해결하는 단계

기출 매슬로의 욕구단계 중 타인에게 지위, 명예 등을 인정하고 싶어하는 단계로 옳은 것은?

① 안전의 욕구 ② 인정의 욕구

③ 자아실현의 욕구 ④ 생리적 욕구

⑤ 존경의 욕구

해 칭찬, 지위, 명예 등 타인에게 인정받고 싶어 하는 단계를 존경의 욕구(자아존중의 욕구)라 한다.

답 ⑤

비법 이렇게 이해하고 암기하세요!

매슬로의 욕구단계는 가장 아래부터 충족해나가며 인간이면 누구나 가장 최고단계인 5단계 자아실현을 이루고자 하는 욕구가 있어요 1단계부터 순서대로 달달 외워주세요.

2 요양보호 업무의 유형과 내용

1) 신체활동 지원 서비스 (직접적으로 요양보호사가 제공하는 서비스)

	세면 도움, 구강청결 도움, 머리 감기 도움, 몸단장, 옷갈아입기 도움, 몸 씻기 도움, 식사 도움, 체위 변경, 이동 도움, 신체 기능의 유지 증진, 화장실 이용하기 돕기 등의 서비스를 의미	
신체활동 지원서비스	세면 도움	얼굴, 목, 손, 발씻기, 세면장까지 이동 보조, 세면 동작지도, 세면 지켜보기
	구강 청결도움	구강청결(양치질 등), 양치 지켜보기, 가글액 ·물 양치, 틀니 손질, 필요 물품 준비 및 사용 물품 정리 등
	머리 감기 도움	세면장까지의 이동 보조, 머리 감기기, 머리 말리기, 필요 물품 준비 및 사용 물품 정리 등
	몸단장	머리 단장, 손발톱 깎기, 면도, 면도 지켜보기, 화장하기, 필요 물품 준비 및 사용 물품의 정리 등
	옷 갈아 입기 도움	의복 준비(양말, 신발 포함), 지켜보기 및 지도, 속옷, 겉옷입히기, 의복 정리
	몸 씻기 도움	욕실 이동과 몸 씻기 준비, 입욕준비, 입욕 시 이동 보조, 몸 씻기(샤워 포함), 옷 갈아입히기, 사용 물품 정리 등
	식사 도움	식사 차리기, 아침, 점심, 저녁 및 간식 포함 식사 도움, 식사 보조, 구토물 정리, 지켜보기, 튜브 영양 공급실시, 식사 준비 및 정리 등을 포함
	체위 변경	자세 변경, 일어나 앉기 시 도움 등
	이농 도움	침대에서 휠체어로 옮겨 태우기 등, 시설 내 보행 지켜보기, 보행 도움, 보조기구를 이용한 도움, 산책 시 부축, 동행(차량 이용 포함), 병원 동행 등
	신체기능 유지 · 증진	**관절 오그라듦 예방 및 예방 활동**, 보행 및 일어나 앉기, 서 있기 연습 보조 및 도움, 기구 사용 운동 보조, 보장구 이용 도움(지켜보기 포함), 복약 도움 등을 포함. 화장실 이용하기 돕기는 화장실 이동 보조, 이동 변기 사용 도움, 배뇨 배변 도움, 지켜보기, 기저귀 교환, 용변 후 처리, 필요 물품 준비 및 사용 물품의 정리 등

2) 가사 및 일상생활 지원(대상자만을 위한 세탁/청소/식사 등 간접 서비스)

가사 및 일상생활 지원서비스	• **개인 활동 지원과 식사 준비 및 청소 등 서비스를 포함** • 개인 활동 지원 서비스는 대상자의 사회생활 유지 · 지원 • 일상 생활 지원은 대상자 개인의 일상과 관련된 서비스

가사 및 일상생활 지원서비스	개인활동지원	외출 시 동행, 장보기, 산책, 은행, 관공서, 병원 등 방문 시 부축, 동행 (차량 이용 포함)하고 책임 귀가 등
	일상생활지원	식사 준비, 청소 및 주변정돈, 세탁 등으로 수급자를 위한 음식물 조리, 설거지. 주방 정리, 청소 및 주변 정리 정돈, 의복 세탁 및 관리 등

3) 정서 지원 및 의사소통 도움

정서지원 및 의사소통		별도로 구분되어 제공될 수도 있으나, 서비스 제공 준비 및 실행, 마무리 단계를 포함한 제반 과정에 걸쳐 진행
	정서지원, 의사소통 도움, 말벗, 격려	• **의사소통 도움, 말벗 및 격려, 위로 등 정서적 지원**, 사회적 지지체계 연계와 관계망 연결, 비상 연락망 준비 등 • 안부 확인을 위한 방문 및 생활상의 **문제 상담, 대화와 편지, 전화의 방법으로 수급자의 욕구 파악 및 의사 전달 대행 등**

4) 정서 지원 및 의사소통 도움

인지지원 서비스		인지 관리 지원, 인지 활동형 프로그램 제공 등의 서비스를 포함
	인지 관리 지원	• **일반 노인 대상으로 보편적인 인지활동 프로그램** • 행동변화 감소 도움을 및 대처, 수급자와 수발자 안전관리 도움, 정서적 안정과 생활의욕 향상 도움, 인지 기능향상을 위한 인지활동 지원 등
	인지 활동형 프로그램	• **5등급 이상의 치매노인, 노인성질환자를 위한 인지 활동형 프로그램** • 인지기능 악화 방지 및 잔존기능 유지를 위해 인지 활동형 프로그램 관리자가 수립한 계획에 따라 인지 자극활동 및 인지기능 향상 프로그램

5) 방문목욕 서비스

방문목욕 서비스		**목욕 설비를 갖춘 장비를 이용하여, 수급자의 가정 등을 방문하여 요양보호사 2인 이상이 목욕을 제공하는 서비스** (제한시간 1시간 이내 요양보호사 2인 방문목욕 서비스)
	서비스 내용	입욕 준비, 입욕 시 이동 보조, 몸 씻기(샤워 포함), 지켜보기, 목욕 기계 조작, 욕실 정리 등

6) 제한된 업무

제한된 업무 (전문적 업무)	노인장기요양보험 표준서비스 분류 중 기능회복 훈련 서비스, 간호 처치 서비스 등은 해당 분야의 전문적인 교육과 훈련을 받고 자격을 갖춘 자가 제공해야 하므로 요양보호사의 업무에서 단독이나 전적으로 수행하는 것은 제외 **간호사, 의사, 기타 전문가가 제공하는 업무(요양보호사 업무 X)**

기출 개인활동지원과 일상생활지원 서비스를 포함하는 요양보호사의 업무는?

① 인지지원서비스　　　　　　　　　　② 방문목욕서비스
③ 신체활동지원서비스　　　　　　　　④ 정서지원 및 의사소통 도움
⑤ 가사 및 일상생활지원서비스

해 가사 및 일상생활지원서비스는 개인활동지원과 식사준비 및 청소 등의 일상생활지원서비스를 포함한다. 개인활동지원은 대상자의 사회생활 유지 및 지원과 관련된 서비스를 일상생활지원은 대상자 개인의 일상과 관련된 서비스를 의미한다.

답 ⑤

기출 요양보호사가 제공할 수 있는 신체 활동 보조는 무엇인가?

① 수술 전 준비　　　　　　　　　　　② 외과적 치료
③ 운동 기능 회복 훈련　　　　　　　　④ 약물 복용 지도
⑤ 진단 내리기

해 나머지는 모두 의사의 직무에 속한다.

답 ③

기출 요양보호사가 제공하는 정서적 지원에서 중요한 점은 무엇인가?

① 대상자의 감정을 무시한다.
② 대화 중에 감정을 존중하고 경청한다.
③ 감정을 억제하고 강제로 대화하게 만든다.
④ 정서적 지원을 제공하지 않는다.
⑤ 대상자에게 혼자서 문제를 해결하도록 유도한다.

해 대상자의 감정을 무시하거나 억제하게 하지 않고 문제는 혼자 끙끙 앓지 않도록 해야 한다.

답 ②

기출 요양보호사의 주된 역할 중 가장 중요한 것은?

① 환자의 진단　　　　　　　　　　　② 대상자의 안전 보호
③ 약물 처방　　　　　　　　　　　　④ 의료 시술
⑤ 외과적 치료

해 나머지는 모두 의사의 직무에 속한다.

답 ②

1) 요양보호 서비스의 제공원칙

요양보호서비스 제공원칙	요양보호사는 장기요양 서비스 제공과정
	① 수급자 중심의 급여 제공
	② 급여제공계획과 거준에 근거한 급여 제공
	③ 권리와 책임에 따른 급여 제공이 이루어질 수 있도록 노력해야 함
급여제공 기본원칙 (3대)	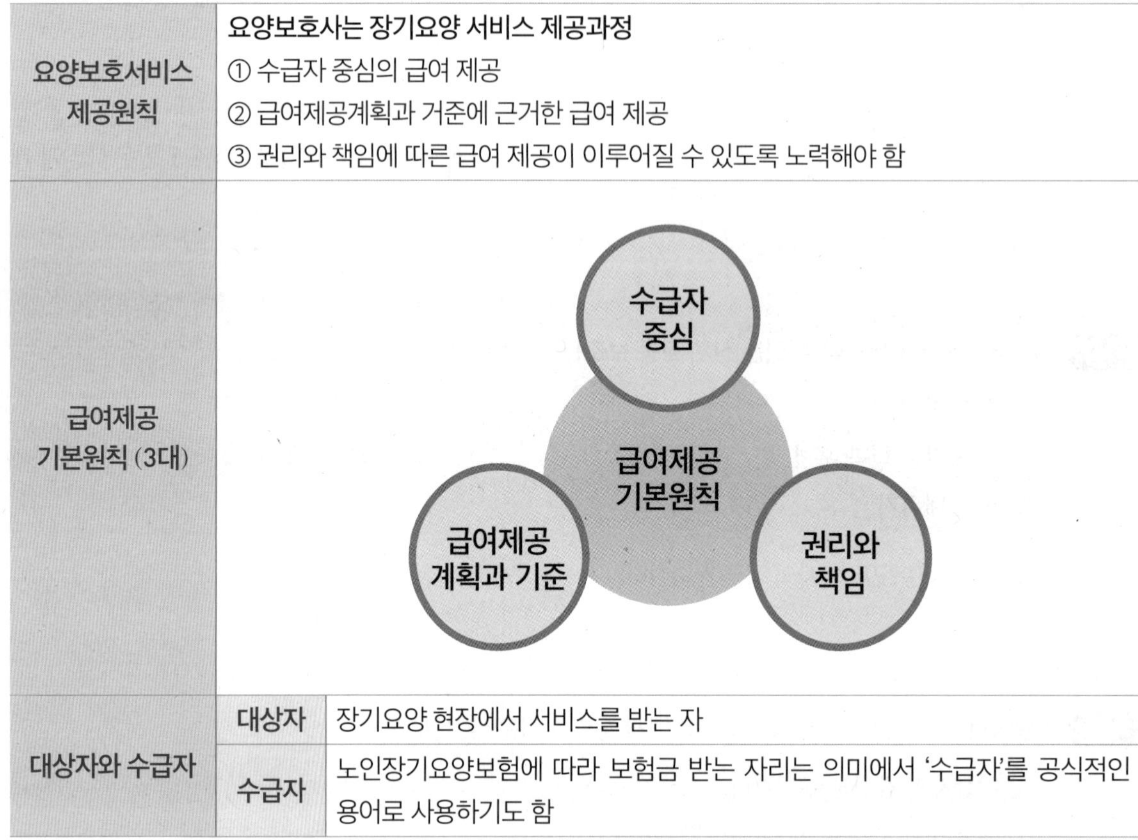
대상자와 수급자	**대상자** 장기요양 현장에서 서비스를 받는 자
	수급자 노인장기요양보험에 따라 보험금 받는 자리는 의미에서 '수급자'를 공식적인 용어로 사용하기도 함

2) 요양보호사가 준수해야 할 3가지 기본원칙에 따라 수행할 실제 업무 내용

수급자 중심의 급여제공	• 수급자 또는 보호자와 상담을 실시하고, 제공할 급여내용을 상세히 설명 • 수급자의 욕구를 종합적으로 파악하고, 개별적인 욕구를 반영하여 급여 제공 • 수급자의 상태나 환경을 고려하여 안전사고나 사생활 침해가 발생하지 않도록 함 • 급여제공기록지를 작성하고 수급자 또는 보호자에게 설명을 한 후 확인을 받음
급여제공계획과 기준에 근거한 급여 제공	• 기관의 운영 규정, 근로계약의 내용과 최신의 급여 제공기준을 충분히 숙지 • 급여 제공계획에 따른 급여 내용과 제공 시간을 준수하여 필요한 급여를 제공 • 구체적인 급여 제공 내용과 방법은 표준교재 또는 급여 제공 매뉴얼의 관련 사항을 참고 활용 • 수급자별로 급여제공 내용과 상태변화를 충실하게 기록하고 관리 • 수급자에게 용급 또는 조치가 필요한 상황이 발생하면, 임의로 판단하지 않고 즉시 관리자에게 보고 • 수급자나 가족이 부당한 요구를 할 경우는 즉시 거절하고 관련 대응 지침을 따름
권리와 책임에 따른 급여제공	• 급여를 제공할 때는 항상 단정하고 위생적인 복장을 착용하도록 함 • 자신과 수급자의 건강 유지 및 개선, 사고예방을 위하여 올바른 케어기술을 습득하고 관리지식을 배양 • 매년 건강검진을 받고 평소 계획적인 휴식과 운동, 건강관리를 통해 근골격계 질환이나 감염을 예방하기 위해 노력 • 수급자에 대한 학대나 기관의 부당행위를 발견하였을 경우는 지체 없이 관련 절차에 따라 신고 • 제공인력이 변경되더라도 급여의 양과 수준이 적합하도록 성실히 인수인계

4 요양보호사의 역할

1) 요양보호사의 역할

요양보호사	일정 기간 교육을 이수하고 시험에 합격하여 국가자격을 취득한 자로서 장기요양기관에 소속되어 수급자가 건강하고 편안한 노후를 보낼 수 있도록 신체활동 지원, 가사 활동 지원, 인지활동 지원 등의 업무를 수행하는 전문 인력
주요 업무	대상자의 신체를 돌보는 업무와 식사, 배설, 목욕, 이동, 청소, 세탁, 외출 돕기 등의 일상 업무 보조와 생활 상담 지원 업무를 함

• 요양보호사의 주요 역할 6가지

숙련된 수발자	숙련된 요양보호서비스에 대한 지식과 기술로 대상자의 불편함을 경감하기 위해 필요한 서비스를 지원하여 대상자를 도움
정보 전달자	• 대상자의 신체, 심리에 관한 정보를 가족, 시설장 또는 관리책임자, 간호사, 의료기관의 의료진에게 전달하며 필요시 이들의 지시 사항을 대상자와 그의 가족에게 전달 • 요양보호사는 노인장기 요양보험 급여서비스 제공 계획서 내용을 숙지하고, 서비스 내용 변경이 필요할 때 기관에 보고하는 역할을 수행
관찰자	맥박, 호흡, 체온, 혈압 등의 변화와 투약 여부, 질병의 변화에 대한 증상뿐만 아니라 심리적인 변화까지 관찰
말벗과 상담자	효율적인 의사소통 기법을 활용하여 대상자와 관계를 형성하고 필요한 서비스를 제공하여 대상자의 신체적, 정신적, 심리적 안위를 도모
동기 유발자	• 신체활동 지원서비스나 대한 발휘하도록 동기를 유발하며 지지 • 일상생활 지원서비스 등을 제공하는 것에 그치지 않고 대상자가 능력을 최대한 발휘하도록 동기를 유발하며 지지
옹호자	가정이나 시설, 지역 사회에서 학대를 당하거나 소외되고 차별받는 대상자를 위해 대상자의 입장에서 편들어 주고 지켜줌

2) **요양보호사 요구 금지행위** (노인장기요양보험법」 제28조의2 참조)

• **요양보호사 요구 금지업무** (수급자의 보호자가 요양보호사에게 요구 금지 사항)

행위	세부 내용
수급자의 가족만을 위한 행위	• 수급자의 가족만을 위한 식사 준비, 빨래, 장보기, 가족의 방 청소 • 김장 도움, 결혼식 또는 집안 경조사 지원 • 가족을 위한 관공서 등 업무 지원
수급자, 그 가족의 생업을 지원하는 행위	• 가게 보기, 부업에 참여하기 • 배달하기, 가게 청소, 가게 설거지, 가게 음식 준비 등
그 밖에 수급자의 일상생활에 지장이 없는 행위	• 신체 기능 개선을 위한 목적 외 통상적으로 무리하다고 판단되는 안마 • 잔디 깎기, 텃밭 매기 등

3 인권과 직업윤리

1 인권의 의미

인권의 의미	사전적 의미	• 사람이 사람답게 살기 위해 필요한 것으로 당연히 인정된 기본적 권리 • 인간이 자연인으로 누려야 할 당연한 권리
		인권의 개념을 보다 적극적으로 해석하여 '인간의 권리'를 넘어 '인간이 되기 위한 권리, 인간이 가져야 할 당연한 권리'
세계인권선언	개념	• 1948년 6월 유엔인권위원회에 의하여 완성된 후 몇 차례 수정을 거쳐 1948년 12월 유엔총회에서 채택되었으며 보편적인 국제기구에 의하여 주장된 최초의 포괄적인 인권문서 • 오늘날 그 이념과 내용이 수많은 국가의 헌법과 법률에 반영

2 노인의 인권영역

1) 재가 노인 인권 보호

1 생존권과 경제권 보호를 위해 공적연금과 경제 활동 지원 사업을 제공	
공적연금	국민연금과 기초연금 지급을 통해 최소한의 인간다운 삶을 영위하도록
경제활동 지원사업	경제활동 참여를 위해 노인 일자리 지원 사업을 제공
2 건강권 보호를 위해 국민건강보험과 노인장기요양보험, 노인돌봄사업을 운영	
국민건강보험	질병의 치료, 예방, 건강증진 사업을 통해 재가 노인의 건강 유지와 치료권을 보장
노인장기 요양보험	재가서비스를 통해 노인이 익숙한 집에서 필요한 요양 서비스를 제공받을 수 있음
3 교육/문화권 보호를 위해 자신의 능력에 맞게 교육을 받고 여가와 문화생활 보장	
교육, 문화적지원 제공	노인복지관, 평생교육원, 경로당 등
4 주거환경권 보호를 위해 지역사회 내의 자기 집에서 생활할 수 있도록 주거환경을 개선 지역사회와의 접근성이나 통합성 강화, 개인의 사생활 보호, 삶의 질 향상 등은 주거 개선과 환경 보호의 효과	
법령	긴급전화의 설치, 노인보호전문기관의 설치, 노인학대 신고 의무와 절차, 응급조치의 의문 등을 규정하여 재가 노인의 인권 보호를 강조

2) 시설 노인 인권 보호

시설 생활노인 권리선언	• 노인복지시설 생활 노인은 대한민국 국민으로서 그리고 후손의 양육과 국가 및 사회의 발전에 기여하여 온 공로자로서 헌법과 법률에 정한 기본적 권리와 안정된 생활을 보장받을 권리를 지님 • 노인복지시설 생활 노인은 다음과 같은 기본적 권리를 가지며 어떠한 이유로도 권리를 침해받아서는 안 되고, 국가와 시설은 생활노인의 인권을 보호하고 삶의 질을 향상하기 위하여 최선의 노력을 기울여야 함
시설 생활노인 권리보호를 위한 윤리강령	시설 운영자, 종사자, 동료, 생활노인, 가족, 지역사회 등 노인복지시설의 보호 서비스와 관련된 모든 자는 '시설 생활노인의 권리선언'에 포함된 기본적 권리를 보장하고, 인간다운 생활을 보장하기 위하여 다음과 같이 행동해야함

3) 윤리강령

윤리 강령	• 시설 운영 및 생활관련 정보를 제공받고 입소를 선택할 수 있는 권리 • 개인적 욕구에 상응하는 서비스를 제공받고 선택할 수 있는 권리 • 안락한 가정과 같은 환경과 안전한 주거환경에서 생활할 권리 • **개인적 사생활과 비밀보장에 대한 권리** • 존경과 존엄한 존재로 대우받고 **차별 및 노인학대를 받지 않을 권리** • 부당한 신체구속을 받지 않을 권리 • 건강한 생활을 위한 서비스를 제공 받을 권리 • 시설 내 외부 활동 및 사회적(종교, 정치 등) 관계에 참여할 권리 • 개인 소유의 재산과 소유물을 스스로 관리할 권리 • 이성교재, 성생활, 기호품 사용에 관할 **자기 결정의 권리** • 고충의 표현과 해결을 요구할 권리 • 퇴소를 결정하고 퇴소 후 거주지를 선택할 권리 • **시설 종사자와 동료 노인의 인권을 보호해야 할 권리**

> **비법** **이렇게 이해하고 암기하세요!**
>
> 지금까지 잘 나오지 않는 개념이었지만, 최근에 환자권리 등이 중요한 개념으로 보건의료인 시험에 출제되고 있는 추세이므로, 이러한 개념들도 그냥 넘기면 안 돼요!

기출 요양보호사의 직업윤리 원칙에 맞는 행동은?

① 대상자의 지위에 따라 달리 대우한다.

② 대상자와 수직적 관계임을 인식한다.

③ 대상자의 사생활에 대해 동료와 이야기 나누어도 무방하다.

④ 대상자로부터 서비스에 대한 물질적 보상을 바라지 않는다.

⑤ 대상자에 대한 가족의 학대는 모르는 척 해준다.

해 요양보호사와 대상자는 동등하고 수평적인 관계이다. 개인정보 보호 및 사생활 보장에 따라 일하면서 알게 된 비밀은 반드시 지킨다. 가족 학대를 발견했을 경우 반드시 신고해야 한다.

답 ④

제2절 노인학대 예방

1 노인학대의 개념과 발생원인

1) 노인학대의 개념

노인학대 개념	• 노인의 가족 또는 타인이 노인에게 신체적, 언어, 정서적, 성적, 경제적으로 고통이나 장해를 주는 행위, 또는 노인에게 필요한 최소한의 적절한 보호조차 제공하지 않는 방임, 자기 방임 및 유기를 의미 • 노인학대와 관련하여 노인복지법 제39조의 9에서는 '누구든지 65세 이상의 사람에 대하여 학대 행위를 하여서는 아니 된다'라고 명시
노인학대 종류	「노인복지법」 제1조의 2(정의) 제 4항에 따르면 "노인학대"란 노인에 대하여 신체적, 정신적, 정서적, 성적 폭력 및 경제적 착취 또는 가혹 행위를 하거나 유기하는 것을 말함

2) 노인학대의 발생 요인

노인의 연구사회학적 특성 요인	• 노인 자신의 성별, 연령, 학력, 결혼 상태는 학대 발생의 원인이 될 수 있음 • 여성 노인이 학대당하는 비율이 높고, 학력 수준이 낮고 연령이 높을수록 경제적 상황이나 대처 능력이 떨어져 학대 위험이 높음
노인의 건강, 경제, 심리적 기능 요인	• 노인의 건강이 나쁘거나 일상생활의 의존성이 높을수록 학대 가능성이 높음 • 노인 의존성 증가는 대개 부양 의무자의 스트레스나 과중한 부양 부담을 촉발하여 노인학대로 이어지는 경우가 많기 때문 • 노인의 심리적 특성도 학대의 위험요인이 될 수 있음 • 노인 스스로 학대에 익숙해지고 적극적인 대응이 이루어지지 않을수록, 자아존중감이 낮아 가정 내에서 심각한 문제를 일으키거나 무기력해질 경우 학대를 받을 가능성이 높음

가족 상황적 요인	• 가족과 동거 여부, 부양자의 특성, 자녀와의 관계 등에 따라 학대가 발생 • 부양자와 동거하는 경우 신체적, 심리적 학대가 동시에 발생할 수 있으며, 동거하지 않을 경우 방임이나 유기 등의 학대가 나타날 수 있음

부양자 특성에 따른 학대	• 남성 부양자(신체적 학대) 여성 부양자(방임 행위)를 하는 경우가 많음
	• 부양자가 무절제하고 충동적인 성격일 경우
	  - 알코올중독, 마약 중독 등의 물질 중독, 정서장애, 정신장애의 문제가 있을 경우
	  - 부양자의 부양 부담과 스트레스는 노인학대의 직접적인 원인으로 작동
	  - 자녀와의 좋지 못한 과거의 관계가 학대로 이어지는 경우도 있음

사회관계망 요인	• 노인과 부양자가 사회적 고립될 경우 노인 학대가 발생할 확률이 높아짐 • 노인, 부양자가 이웃, 친구, 친척 또는 전문가의 도움이 필요한 상황에서도 활용할 수 있는 사회 지지망이 없는 경우 학대를 일으키는 원인

사회문화적 요인	사회서비스체계의 인지 및 이용, 노인 차별주의, 가족주의 같은 사회문화적 요인이 노인학대 발생의 원인	
	사회서비스체계의 인지 및 이용	노인학대를 예방, 해결하는 것을 지원하는 **사회서비스 체계가 발전하지 못한 곳에서는 노인학대가 증가하는 것으로** 나타남
	노인 차별주의	노인 공경 의식이 낮아지고, 노인 차별주의가 확산되어 노인이 사회적으로 열등한 지위에 처하게 되고 부적절한 대우를 받을 가능성이 높아짐
	강한 가족주의	• 노인학대를 은폐, 반복적 발생을 촉진 • 자녀나 부양자가 노인에게 학대 행위를 해도 강한 가족주의에서는 사회적 비난을 피하기 위해 숨기고 반복하는 것을 묵인

② 노인학대 현황

노인학대	피해 성별	과거/현재 (공통)	
		여성 노인이 많음	
	학대 종류	과거-정서적 학대, 현재-자기방임	
		과거	• 정서적 학대가 가장 높게 나타남 -1위 정서적 학대, 2위 신체적 학대, 3위 방임, 4위 경제적 학대, 5위 자기방임

		현재	• **자기방임이 가장 높게 나타났다.**
			  -1위 자기방임, 2위 신체적 학대, 3위 정서적 학대
			    배우자 사망 후 자신을 돌보지 않고 알코올중독이나 자살률이 높아짐

노인학대	연령대	과거/현재(공통) : 70대가 가장 많고 80대가 그 다음		
		연령대별 학대 발생률	1위	70대 44.2%
			2위	80대 30.9%
			3위	60대 19.1%
	학대 종류	과거 - 배우자, 현재 - 아들		
		과거	1위 배우자, 2위 아들, 3위 딸	
		현재	1위 아들, 2위 배우자, 3위 딸	
	학대 발생 장소	노인학대 발생장소는 가정이 가장 많고 생활 및 이용시설에서 일어나는 학대는 비교적 적은 것으로 나타남		
		가정 내 발생원인	노인학대는 지속적으로 증가하며 코로나19 영향으로 가정 내 체류 기간이 길어짐에 따라 동거가족 간의 갈등이 원인	
		생활시설 발생원인	시설 출입 제한, 돌봄 종사자의 과도한 업무 등으로 인해 노인학대의 발생 가능성이 원인	
		장소별 학대 발생률	1위 가정(집)	가정 내 학대 발생률 89.3%
			2위 생활시설 - 노인의료복지시설	생활시설 학대 발생률 7.1%
			3위 이용시설 - 재가노인복지시설	이용시설 학대 발생률 0.3%
노인학대 신고 번호	전국 노인보호전문기관 : 1577 - 1389			
신고 의무자	「노인복지법」 제39조 6에 따르면 의료인, 노인복지시설 관련 종사자, 장애인시설관련자, 구급대원(119 구급대원), 재가장기요양기관, 종사자, 건강가정지원센터(위기가정/이주민가정 상담, 교육기관) 등이다.			
신고 의무자 신고의무 위반	신고의무자의 신고의무 위반 시 500만원 이하의 괴대료 부과 「노인복지법」 제61조의 2제2항 개정, 2018.12.11 시행)			

비법 이렇게 이해하고 암기하세요!

노인학대는 주로 가족 안에서 발생하므로 이를 목격하는 요양보호사가 일에 엮이는 경우가 있으므로 가장 좋은 것은 매뉴얼대로 하는 것이니 꼭 위의 표를 암기하고 적용까지 하셔야 합니다!

1) 신체적 학대

물리적인 힘이나 도구를 이용하여 노인에게 신체적 손상, 고통, 장애 등을 유발하는 행위

신체적 학대 행위	세부 학대 내용
노인을 폭행한다.	• 밀치거나 넘어뜨리고, 발로 참 • 주먹으로 폭행 • 몸을 벽에 박거나 바닥에 내리치는 행위 • 머리나 목 또는 몸을 강하게 잡음 • 목을 조름 • 손 또는 몸으로 강하게 억압하여 짓누름 • 몸을 발로 밟음 • 질질 끌고 다님 • 머리채를 잡아당기거나 움켜잡아 뽑음 • 할퀴거나 꼬집음 • 입으로 물어뜯음 • 몽둥이, 빗자루 등의 도구로 노인을 폭행 • 물건을 던져 노인에게 상해를 입힘 • 칼이나 흉기를 사용하여 노인에게 상해를 입힘 • 담뱃불 또는 도구를 이용하여 노인에게 화상을 입힘
노인을 제한된 공간에 강제로 가두거나, 노인의 거주지 출입을 통제 한다.	• 집 안의 제한된 공간에서 나가지 못하게 통제 • 집 밖으로 나가지 못하게 통제 • 제한된 공간에 장치(자물쇠 등)를 설치하여 출입을 통제 • 집 밖으로 끌어내거나 쫓아냄 • 집에 들어오지 못하게 함 • 노인의 거주지 주변 출입을 통제
노인의 신체를 강제로 억압한다. (구속)	• 침대 등에 묶어 움직이지 못하게 함 • 신체 일부 또는 모두를 사용하지 못하게 장치 　(끈으로 묶어두기, 수갑 채우기, 손, 발목 묶기 등)를 설치
신체적 해를 가져올 위험성이 큰 행위로 노인을 협박하거나 위협하다. (도구로 협박)	• 칼이나 가위 등 흉기를 사용하여 협박하거나 위협 • 물건을 던지거나 기물파손을 하는 등의 행위로 협박하거나 위협
노인의 신체적 생존을 위협하는 행위를 한다.	• 기본 생존 유지에 필요한 장치(가스, 난방, 전기, 수도)로부터 단절 • 기본 생존 유지에 필요한 식사 또는 음료를 보관하는 물품(밥통, 냉장고) 단절 • 기본 생존 유지에 필요한 식사 또는 음료로부터 단절 • 치료 및 생존 유지에 필요한 약물(심장 관련, 당뇨, 혈압 등)로부터 단절 신체적 생존을 위협하는데 주로 단절(끊어버림)

약물을 사용하여 노인의 신체를 통제하거나 저해한다.	• 의료직으로 불필요한 약물이나 주사를 강제로 복용, 투입
노인이 원하지 않거나 수행하기 어려운 노동을 하게 한다.	• 원치 않는 의사를 보였음에도 불구하고 일(노동)을 하도록 강요 • 강제로 수감하거나 위협하여 일(노동)을 강요 • 일을 수행하기 어려운 정신 및 신체적 상황임에도 불구하고 일하도록 강요 • 정신 및 신체적 악화를 가져올 수 있는 조건에서 일을 하도록 강요

2) 정서적 학대

비난, 모욕, 위협, 협박 등의 언어 및 비언어적 행위를 통하여 노인에게 정신적으로 고통을 주는 것
학대라는 인식을 못하지만 당사자가 받는 충격은 신체적 학대보다 덜하지 않음

정서적 학대 행위	세부 학대 행위
노인과의 접촉을 꺼린다.	• 쳐다보지 않고 무시(투명인간 취급) • 말을 걸지 않거나 대화를 하지 않음 • 말과 행동을 지속적으로 무시하고 반응을 보이지 않음
노인의 사회관계 유지를 방해한다.	• 친구가 친구들과 만나거나 연락하는 것을 방해(오는 것, 만나는 것, 연락하는 것) • 친구나 친지 등이 방문하는 것을 싫어함 • 비방이나 모욕, 위협, 협박 등 타인이 노인과 관계를 유지하는 것을 싫어하게 만듦 • 일상적인 사회활동이나 종교 활동을 노골적으로 방해 • 비방이나 유언비어로 노인의 경제활동을 저해 • 이성 교제를 방해
노인을 위협, 협박하는 언어적 표현이나 감정을 상하게 하는 행동을 한다.	• 죽이겠다고 협박 • '시설로 보낸다' 또는 '집에서 나가라' 등의 위협, 협박(애들한테 많이 함) • 요구를 무조건 무시 • 고함을 지르거나 욕을 함 • 혐오스러운 말을 함 • 수치심을 느끼게 하는 모욕적인 말을 함(신체적인 것만 모욕) • 자존심을 상하게 하는 말을 함 • 재앙을 가져오는 사람으로 취급
노인과 관련된 결정 사항의 의사결정 과정에서 소외시킨다.	• 거취 결정에서 노인을 배제(무시) • 소지품 처분을 결정할 때 노인의 의사를 반영하지 않음 • 집안 경조사에 참여시키지 않음(소외시킴 – 사회관계 무시)

3) 성적 학대

성적 학대 행위	세부 학대 행위	
노인에게 성폭력을 행한다.	원치 않음에도 불구하고	강제적으로 성관계를 갖음
		강제적으로 성관계를 강요하거나 시도
		입맞춤, 애무 등을 요구
		가슴이나 엉덩이 등 신체 일부를 만짐
	판단 능력이 없거나 의사표현을 할 수 없는 노인을 성폭행	
노인에게 성적 수치심을 주는 표현이나 행동을 한다.	• 신체를 빗대어 수치심을 주는 언행을 함(성적인 의미가 들어간 언행) • 성적 언행 등으로 노인에게 굴욕감이나 혐오감을 느끼게 함 • 사람들이 보고 있음에도 불구하고 노인의 성적 신체 부위를 드러내고 옷 또는 기저귀를 교체 • 사람들이 보고 있음에도 불구하고 노인을 알몸으로 목욕시킴 • 원하지 않거나 판단 능력이 부족한 노인의 성적 신체부위를 몰래 촬영 • 원치 않음에도 불구하고 학대행위자의 성기 및 자위행위를 보게 함 • 원치 않음에도 불구하고 포르노 잡지나 비디오를 보게 함 • 원하지 않거나, 판단능력이 부족한 노인임에도 불구하고 노인의 성적 신체 부위 전체 또는 일부를 드러내 놓음	

4) 경제적 학대

경제적 학대 행위	세부 학대 행위
노인의 소득 및 재산, 임금을 가로채거나 임의로 사용한다.	• 임금, 연금, 임대료, 재산 등을 가로채는 것 • 의사 표현 능력이 없는 노인의 연금, 재산 등을 가로채는 것 • 저축, 주식 등을 임의로 사용 • 공공부조(예 국민기초생활보장수급자 생계비) 급여를 가로채거나 임의로 사용 • **허락 없이 노인 명의의 은행 계좌로부터 현금을 인출하여 사용** • 노인 소유의 귀중한 물건을 빼앗음 • 귀중한 물건을 파괴하는 등 재산적 피해를 줌 • 빌린 돈을 갚지 않거나 귀중한 물건을 돌려주지 않음 • **노동에 대한 대가를 정당하게 지급하지 않음**
노인의 재산에 관한 법률적 권리를 침해하는 행위를 한다.	• 부동산을 노인의 동의 없이 임의로 사용하거나 강제로 명의변경 • 수표 및 기타 금융, 법적 서류에 서명을 날조 • 노인의 신용을 이용하여 이익을 취함 (명의 도용) • 허락 없이 노인 명의로 은행 등에서 대출을 받음 • 허락 없이 노인 명의의 은행 계좌, 보험 등을 해약함 • 사기, 강압, 부당한 위력으로 유언장, 계약서, 위임장에 허위로 작성하거나 변조 • 대리권을 노인이 원하지 않는 방법으로 악용 • **노인부양을 전제로 재산 상속을 약속받거나 재산을 증여받았으나 부양 의무를 이행하지 않음**
노인의 재산 사용 또는 권리에 대한 결정을 통제한다.	• 희망하는 재산 사용을 이유 없이 제한하거나 강요 • 돈을 일상생활에서 마음대로 사용하지 못함 • 재산을 노인이 원하지 않는 방법으로 사용하도록 강요 • 재산관리 관련 결정을 제한하거나 강요 • 노인 명의 재산을 불법적으로 소유하려고 협박 • 수표 및 기타 금융, 법적 서류에 서명을 강요

5) 방임

부양 의무자로서의 책임이나 의무를 의도적 혹은 비의도적으로 거부, 불이행하거나 포기하여 노인에게 의식주 및 의료를 적절하게 제공하지 않는 것

방임 학대 행위	세부 학대 행위
거동이 불편한 노인의 의식주 등 일상생활 관련 보호를 제공하지 않는다.	• **스스로 식사하기 힘든 노인을 방치** • 스스로 배변처리가 어려운 노인을 방치 • 스스로 청결유지(목욕, 빨래 등) 또는 환경관리(청소 등)가 불가능함에도 불구하고 이를 방치 • 심각한 질환(치매 등)이 있는 노인을 홀로 거주하게 함 • 안정된 주거공간을 제공하지 않고 떠돌게 함 • 부적절한 주거공간(컨테이너 등)에 거주하는 것을 방치
경제적 능력이 없는 노인의 생존을 위한 경제적인 보호를 제공하지 않는다.	• **경제적 능력이 없는 노인의 기본적인 생존을 위한 생활비를 지원하지 않거나 중단** • 경제적 능력이 없는 노인의 생활관련 업무(세금 및 각종 요금 납부)방지 • 경제적 능력이 없는 노인의 사회적 활동(용돈, 종교활동비, 경조사비 등)을 위한 경제적 지원을 제공하지 않음
의료 관련 욕구가 있는 노인에게 의료적 보호를 제공하지 않는다.	• **필요한 보장구(틀니, 보청기, 돋보기, 지팡이, 휠체어 등)를 제공하지 않음** • **필요한 의료적 처치를 제공하지 않거나 거부, 방해하거나 소홀히 함** • 질병으로 인해 거동이 불편한 노인의 간병 소홀(악취, 욕창, 염증 등이 발생)

6) 자기방임

노인 스스로 의식주 제공 및 의료 처치 등의 최소한의 자기 보호 관련 행위를 의도적으로 포기하거나 비의도적으로 관리하지 않아 심신이 위험한 상황 또는 사망에 이르게 되는 경우

자기 방임 학대 행위	세부 학대 행위
자신이 돌보지 않거나 돌봄을 거부함으로써 노인의 생명이 위협 받는다.	• **노인 자신이 의료처지 또는 약물복용 등 의사의 지시에 따른 치료 행위를 거부** • 건강, 생활, 환경 등의 위험한 상황에서 노인이 도움을 요청하지 않거나 거부 • **노인 스스로 생존을 위해 필수적인 의식주 관련 행위를 거부함으로써 생명이 위협** • 일상생활 수행을 위한 신체적 정신적 능력을 상실한 노인이 도움을 거부함으로써 생명이 위협 • 건강에 치명적임에도 불구하고 노인이 약물이나 알코올 남용을 지속 • 노인이 자살을 시도

7) 유기

스스로 독립힐 수 없는 노인을 격리하거나 방치하는 행위를 말함

유기 학대 행위	세부 학대 행위
의존적인 노인을 유기한다.	• **연락을 두절하거나 왕래를 하지 않음** • **시설, 병원에 입소시키고 연락과 왕래를 두절**(연락 두절) • 인지기능을 상실한 노인(치매, 약물중독, 알코올중독, 정신질환 등)을 고의적으로 가출 또는 배회하게 함(찾지 않는다) • **낯선 장소에 버림** • 배회하는 상태에서 발견된 노인에 대하여 부양의무자가 부양의무 이행을 거부

기출 학대피해 노인을 일정기간 보호하고 심신 치유 프로그램을 제공하기 위한 전담기관은?

① 재가노인복지시설　　　　　　　　② 노인의료복지시설

③ 노인주거복지시설　　　　　　　　④ 학대피해노인 전용쉼터

⑤ 노인일자리지원기관

해 학대피해노인 전용쉼터는 노인학대로 피해를 입은 노인을 일정기간 보호하고 심신 치유 프로그램을 제공하기 위한 전담기관이다.

답 ④

기출 노인학대가 발생할 가능성이 가장 낮은 경우는?

① 일상생활에서의 의존성이 높은 경우

② 학력수준이 높고 연령이 낮은 경우

③ 강한 가족주의 의식이 있는 경우

④ 부양자가 무절제하고 충동적인 성격일 경우

⑤ 노인과 부양자가 사회적으로 고립될 경우

해 학력수준이 낮을 경우, 연력이 높을 경우 학대 위험이 높다.

답 ②

4 요양보호사의 인권 보호와 자기계발

1 산업재해보상보험법 (근로자)

1) 산업재해

산업재해	유해 물질에 의한 직업병뿐만 아니라 반복 작업, 작업 자세(대상자 체위 변경), 작업의 힘든 정도, 교대근무(야간 요양))과 같은 작업조건, 직무의 특성에 따른 스트레스(욕설, 웃음) 등 모든 유해 요인과 노동과정에 의해 발생할 수 있는 신체적, 정신적 재해 포괄하는 개념
산업재해 정의	업무상의 사유에 따른 근로자의 부상, 질병, 침해 또는 사망
산업재해 범위	제조업과 건설업 등 육체 근로자를 비롯하여 사무직, 서비스직(요양보호사 포함) 전문직 등 정신 근로자, 감정 근로자의 재해까지 포괄하는 개념
산업재해 신고	근로복지공단에 산재 처리 신고

2) 산업재해 보상보험법

산업재해 보상보험법	• 근로자의 업무상 재해를 신속, 공정하게 보상, 재해근로자의 복지를 증진하기 위하여 제정 • 요양보호사도 업무상 부상이나 질병, 상해가 발생하면 이에 따라 보상받을 수 있음
산재 근로자 보호 주요내용	• 산재로 요양 중에 **퇴직하거나 사업장이 부도, 폐업하여 없어진 경우에도 재요양, 휴업급여, 장애급여 지급에는 지장받지 않는다. (산재 보험금 지급)** • **산재를 당했다는 이유로 해고할 수 없음** 　- 산재 요양으로 휴업하는 기간과 치료를 종결한 후 30일 간은 해고하지 못하도록 되어 있으며, 요양이 끝난 30일 이후에 해고할 경우 해고 및 정리해고의 요건을 충족해야 함 • **보험급여는 조세 및 기타 공과금 부과가 면제되어 세금을 떼지 않음** • **보험급여를 받을 권리는 급여 내용에 따라 3년 혹은 5년간 유효하며 퇴직 여부와 상관없이 받을 수 있음**년~5년간 유효) • **보험급여는 양도 또는 압류할 수 없어 채권자가 건드릴 수 없음**(압류, 양도 불가능)

2 성희롱으로부터의 보호

돌봄서비스 현장 내 성희롱	• 요양보호사의 방문요양서비스 대상자가 단둘이 집에 있게 되는 상황, 대상자가 치매를 앓고 있는 경우에서 성희롱이 발생할 수 있음 • 요양보호사는 빠른 상황판단과 대처를 통해 적극적으로 성희롱 상황에서 벗어나야 함

• 성희롱 구분 및 행위

성희롱 행위	언어적 행위	**• 음란한 농담, 음탕하고 상스러운 이야기** • 외모에 대한 성적인 비유나 평가(성적인 표현) • 성적 관계를 강요하거나 회유하는 행위 • 성적 사실관계를 묻거나 성적인 정보를 의도적으로 유포하는 행위 • 음란한 내용의 전화통화 • 회식자리 등에서 옆에 앉아 술을 따르라고 함
	육체적 행위	• 입맞춤, 포옹, 뒤에서 껴안기 등의 신체접촉 • 가슴, 엉덩이 등 특정 신체 부위를 만지는 행위 / 기저귀 케어 – 성희롱 • 안마나 애무를 하거나, 신체 일부를 밀착하거나 잡아당김
	시각적 행위	**• 음란한 사진, 그림, 낙서, 음란출판물 등을 게시하거나 보여주는 행위** • 직접, 팩스나 컴퓨터 등을 통해 음란한 편지, 사진, 그림을 보내는 행위 • 성과 관련된 **자신의 특정 신체부위를 고위적으로 노출하거나 만짐**
	기타	사회통념상 성적 굴욕감을 유발하는 것으로 인정되는 언어나 행동

• 성희롱은 모두에게 고통

성희롱 피해자 고통	존엄성 훼손, 신체적, 정신적 스트레스, 심리적 불안감, 성적 굴욕감, 혐오감, 수치심, 분노, 능률 저하, 결근, 사직
성희롱 가해자 불이익	사회적 비난, 직장에서의 징계, 정직, 해고, 경력상의 오점

• 성희롱 대처 방안

장기요양기관장의 대처	• 요양보호사들에게 성희롱 예방교육을 1년에 1번 이상 해야 함 • 성희롱으로 인한 피해가 있을 때 그 피해자에게 원하지 않는 업무배치 등의 불이익한 조치를 해서는 안됨 • 직원들 사이에 성희롱이 발생하였을 경우에는 행위자를 징계해야 함 성희롱을 한 서비스 이용자에게 재발 방지 약속이나 서비스 중단 등의 적절한 조치를 취해야 함 • 성희롱 처리 지침을 문서화하여 기관 내에 두어야 함 • 성희롱 시 가해자가 받을 수 있는 불이익과 향후 대처 계획을 명확히 설명 • 대상자 가족에게 사정을 말하고 시정해 줄 것을 요구 **• 시정 요구에도 상습적으로 계속한 경우 녹취하거나 일지를 작성**

요양보호사의 대처	• 감정적인 대응을 삼가고 단호히 거부 의사를 표현 "이러시면 안 됩니다" : 단호히 거부 의사 표현 가족에게 알린다고 얘기함 • 모든 피해 사실에 대하여 기관의 담당자에게 보고, 기관에서 적절한 조치를 취함 • 심리적 치유상담 및 법적 대응이 필요하다고 판단될 경우 외부의 전문기관 (성폭력상담소, 여성노동상담소)에 상담하여 도움받음 • 평소 성폭력에 대한 충분한 예비지식과 대처방법을 숙지

제1절　요양보호사의 건강 및 안전관리

산업안전보건법의 근골격계 질환	• 반복적인 동장, 부적절한 작업자세, 무리한 힘의 사용, 날카로운 면과의 신체 접촉, 진동 및 온도 등의 요인에 의하여 발생하는 건강장애 • 목, 어깨, 허리, 팔 다리의 신경, 근육 및 그 주변 신체조직 등에 나타나는 질환

1 근골격계 질환의 예방

근골격계질환	개인, 사회, 경제적 요인들이 복합적 작용되어 근육, 관절과 관절 주변 조직에 나타나는 질환 목, 어깨, 팔 등의 상지와 허리와 다리 등의 통증을 동반
위험 요인	요양보호사가 근무하는 장기요양 현장은 근골격계 질환이 많이 발생하는데, 위험 요인은 작업적 상황, 환경, 개인적 요인이 있음
발생되는 작업적 상황	• 반복적이고 같은 동작을 하는 경우(반복된 같은 동작) • 불안정하거나 불편한 자세로 작업하는 경우(과도한 굴곡과 신정) = 자세가 망가짐 • 무거운 물건을 들거나 이동하는 경우 • 갑자기 무리한 힘을 주게 되는 경우 • 근무시간 중 자주 대상자를 들어 옮겨야 하는 경우 • 피곤하고 지친 상태에서 작업하는 경우
발생 환경	• 미끄럽거나 물기가 있는 바닥 • 평평하지 않은 바닥 • 매우 어지럽혀져 있거나 물체가 바닥에 많이 있는 작업장이나 통로 • 정비, 수리가 되지 않은 보행로 또는 고장난 장비 • 적절하지 않은 계단 높이 • 밤 근무 시 어두운 조명
개인적 요인	• 키와 몸무게　　　　　　　　• 근무기간과 육체활동의 숙련도와 적응도 • 근력과 요추 운동상태　　　• 정신 건강상태 • 피로 정도　　　　　　　　　• 과거 질병력

2 근골격계 치료법

1) 초기 치료

초기 치료 시기	손상 후 24~72시간 (1일 ~ 3일) 내에 치료하는 것
휴식	• 외상을 조절하고 추가적인 조직손상을 막기 위해서는 휴식이 필요 • 손상 부위를 고정하거나 보조장치를 착용할 수 있는데 외상을 입고 빨리 움직이면 손상이 심해지며 회복이 더딤 • 일반적으로 근골격계 질환도 통증과 부종에 따라 치료를 해야 하며, 지나치게 통증이 있는 움직임은 피해야 함
냉찜질 (급성통증 초기)	• **얼음, 차가운 물질은 조직의 온도를 낮추고 세포의 대사과정 늦춰 손상과 부종을 감소** • 차가운 찜질은 통증과 근경력 줄이는데 도움이 됨 • 얼음주머니 2시간마다 20~30분씩 함
압박	손상 부위를 압박함으로써 손상 부위에 축적되어 있는 부종 조절, 원하지 않는 움직임을 줄여 통증을 줄여줌(압박 - 압박붕대 이용함)
올리기 (하지거상) (발 올리기)	• 손상 부위를 심장보다 높게 올리는 것 • 혈액을 심장으로 되돌리는 데 도움을 주어 부종 줄임. 부종이 줄어들어 조직 손상 감소

2) 통증별 찜질 구분하기

급성통증	• **손상 후 초기 치료(급성기 3일 정도)에는 냉찜질이 좋음** • 손목 삘 때는 냉찜질(얼음주머니)
만성통증	• **온찜질이 좋음(퇴행성 관절염)** • 만성 관절연 온찜질

3 요양보호사의 감염 예방

1) 일반적 감염 예방

기관 차원에서 할 일	• 장기요양기관의 장은 **적절한 보호장구를 지급** • 반드시 인플루엔자 등 **예방접종** • **정기적으로 건강검진** • **감염 예방에 대한 직원 교육**
시설장이 해야 할 일	요양보호사에게 결핵 감염 등을 방지할 수 있는 보호 마스크, 장갑 등을 지급
요양보호사가 할 일	• 요양보호사가 감염된 경우 대상자에게도 전염될 수 있고, 대상자와 접촉 대상자가 감염된 경우 요양보호사는 보호장구를 착용한 후 접촉 • 임신한 요양보호사는 풍진, 수두 등 선천적 기형을 유발할 수 있는 감염성 질환을 가진 대상자와 접촉을 하지 않음 • 손을 자주 씻기 • 개인위생을 철저히 하고 적절한 소독법을 시행
기침 예절	• 휴지나 손수건으로 입과 코를 가림 • 손이 아닌 옷소매로 입과 코를 가림 • 기침 후 비누를 흐르는 물에 30초 이상 손씻기 시행

2) 요양보호사에게 흔한 감염성 질환 예방

직업성 감염 질환	업무 중 박테리아, 바이러스, 곰팡이 등 생물학적 위험요인에 노출되어 발생하는 질환
잠복결핵감염	• 결핵균이 우리 몸 안에 있어도 면역기전에 의해서 억제되어 있어 증상도 없고 건강한 상태이며, 타인에게 감염 시키지 않는 상태 • 면역력이 저하되면 발병하기 때문에 평소에 건강을 잘 관리해야 함 • 심한 피로, 스트레스, 무리한 체중감량은 면역력 저하의 원인이 될 수 있음

기출 감염 예방을 위해 요양보호사가 할 일로 옳은 것은?

① 적절한 보호장구를 지급한다.　　　　　② 감염 예방에 대한 교육을 한다.

③ 정기적으로 건강검진을 받도록 한다.　　④ 손을 자주 씻는다.

⑤ 반드시 인플루엔자 등 예방접종을 한다.

해 나머지는 기관 차원에서 감염예방을 위해 노력해야 한다.

답 ④

(1) **결핵**(호흡기 질환)

발병요인	결핵균에 의한 공기를 통한 감염 질환으로 신체의 여러 부분을 침범할 수 있으나 대부분은 폐결핵으로 발병	
결핵 의심 증상	호흡기 증상	2주 이상의 기침, 가래(피가 섞일 수도 있음), 호흡곤란, 흉통
	전신증상	발열, 야간에 땀 흘림, 식욕부진, 체중감소, 전신피로, 무기력감

관리법	• 요양보호사는 결핵 예방을 위해 술과 흡연을 피하고, 충분한 영양상태와 면역력을 유지하여 건강하도록 몸 관리를 잘해야 함
	• **결핵에 걸린 대상자와 접촉했을 때에는 병원 또는 보건소를 방문하여 결핵감염에 대한 검사를 받아야 함**
	• **2~3주 이상의 기침, 발열, 체중감소, 수면 중 식은땀 등의 증상이 나타날 경우**
	  - **가까운 의료기관에서 반드시 결핵검사를 받음**(피검사 필수)
	• 결핵균에 감염된 사람이 대화, 기침 또는 재채기를 할 때 결핵균이 섞인 미세한 가래 방울이 일시적으로 공기 중에 떠 있게 되는데 주위 사람들이 숨을 들이쉴 때 그 공기와 함께 폐 속으로 들어가 감염, **결핵이 의심되는 대상자를 돌볼 때는 보호장구(마스크, 장갑 등)를 착용**
	• 결핵은 호흡기를 통하여 감염되므로 결핵에 걸린 대상자와 물건을 함께 쓰는 것은 괜찮음
	  - 침이나 가래가 묻은 물건을 유의하도록 함
	• 결핵균은 건조한 상태에서도 오랫동안 살 수 있고 강한 산이나 알칼리에서도 잘 견디는 특성, 햇빛에 약해서 직사광선을 쏘이면 수분 내에 죽음, **침구 등을 일광소독하는 것이 중요**
	• 요양보호사로 일을 시작할 때 잠복결핵검사 1회를 반드시 실시해야 함	

특징	• 결핵균은 햇빛에 약해서 의류나 침구는 반드시 햇빛에 바짝 말리면 좋음 • 결핵약은 최소 6개월에서 1년 동안 먹어야 하며 결핵 바이러스 감염성 폐기물은 2중으로 싸서 소각처리	

(2) **독감**(인플루엔자) **타미플루**(치료제)

발병요인	독감으로 알려져 있는 인플루엔자는 인플루엔자 바이러스에 의한 급성 호흡기 질환으로 주로 A형과 B형이 사람에게 인플루엔자를 유발
증상	갑작스러운 발열(38도 이상), 두통, 전신 쇠약감, 마른기침, 인후통, 코막힘, 근육통
관리법	• 우리나라에서는 인플루엔자가 통상 12월부터 이듬해 5월까지 유행하므로 **독감 예방접종은 10~12월 사이에 받는 것을 권장** • 독감은 증상이 생기기 하루 전부터 감염이 시작되며, 증상이 생긴 후 5일 이상 병을 퍼뜨릴 수 있으므로 인플루엔자에 걸린 요양보호사는 1주일 정도 쉬어야 함

(3) 노로바이러스 장염

발병요인	• 오염된 음식 섭취 : 주로 익히지 않은 굴 등 해산물 • 오염된 물로 세척된 과일 및 채소 • 불충분하게 조리된 고기를 재료로 한 인스턴트 음식 등 • 염소소독 되지 않은 물 섭취 • 질환에 걸린 대상자의 구토물에 의한 감염
증상	구토, 메스꺼움, 오한, 복통, 설사, 근육통, 권태, 두통, 발열 등
관리법	• 노로바이러스는 잘 전파되므로 요양보호사가 감염된 경우 증상이 약하더라도 **2~3일간 요양 보호 업무 중단** • **증상 회복 후에도 최소 2~3일간 음식을 조리하지 않음** • 개인위생을 철저히 하고 어패류 등은 반드시 익혀서 먹어야 함
특징	• 노로바이러스는 감염력이 강하고 장염을 잘 일으킴 • 계절적으로 11월부터 다음해 4월까지 발생이 높으며 장관감염증 집단발생 원인 병원체 중 가장 높은 비율을 차지

(4) 옴 (진드기) - **집단 시설에서 자주 나옴**

발병요인		• 감염된 사람, 옷, 침구와 접촉할 때, 충란,유충 또는 수태한 암컷 성충이 옮겨와 감염 • 옴진드기는 더운 기온에서 움직임이 활발해 여름철에 옴 발생이 많고 기온이 떨어지는 11월에서 4월 사이에는 적음
전파 방법	직접 전파	옴에 걸린 대상자와 직접 접촉
	간접 전파	오염된 의복, 침구, 수건이나 혈압기, 체온계 등을 통한 전파
증상		• 야간의 가려움과 옴진드기 굴이 보임, 가족과 함께 발생함, 전염성 높음
관리법		• 옴 진드기에 의한 피부 감염증으로 사람이나 동물을 물어 피하조직에 침입해 발생, 감염력이 매우 강하여 잘 옮음 • **대상자는 물론 같이 사는 가족이나 동거인, 요양보호사 등 대상자와 접촉을 한 사람은 증상 유무와 상관없이 함께 동시에 치료** • 개인위생을 철저하게 하고 **내의 및 침구류를 뜨거운 물로 10~20분간 세탁한 후 건조하고, 세탁 후 3일 이상 사용하지 않음** • 세탁이 어려운 것은 **3일간 햇볕을 쬐도록 널거나 다리미로 다린 후 사용** • 알레르기와 혼동하기 쉬우므로 심한 가려움증은 병원에 방문 • 병원에서 처방받은 도포용 약제(린단 로션, 크로타마톤 크림 등)를 목에서 발끝까지 온몸에 골고루 바르고 씻어냄, 머리, 얼굴 등 빠트리지 말고 발라야 함 • 요양보호사는 자신의 피부를 항상 주의 깊게 관찰 • 애완동물에게 옴이 생기지 않도록 청결을 유지

"실버센터, 요양보호사 13명 잠복 결핵 양성판정"

잠복결핵은 활동성결핵의 의미는 아니지만 언젠가는 결핵으로 다른 사람에게 전파할 수 있는 소지가 있으므로 요양보호사로 일을 시작하기 전에 잠복결핵검사를 실시해요. 이 결과가 음성이 나오면 가장 좋지만 양성이 나오면 조심해야 하고 법적으로 일은 할 수 있어요. 하지만 이후에 재검사를 진행하게 되죠!

제2절　요양보호사 직무스트레스 관리와 자기효능감 증진

1　요양보호사의 직무스트레스와 관련 요인

1) 직무 스트레스

직무 스트레스	• 업무로 인해 근로자의 능력이나, 자원 그리고 바램과 일치하지 않을 때 생기는 유해한 신체적 · 정서적 반응 • 스트레스는 모두 나쁜 것이 아님 • 스트레스로 활력을 얻기도 하고 어려움을 극복하며 계획을 성취하도록 힘을 주기도 하며, 적당한 스트레스는 집중력, 능력, 창의력, 생산력을 향상시켜주기도 함
직무 스트레스 영향	• 건강상의 많은 문제를 일으키고 사고를 발생할 수 있는 위험요인이 됨 • 극심한 스트레스 상황에 노출되거나 성격적 요인으로 신체의 구조와 기능에 손상이 발생할 수 있음 • 흡연, 알코올, 카페인 음용의 증가, 수면제 등의 약물남용, 대인관계 기피, 자기비하 및 학대, 수면장애 등의 행동 변화가 발생 • 업무 수행능력이 저하되어 일에 집중하지 못하거나 책임감을 상실, 근하거나 퇴직할 가능성이 높아짐 • 우울 등 정신건강이 저하, 심한 경우 자살과 같은 극단적이고 병리적인 행동으로 발전
직무스트레스 반응의 크기	사람에 따라 크게 다름
스트레스 관리	스트레스는 반드시 피해야 하는 것처럼 인식하는 면이 있는데, **스트레스는 자기 의지로 피할 수 없는 경우가 많으며, 이를 대치하고 조절하는 능력이 중요**

2) 직무 스트레스 요인

요양보호사는 다음의 요인들로 직무 스트레스를 경험

직무요구	돌봄노동은 거동이 불편한 환자나 장애인의 일상 활동을 도와야 하기 때문에 위험이 따르고 신체적 노동강도가 매우 큼
감정노동	• 요양보호사의 노동은 대상자의 필요와 욕구에 따라 자신의 감정을 조절해야 함 • 특히, 치매 등의 원인으로 정서적 돌봄의 요구가 큰 경우 감정노동의 강도는 매우 커짐
성희롱	대상자의 집 안에서 일하는 재가 요양보호사는 대부분 여성이므로, 수급자인 남자 노인으로부터 성적인 언어나 신체접촉을 통한 성희롱이 일어나는 경우가 있음
역할모호	• 요양보호사는 업무 특성상 대상자의 돌봄과 관련된 가사노동(조리, 청소 등)까지 맡음 • 이러한 역할이 가사도우미와 비슷하게 인식되면서 업무 범위 밖의 가사노동을 요구받는 경우가 흔함
조직체계	재가 요양보호사의 경우 관리 감독이 체계적으로 이루어지지 않고 대상자의 요구에 따라 일을 하게 되므로, 근로조건의 일관성을 유지하기 어려움

2 직무스트레스 관리

1) 직무스트레스 예방

근로 시간 관리	정해진 근로 시간을 초과하지 않도록 근로계약을 분명히 명시해야 함
휴식 시간과 공간제공	• 요양기관 근로자에게 틈틈이 휴식을 취할 수 있는 시간과 공간을 제공 • 가능하다면 근무자가 이용할 수 있는 운동시설을 설치하거나 외부의 시설을 확보
업무지침 제공	업무의 범위, 업무시간, 대상자 관리 안전 수칙, 성희롱의 예방과 대처 방법 등을 명시한 **업무지침을 근로자와 대상자에게 제공하고 계약 시 충분히 상호이해 되도록**
정기 회의와 의사 소통체계 확보	재가 요양보호사의 경우 주 1회가량 관리감독자와 정기적인 회의를 하여 업무상의 어려움이나 요구사항을 파악할 수 있도록 한다. 또한, 면담 또는 전화를 이용한 정기적인 소통이 이루어지도록 하여 불만이나 요구사항이 즉시 전달될 수 있도록
상사 지지	요양보호사의 근무 중 발생하는 문제들에 대해 주의를 기울여 듣고 긍정적이고 적극적으로 반영하여 지지를 제공
동료 지지체계 지원	동료 간의 정기적인 만남을 주선하여, 서로 배우고 경험을 공유하며, **어려운 일이 있을 때 서로 지지가 이루어지도록**
교육	전문성을 향상시키고 스트레스 관리 방법을 익히도록 교육을 제공
근로조건 개선	임금수준의 개선과 고용 안정성을 모색하여 서비스 질과 전문성이 확보
지침 준수	'사업장에서 적용되는 각종 지침'을 준수하여 작업으로 인한 질환이나 사고가 발생하지 않도록 함

③ 스트레스 대처방안

긴장 이완기법	• 스트레스에 의해 유발되는 심리적 또는 생리적 반응을 해소할 수 있음 • 긴장 이완은 맥박, 땀 등의 감소를 가져오며, 심리적 불안의 감소도 가져옴
호흡법	• 의자에 편히 앉거나 바닥에 편히 누워 오른손은 배, 왼손은 가슴에 올려놓음 • 눈을 지그시 감고 코로 숨을 들여 마시며 배가 볼록해지는 것을 오른손을 통해 느낌 • 입으로 숨을 천천히 내쉬면서 볼록해졌던 배가 다시 내려오는 것을 느낌 • 이러한 과정을 편안한 마음이 들 때까지 천천히 되풀이
심상 훈련	• 과거 편안했던 기억을 떠올림 • 복식호흡을 천천히 하면서 "편해", "쉬어" 등의 단어를 천천히 속으로 반복
자신의 생각 변화(인지 수정)	• 자신의 생각을 변화시켜 상황을 긍정적으로 인지 • 예를 들어 상사로부터 꾸지람을 들을 경우 "저 상사가 나에게 관심이 있기 때문에 이렇게 야단치는 것이다"고 생각하면 훨씬 스트레스를 덜 받는 것과 같음
직무스트레스 예방을 위한 평상시 자기관리	• **규칙적인 생활과 충분한 수면** • 친한 사람들과 교류하기 • 긴장을 풀고 많이 웃기 • 가능한 한 편안한 환경으로 만들기 • 일상에서 벗어나 자연을 즐기고 취미를 갖기 • **적당한 운동을 하고 술이나 담배에 의존하지 않기**

"요양보호사, 직무스트레스로 인한 이직"

2025년 한국노인장기요양기관협회가 최근 발표한 '노인요양시설 요양보호사 근무실태조사 결과보고서'를 보면 요양보호사의 이직률은 41%에 달한다. 전체 직종 평균 이직률(4.6%)보다 9배가량 높은 수치이므로 직무스트레스가 높은 것이 가장 큰 원인이 되고 있다.

5 노화에 따른 변화와 질환

제1절	노화에 따른 변화와 노인성 질환의 특성

노인성 질환	단독으로 발생하는 경우는 드물고, 하나의 질병에 걸리면 다른 질병을 동반하기 쉬움
	증상이 거의 없거나 애매하여 정상적인 노화과정과 구분하기 어려움 식욕부진이나 전신 허약감에도 주의를 기울여야 함
	원인이 불명확한 만성 퇴행성 질환이 대부분
	경과가 길고 재발이 빈번하여 합병증이 생기기 쉬움
	신장 기능이 저하되어 수분과 전해질 균형이 깨지기 쉽고 의식장애, 심장수축 이상, 신경 이상 발생
	• 노인은 **약물에 민감하게 반응**하기 때문에 약물을 사용할 때 더욱 신중해야 함 • 신장의 소변 농축 능력과 배설 능력이 저하되어 약물 성분이 신체 내에 오래 남아 중독 상태에 빠질 수 있음
	• 노인은 질환에 민감하기 때문에 위험요인에 노출되었을 때 질병에 쉽게 걸리게 됨 • **증상, 경과, 예후 등에서 젊은 사람의 검사기준에 적용할 수 없는 질환이 많아 초기 진단이 매우 어려움**
	노인은 가벼운 질환에도 의식장애를 일으키기 쉬워 **뇌졸중 뿐 아니라 가벼운 폐렴, 설사 등에도 의식 장애가 발생**
	• 노인은 **혈액순환 저하로 욕창이 잘 발생**하고 골격(뼈와 근육)의 수축력 감소로 관절이 쉽게 뻣뻣해짐. 관절 구축과 욕창 예방을 위한 세심한 관리가 필요 • **구축**: 근육이나 힘줄이 수축되어서 일정한 방향으로 운동할 수 없는 상태
	일상생활 수행능력이 저하되면 질환이 치유된 후에도 의존상태가 지속되는 경우가 많음 자신의 일상생활은 가급적 스스로 하게하여 와상(누워있는) 상태가 되지 않도록 도와야 함
	신체적 측면뿐만 아니라 심리적, 사회적, 경제적, 영적 측면이 모두 연관되어 있어 의학, 간호학, 사회심리학, 경제학, 사회복지학 등 다양한 분야의 총체적인 접근이 필요

1 소화기계

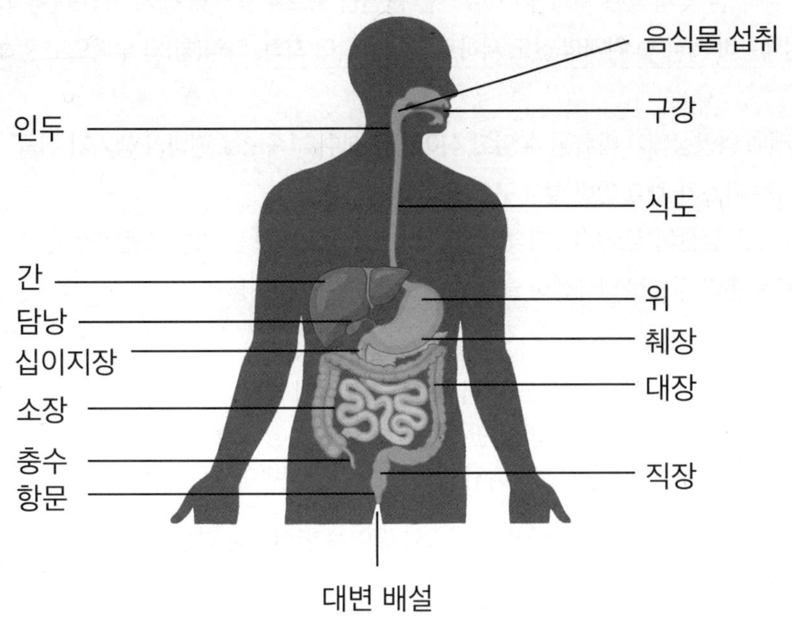

음식이 들어오는 **입**에서 시작하여 찌꺼기가 신체 밖으로 배출되는 **항문**으로 끝나는 기관
구강, 인후, 식도, 위, 소장 및 대장을 포함

1) 소화기계 종류

침샘, 간, 담낭, 췌장	• 소화에 필요한 소화효소를 소화관 내로 분비하고 저장 • 간의 위치 : 사람의 오른쪽에 위치
위(주머니 모양)	• **소화효소 분비(위산)하여 섭취한 음식을 잘게 부수어 적당한 속도로 소장으로 보냄** • 위의 위치 : 왼쪽에 치우쳐 있음(오른쪽으로 누워서 음식을 먹어야 역류하지 않음)
소장	• 위에서 넘어온 음식에서 영양분(에너지원, 포도당, 미네랄 흡수)
대장	• 소장에서 흘러 들어온 소화된 음식물을 항문까지 이동시키는 역할을 하며 • **소화된 음식물의 수분을 흡수하여 대변 형태로 굳게 만드는 역할** • **정상적으로 존재하는 대장 내 세균들(대장균)이 음식물을 분해** • 대장암에 걸리면 대장의 수분흡수가 되지 않아 설사가 일어남

2) 노화에 따른 특성

- 맛을 느끼는 세포 수(미뢰)가 줄고, 후각 기능이 떨어져 미각이 둔해짐, 짠맛과 단맛에 둔해지고 쓴맛과 신맛은 잘 느끼게 됨
- 충치, 치아의 탈락, 잘 맞지 않은 의치(틀니)로 인한 불편감 등으로 음식을 씹기 어려움(저작기능 저하)
- **타액(침)과 위액분비 저하 및 위액의 산도 저하로 소화능력이 저하**, 타액(침)의 부족으로 인해 구강 건조증 증가, 소화력 저하
- 씹는 것이 어려워 영양상태가 악화될 수 있고 식이섬유 섭취 부족으로 변비가 생기기 쉬움
- **소화능력 저하로 가스가 차고 변비 설사 구토 등이 생김**
- 췌장에서 소화효소 생산이 감소하며 **지방의 흡수력이 떨어짐**(튀김 등 기름이 들어간 음식 소화 안됨)
- 췌장에서 호르몬 분비 감소로 당내성이 떨어져 당뇨병에 걸리기 쉬움

당내성	• 세포가 혈액으로부터 포도당을 흡수하는 능력 • 혈액에 포도당은 그냥은 혈액으로 흡수되지 않음 • 반드시 인슐린이 있어야만 세포 안으로 포도당이 흡수 • 당내성 = 인슐린 분비해서 혈액의 포도당을 세포에 넣어줄 수 있음

- **직장 벽의 탄력성 감소하고 항문 괄약근의 긴장도가 떨어져 변실금이 발생할 수 있음**
- 간 기능이 떨어져 약물의 대사와 제거 능력이 저하
  - 간 기능 저하는 신체 내에 약물을 해독 및 배출 능력이 떨어져서 몸에 약물이 남아있게 됨

(1) 위염

- 위염의 종류

급성 위염	갑자기 발생하는 **위 점막의 염증**
만성 위염	급성 위염이 완치되지 못하고 방치되거나 재발하면 생기는 염증
관련 요인	• 치아 문제로 충분히 씹지 못한 음식물 섭취 • 아스피린(해열진통제), 알코올, 조미료, 자극적인 약물이나 화학성분(가공식품) 섭취 • 과식 등 무절제한 습관 (과식, 폭식, 폭음) • 병원균이 포함된 부패한 음식 섭취 (상한 음식 섭취)
증상	• **급성 위염 : 식사 후 위가 무겁거나 부푼 듯한 팽만감** • 명치의 통증, 트림, 구토 • **식사 후 3~4시간이 지나 배가 고프기 시작할 때 발생하는 명치 부분의 심한 통증**

치료 및 예방	• 하루 정도 금식하며 위의 부담을 덜고(위의 휴식) 구토를 조절, 금식 후 미음 등의 유동식을 섭취한 후 된죽을 먹음 • 금식 시 주의사항 　물을 자주 마셔 탈수를 예방하고 충분한 휴식으로 위뿐만 아니라 전신을 쉬게 해야 함 • 처방받은 제산제, 진정제 등의 약물을 복용 　(제산제 : 위산의 분비를 억제하고 위벽 자극을 완화하는 약제) • 과식, 과음을 피하고 너무 뜨겁거나 찬 음식을 섭취하지 않음(미지근한 음식 섭취) • 자극적인 음식을 피하고 규칙적으로 식사하며 위를 자극하지 않음 • 자극적인 음식 : 지나치게 달거나 맵고 짠 음식

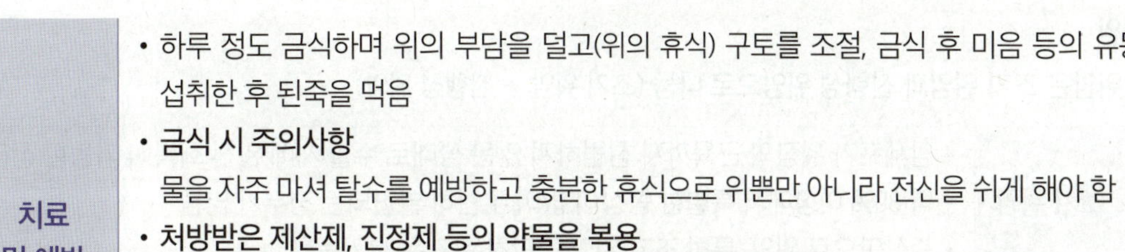

(2) 위궤양

위궤양 정의	위벽의 점막뿐만 아니라 근육층까지 손상된 위장병	
관련 요인	• **잘못된 식습관으로 인한 위 점막 손상** : 잘못된 식습관(과식, 불규칙한 식사가 대표적임) • 스트레스 (만병의 근원) • 담배, 알코올, 커피(자극적인 약물/음식)로 인한 위 자극 • 해열제, 진통제, 소염제의 잦은 사용으로 인한 위 자극 • 위에서 분비되는 소화효소에 의한 위 점막 손상 (밥 안 먹으면 위 손상됨) • 위 내 헬리코박터균에 의한 감염	
증상	• 속쓰림 • 소화 불량 • **새벽 1~2시에 발생하는 속쓰림과 상복부(배꼽 위 머리까지) 불편감** • 심한 경우 위 출혈, 위 천공, 위 협착	
	위 출혈	위에 피가 나오는 것
	위 천공	위에 구멍이 생기는 것
	위 협착	위가 상처 난 부분까지 달라붙거나 좁아지는 것
치료 및 예방	• 약물요법과 함께 식이요법, 충분한 수면, 심신 안정이 중요 • 규칙적인 식사 • 위궤양으로 진단된 후에는 **절대적으로 금연**(담배와 담배 연기에는 발암물질과 유해화학물질이 포함되어 있어. 위궤양을 악화) • 진통제를 먹어야 할 경우에는 반드시 점막 보호제(제산제)를 함께 복용 • 위 출혈, 위 천공, 위협착 등의 증상이 발생한 경우 지체없이 병원 치료	

(3) 위암

- 위암은 조기 위암과 진행성 위암으로 나눔 (조기 위암 + 진행성 위암)

조기 위암	• 암세포가 위장의 근육까지 침범하지 않은 상태로 수술 시에 완전 회복이 가능한 상태 • 약 80% 이상에서 특별한 증상이 없이 우연히 발견되는 경우가 많음 • 증상만으로 위암, 특히 조기 위암 진단하는 것은 불가능함

- 관련 요인 (위암의 위험인자)

관련 질병 요인		• 위축성 위염(위가 종이처럼 얇아지는 위염), 악성빈혈(위암의 원인 비타민 D 부족) 등의 질병 • 위 수술 과거력 : 2~6배 위험률 • 만성위축성 위염 : 저산증 유발 • 악성빈혈 : 약 10%에서 위암 발생 • 헬리코박터 파이로리균 : 만성 위축성 위염 발생
식이(식사)		• 짠 음식, 염장식품 등의 섭취 • 질산염 화합물(가공된 햄, 소시지류), 짠음식, 저단백 저비타민식이, 탄 음식 • 곰팡이에서 나오는 아플라톡신(독소)
	염장식품	• 소금을 첨가하여 저장성을 높인 식품 • 굴비, 젓갈류, 햄, 베이컨, 김치, 단무지, 짠지 등이 해당
유전성		• 위암의 가족력 (형제, 자매, 부모가 위암인 경우 가족력 있음. 정기 검진 필요) • 가족력이 있는 경우 위험도가 약 2배로 증가
기타	음주, 흡연	위암의 주요 원인
	성별	남성이 여성보다 2배 높게 발생
	나이	50대 이후에서 많이 발생(호발)

- 증상과 치료 및 예방

증상	• **서서히 진행되어 증상이 잘 나타나지 않음** • 체중 감소, 소화 불량, 식욕감퇴, 속쓰림, 오심(헛구역질), 복부 통증이나 불편감 • 빈혈, 피로, 권태감 • 출혈, 토혈, 혈변, 구토 • 진단 검사에서 복부 종양 덩어리, 간 비대
치료 및 예방	• 수술, 화학(항암)요법, 방사선 치료 등을 받아야 함 • **치료 후 5년간은 병원에서 재발 여부 확인하기 위한 정기검진을 받아야 함** • 헬리코박터균 치료 • 맵고 짠 음식, 태운 음식, 훈연한 음식 등을 피해야 함 • 금연 • 스트레스를 줄여야 함 • **조기진단을 통한 조기 발견이 중요**

기출 대상자가 다음과 같은 증상을 호소할 때 의심할 수 있는 질환은?

> • 식사 후 위가 무겁거나 부푼 듯한 팽만감　　　　• 공복 시 명치 통증

① 위암　　　　　　　　　　　　　　　② 위궤양

③ 위염　　　　　　　　　　　　　　　④ 대장암

⑤ 천식

해 식사 후 팽만감, 명치통증, 트림, 구토 등은 위염의 전형적 증상이다.

답 ③

(4) 대장암

대장암은 맹장과 결장과 직장에 생기는 악성 종양으로 대장의 가장 안쪽 표면인 점막에 발생함

구분	내용
관련 요인	• 대장 용종의 과거력 • 대장암의 가족력 • 장기간의 궤양성 대장염 • 매일 알코올 섭취(1잔도 위험) • **고지방, 고칼로리, 저섬유소, 가공 정제된 저잔여식의 섭취**
저잔여식이	섬유소가 적어 빨리 소화되고 흡수되어 장에는 별로 남지 않는 음식물
증상	• **장 습관의 변화와 장폐색(막힘), 설사, 변비** • **혈변, 직장 출혈, 점액 분비**(코 같은 점액질 나옴) • 허약감, 체중감소 • 노인에게 양성종양이나 치질, 변비 등에서도 위의 증상이 나타남 • 주의 깊은 관찰이 필요함
치료	• 수술, 화학요법(항암치료), 방사선치료 등을 받음 • **치료 후 5년간은 병원에서 재발 여부를 확인하기 위해 정기 검진을 받음**
대장암 대상자 식사	• 영양소가 골고루 들어있는 식품을 소량씩 규칙적으로 섭취 • 음식의 소화가 쉽도록 천천히 꼭꼭 씹어서 먹음 • 잦은 간식과 늦은 식사를 피함 • 자극을 주는 찬 음식을 피함 • 음식을 싱겁게 먹음 • 통곡식, 생채소, 생과일을 많이 섭취 • 동물성 식품의 섭취를 줄이고 식물성 지방을 섭취(들기름/참기름) • 가공식품, 인스턴트식품, 훈연식품 피해야 함 • 하루에 6~8잔 생수를 섭취(둥글레, 보리차, 우엉차 1잔) • 금연, 절주 • 소화에 도움이 되는 적당량의 운동

(5) 설사

변 속의 수분량이 증가하여 물 같은 대변을 보는 상태, 배변량과 배변 횟수가 증가한 것을 말함

관련 요인	• 장의 감염 　(바이러스, 세균, 기생충 등에 의함) • 스트레스 • 병원균에 오염된 음식물	• 식중독 • 장 질환 • 소화 기능의 저하 • **하제(설사가 나게 하는 약) 등 약물의 남용**
설사의 원인	바이러스, 스트레스, 세균, 면역결핍, 음식, 세균성독소(식중독), 기생충, 약, 장질환들	
증상	• 1회~수십 회 수분이 많은 상태의 변 배출 (정상 배변 횟수 : 주 3회, 하루 3회까지) • 물 설사, 혈성 설사 • 혈성 설사 : 피가 섞여나오는 변	
치료 및 예방	• 의사의 처방에 따라 약물을 복용 • **심신을 안정하고 몸을 따뜻하게 해야 함** • **음식물 섭취량을 줄이되, 물은 충분히 마셔 탈수 예방** • **장운동을 증가시키는 음식의 섭취를 피해야 함** 　(장운동 증가 음식 : 매운 후추, 카페인이 든 음료수, 술 고섬유소 고지방음식) • **지사제를 함부로 써서는 안 되며** 반드시 의사의 지시에 따라 사용	

(6) 변비

변비는 변을 보는 횟수가 일주일에 2~3회 이하인 경우, 변을 볼 때 힘이 들고 변이 심하게 딱딱한 경우, 변을 보는 데 시간이 많이 걸리는 경우 잔변감이 3개월 이상 지속되는 경우

　• **잔변감 : 배변 후에도 대장에 변이 남아 있는 듯한 느낌**

관련 요인	• 위, 대장반사(반사적 움직임) 감소 및 약화에 따른 **장운동 저하** • **저작능력 저하와 관련된 지나친 저잔여식이(떡이나 빵) 섭취** • **복부 근육의 힘 약화** • 식사량 감소, 수분과 고섬유질 음식 섭취의 감소 • **하제 남용으로 인한 배변 반사 저하**(설사와 변비가 발생함) • 운동량 감소에 따른 장운동 저하 • 요실금에 대한 염려로 인한 수분 섭취 부족(변비 및 변이 딱딱해짐) • 스트레스, 우울과 같은 심리적 요인 • 대장암, 뇌졸중, 심부전 등의 합병증 • **변비를 유발하는 약물 사용**(항암제, 마약성 진통제, 제산제, 철분제, 칼슘제)

증상	• 배변 횟수 감소(1주 2~3회 이하) • 배변 무게 감소(하루 35g 미만) • 배변 시 어려움(힘든 배변, 단단한 변, 잔변감) 및 통증 • 복부 통증과 팽만감 • 경련(근육 경련) • 식욕 저하 (입맛 저하)
치료 및 예방	• **처방에 따라 하제를 사용 가능, 빈번하게 사용하면 변비를 악화시킬 수 있으므로 주의** • 편안한 환경에서 배변하게 함 • **식물성 식이섬유, 유산균이 포함된 음식물과 다량의 물을 섭취** • 소변보기가 힘들거나 밤에 화장실 가는 것을 번거롭게 생각하며 물 마시기를 줄이면 변비를 악화시킬 수 있으므로 수분을 충분히 섭취 • **우유**는 장의 운동력을 높이고 변의를 느끼게 하므로 **적극적으로 섭취** • **체조, 걷기 운동을 함으로써 대장의 운동력을 높이고 복부 마사지로 배변을 도움** • 식사 시간을 매일 일정하게 하고 규칙적인 배변습관을 갖음 • **변의(변을 보고 싶은 의지) 생기면 즉시 화장실을 찾음으로써 배변 시기를 놓치지 않아야 함** [변의 시간이 짧으므로 배변 시기에 꼭 화장실을 가야함] • 변비를 유발하는 약 복용을 중단(의사와 상의 후 약물 변경)
요양보호사 활동	• 요양보호사가 대상자의 질병명을 예측해서 말하거나 수술 혹은 약물치료가 필요하다는 말을 하면 안 됨 • 요양보호사의 부정확한 판단이 대상자 및 가족에게 혼란과 걱정을 유발할 수 있기 때문 • 요양보호사는 대상자가 정상적이지 않은 상태를 보이거나 평소와 다르게 상태가 안 좋은 방향으로 변화되었을 때 가족과 상의하여 의료기관을 찾도록 해야 함 • 시설장이나 간호사에게 신속하게 보고 • 식사량이 갑자기 감소, 대변이 콜라색이 띨 때, 속이 쓰리다고 하거나, 오심 구토가 있을 때 먼저 가족과 상의하고 시설장이나 간호사에게 보고 • 변비인 대상자가 관장을 해달라고 요구하는 경우, 간호사 등 의료인과 상의해야 함 • 대상자가 식사를 하지 않는 경우 운동 부족, 변비, 구강질환 등 신체적인 이유와 불안, 슬픔, 본인의 취향에 맞지 않아서 등의 심리적인 이유가 있을 수 있으므로 가족과 상의하고 시설장이나 간호사에게 보고

기출 대상자에게 변비를 일으킬 수 있는 요인으로 옳은 것은?

① 수분 보충 ② 식사량 증가

③ 운동량 증가 ④ 대장운동 증가

⑤ 운동량 감소

해 장운동이 활발하면 변비가 없지만 운동량 감소로 장운동이 적으면 변비가 생긴다.

답 ⑤

2 호흡기계

호흡기계는 공기를 폐로 전달하는 공간과 통로로 비강, 인두, 후두, 기관, 기관지, 폐로 이루어져 있음
– 호흡기계의 역할 : 산소 섭취, 이산화탄소 배출(가스교환)

1) 노화에 따른 특성

① 신체조직 내 수분 함유량 감소 > 콧속 점막이 건조해져 공기를 효과적으로 흡입하지 못함
② 폐포의 탄력성 저하, 폐 순환량 감소로 폐활량이 줄어들어 쉽게 숨이 참
③ 호흡 근육의 위축과 근력의 약화로 호흡 증가 시 피로해지기 쉬움
④ 기침반사와 섬모운동 저하로 미세 물질들을 걸러내지 못함
⑤ 기관지 내 분비물이 증가되어 호흡기계 감염이 쉽게 발생
⑥ 목에 가래가 많이 끼는 경우가 많음

폐포	폐 안의 공기주머니
폐 순환량	폐의 공기 순환량
섬모	이물질을 제거하는 기능이 있음

2) 주요 질환 5가지

주요 질환	독감	기관지염	폐렴	천식	폐결핵

(1) 독감(인플루엔자)

인플루엔자 바이러스에 의한 감염병
주로 겨울철에 많이 유행하며, 고열과 함께 기침 등 호흡기 증상을 일으키는 질환

관련 요인	• 인플루엔자 바이러스 감염 • 급성 인플루엔자에 걸린 **대상자가 기침이나 재채기를 할 때 분비되는 호흡기 비말을 통해 사람에서 사람으로 전파됨**					
	비말	날아 흩어지거나 튀어 오르는 물방울				
증상	갑작스러운 발열 (38도 이상)	두통	전신 쇠약감	마른기침	인후통	코막힘	근육통
치료 및 예방	• 안정을 취해야 함 • **충분한 수분을 섭취** • 필요시 해열진통제나 처방받은 항바이러스를 복용 • **매년 1회 예방접종을 통해 인플루엔자 감염을 예방** (1년에 1회 독감예방접종 필수 – 65세 무료 예방접종 가능)					

(2) 만성 기관지염

기관지의 만성적 염증으로 기도가 좁아져 숨쉬기가 힘든 질환

관련 요인	• 흡연, 매연에의 노출 • 세균성 혹은 바이러스성 감염
증상	• 심한 기침, 특히 이른 아침에 발생하는 가래 끓은 기침 • 점진적으로 호흡 관란 심화 • 전신 쇠약감, 체중 감서 • 잦은 호흡기 감염 • 흰색이나 회색 또는 점액성의 화농성 가래
치료 및 예방	• **심호흡과 기침을 하여 기관지 내 가래를 배출** • 처방받은 **거담제와 기관지확장제를 사용하여 가래를 묽게 하고 좁아진 기도를 넓혀줌** • 지나치게 뜨겁거나 차가운 음식, 자극적인 음식은 기관지 경련을 일으킬 수 있으므로 피하고 소화가 잘 되는 음식으로 여러 번으로 나누어 식사 • 금연 • 공기오염이 심한 지역에 사는 경우 **가능한 한 오염된 공기에 노출되지 않게 함** • **공기청정기를 설치, 갑작스러운 온도 변화, 차가운 기후, 습기가 많은 기후에 노출되지 않게 함으로써 기관지 자극을 감소**

(3) 폐렴

세균, 바이러스, 곰팡이, 화학물질에 의해 폐 조직에 염증이 생겨 기관지가 두껍게 되고 섬유화되어 폐로 산소를 흡수하는 능력이 감소하는 질환

관련 요인		• 새균이나 바이러스 • **흡인성 폐렴 : 음식물이나 이물질이 기도 내로 넘어가 기관지나 폐에 염증을 유발함** 　　　　　　　　　**뇌졸증으로 마비가 와서 음식이 잘못 넘어가는 경우에 발생함**
증상		• 두통, 근육통 • 감기 정도의 가벼운 증상 • 고열, 기침, 흉통, 호흡곤란, 화농성 가래 • 마른기침이나 짙은 가래를 뱉어내는 기침
치료 및 예방	**세균성 폐렴은 항생제 치료를 함**	
	항생제	• 미생물이 만들어내는 항생 물질로 된 액체 • 다른 미생물이나 생물 세포를 선택적으로 억제하거나 죽임
	• 바이러스성 폐렴은 증상에 따라 치료 방법을 달리함(증상 완화를 위해 항생제 사용) • 산소 공급, 채위 변경, 기침 및 심호흡으로 혈액의 산소 농도를 적절하게 유지 • 규칙적으로 환기하고 적절한 습도 및 온도를 유지 • 영양과 수분을 충분히 섭취하고 감염의 전파를 예방 • 외출 후 손발을 깨끗이 씻고, 사람이 많은 장소에 출입하는 것을 제한 • **환절기 이전에 폐렴구균 예방접종**(65세 이상 무료 예방접종)	

(4) 천식

기도의 만성 염증성 질환
기관지 벽의 부종과 기도 협착, 여러 가지 자극에 의해 기도가 과민반응을 보이는 형태

부종	부어오르고 염증이 생김
협착	두 가지 다른 것이 하나로 달라 붙음
과민반응	알러지 반응, 알레르기

관련 요인	• 감기 • 비염 등과 같은 염증 • 흥분이나 스트레스, 긴장감(심리저 요인) • **꽃가루, 집먼지 진드기, 강아지나 고양이 털 및 배설물, 곰팡이** • 대기오염, 황사, 매연, 먼지 등 자극물질, 자극적인 냄새, 담배 연기 • 천식이 있는 대상자는 미세먼지, 황사 등이 심하면 바깥 활동을 줄이고 외출할 때는 마스크를 착용 • **갑작스러운 온도나 습도의 차이, 특히 차고 건조한 공기에 갑자기 노출, 기후변화** • 노화에 따른 폐기능 감소
증상	• 기침, **숨을 내쉴 때 쌕쌕거리는 호흡음, 호흡곤란** • 점액 분비량 증가 • 가슴이 답답한 느낌이나 불쾌감 • 기도 경련 • 알레르기성 비염
치료 및 예방	• 호흡곤란이 심한 경우 운동할 때 30분 전에 기관지확장제를 투여하면 호흡곤란 예방에 도움 • 처방받은 약물을 정확하게 투여해야 하며 처방받지 않는 약물은 사용하지 않음 • **담배, 벽난로, 먼지, 곰팡이를 피함** • **따뜻한 곳에서 추운 곳으로 가거나 갑작스러운 온도 변화를 피함** • 적당한 휴식과 수면을 취함 • 스트레스와 불안을 줄임 • **침구류는 먼지나 진드기를 없애기 위해 뜨거운 물로 세탁** • **매년 1회 인플루엔자 백신, 65세 이후에는 1회 폐렴구균 백신을 예방접종**
기관지 확장흡인기	• 호흡곤란 위급상황에 기관지를 확장하여 호흡곤란에 도움을 줄 수 있는 장치 • 의사 처방이 있어야 구입 가능함

	기관지확장 흡인기 사용법
기관지확장제 (흡인기) 사용순서	• 사용 전에 뚜껑을 열고 흔들어야 함 • 머리를 약간 뒤로 젖히고 충분히 숨을 내쉼 • 입을 열고 마개를 입으로 물어야 함 • 입으로 심호흡을 하면서 1회 용량이 흡인되도록 흡인기를 누름 • 3~5초간 천천히 깊게 숨을 들이쉼 • 약이 폐에 깊숙이 도달할 수 있도록 적어도 10초간 숨을 참은 다음 천천히 내쉼 • 다음 투약까지 적어도 1분간 기다림 • 흡인기 뚜껑을 덮음 • 하루에 한 번 이상 뚜껑을 열고 흡인기의 플라스틱 통과 뚜껑을 흐르는 물에 씻음 • 기관지확장흡인기는 제품마다 사용법이 다를 수 있기 때문에 설명서를 참조

뉴스

"독감, 10년 만에 대유행"

독감은 폐렴합병증으로 사망할 수 있으므로 매년 유행 전에 백신 접종을 해야 하고, 4급 감염병이라 격리는 필요 없지만 충분한 휴식을 해야 합니다. 특히 2025년에는 독감이 10년 만에 최고치를 찍는 대유행이었기에 호흡기계 질환은 핫이슈 중 핫이슈!

(5) 폐결핵

결핵균이 폐에 들어가 염증을 일으키는 질환

관련 요인	• 결핵균의 호흡기 감염 • 알코올 또는 약물중독 • 영양부족 등으로 인한 면역력 저하 • 당뇨병 악성 종양, 만성 신부전 등과 같은 만성 질환 약화 • 스테로이드와 같은 면역억제제 사용	
증상	• **초기에는 대부분 무증상**, 흉부방사선 촬영 X-ray에서 우연히 발견되는 경우가 많음 • 2주 이상의 기침과 흉통 (결핵검사) • **오후에 고열이 있다가 늦은 밤에 식은땀과 함께 열이 내리는 증상이 반복됨** • 피로감, 식욕부진, 체중감소, 무기력감 • 점액성, 화농성, 혈액성 가래(농흉 및 객혈) • 호흡 곤란과 흉막염(늑막염-폐의 막) 등의 합병증	
치료 및 예방	• 결핵약을 제대로 복용하는지 주의 깊게 관찰 • 약물 투여로 인한 위장장애, 홍조, 피부 발진, 가려움증, 발열 같은 부작용을 관찰 • **주기적으로 간 기능 검사와 객담검사를 받음**	
	결핵약	독성이 있어서 간에 부담이 많이 가기 때문에 간 기능 검사 필수
	객담검사	가래에 결핵균이 있는지 확인하는 검사
	• 결핵은 감염성이 있으므로 흉부방사선 촬영(X-ray) 검진, 가래검사를 하여 조기 발견 • 다른 사람에게 감염되지 않도록 기침 예절을 지켜야 함	
폐결핵 치료를 위한 약물 복용	• 항결핵제는 여러 가지이고, 약의 양이 많고, 복용 기간이 비교적 길어짐 (최소 9개월에서 1년의 기간 약이 4종류 이상의 약을 한 웅큼 먹어야 함) • 처방된 항결핵제는 자의로 중단하거나 줄여서 먹으면 안 됨 • 처방된 기간에 충실하게 약을 복용하는 것이 결핵 완치의 유일한 방법 • 항결핵제를 불규칙적으로 먹거나 임의로 중단하면 약제 효과가 미치지 않은 균들이 살아남아 몸에서 활발하게 증식하게 되어 치료가 실패로 돌아가고 결핵이 더욱 악화 • 결핵 대상자가 완치할 때까지 격리하지 않음 • **결핵균은 햇빛에 약하므로 옷이나 물건은 세탁이나 닦고 나서 햇빛에 널어둠**	

기침 에티켓	• 기침, 재채기 할 때 휴지나, 손수건은 필수
	• 평소 기침이나 재채기를 할 때 휴지나 손수건으로 입과 코를 가리고 함
	• 기침이나 재채기 후에 미지근한 물에 비누로 손을 씻음
	  - 휴지나 손수건이 없다면 옷 소매 위쪽으로 가리기
	  - 만약 휴지나 손수건이 없다면 옷 소매 위쪽으로 입과 코를 가리고 함
	• 기침이 계속된다면 마스크 착용
	  - 기침이 계속될 경우, 내 가족과 친구를 위해 반드시 마스크를 착용	

결핵 감염 예방 기침 예절	• 기침이나 재채기를 할 때 코와 입을 휴지나 손수건으로 가리고, 없을 경우 옷의 소매로 가림 • 손으로 가리면 손에 묻은 균이 다른 물건에 묻어 결핵균이 전파되기 싶기 때문에 반드시 소매로 가림 • 사용한 휴지는 즉시 휴지통에 버리고 흐르는 물에 비누나 소독제로 손을 씻거나 물 없이 사용하는 알코올 제제를 사용하여 손을 씻음 • 호흡기 감염증상이 있는 사람은 가급적 마스크를 착용 • 일회용 마스크는 젖으면 필터링 기능이 떨어지므로 바로 교환하고 재활용하지 않음

요양보호사 활동	• 요양보호사가 대상자의 질병명을 예측하여 말하거나, 수술 혹은 약물 치료가 필요하다는 말을 하면 안 됨
	  – 요양보호사의 부정확한 판단이 대상자 및 가족에게 혼란과 걱정을 유발하기 때문
	• 대상자가 평소와 다르게 상태가 안 좋은 방향으로 변화되었을 때 가족과 상의하여 의료기관을 찾도록 한다. 또한 시설장이나 간호사에게 신속하게 보고해야 함
	• 대상자의 호흡에 변화가 관찰되거나 간호나 의학적 진단 등이 필요하다고 판단되는 경우 가족과 상의하고 시설장이나 간호사에게 신속하게 보고함
	• 호흡곤란을 경험한 대상자는 불안해하므로 기관지 확장흡인기 등 위급상황을 해결에 도움이 될 수 있는 장치들을 준비해 주고 안심시킴
	• **호흡곤란 중에는 상체를 올리는 반 앉은 자세(침대 머리 반을 올린 자세)를 취하게 하고, 최대한 편안한 호흡을 유도하면서 옆에 있어줌**
	• 요양보호사는 자신이 돌보는 대상자에게 감염성 질환이 생긴 것으로 의심되면 기관에 보고하고 감염성이 없다고 판정될 때까지 격리해야 함
	• 대상자가 인플루엔자나 폐렴구균 등의 예방접종 후 열이 나거나 아파 보이거나 힘들어하는 등 평소와 다른 이상 반응을 나타내는 경우 시설장이나 관리책임자에게 신속하게 보고해야 함
	• 결핵 감염대상자와 접촉한 요양보호사와 가족은 2주~1개월 이후 반드시 보건소에서 흉부 방사선 촬영 X-ray 등을 통해 감염 여부를 확인해야 함
	• **결핵 전파가 우려되는 대상자를 돌볼 때는 보호장구(마스크, 장갑)를 착용해야 함**
	  결핵은 앓고나면 폐에 결핵의 흔적이 남음

3 심혈관계

- 혈액, 심장, 혈관으로 구성되어 혈액순환에 의해 산소와 영양분을 각 조직과 세포로 운반하고, 대사산물인 노폐물을 몸 밖으로 내보내는 작용
- 심장은 피를 펌프질하고 혈관은 수축과 이완 작용을 통하여 혈압(혈액 속 압력)을 유지하고 혈액과 신체조직 간의 물질교환을 하게 됨

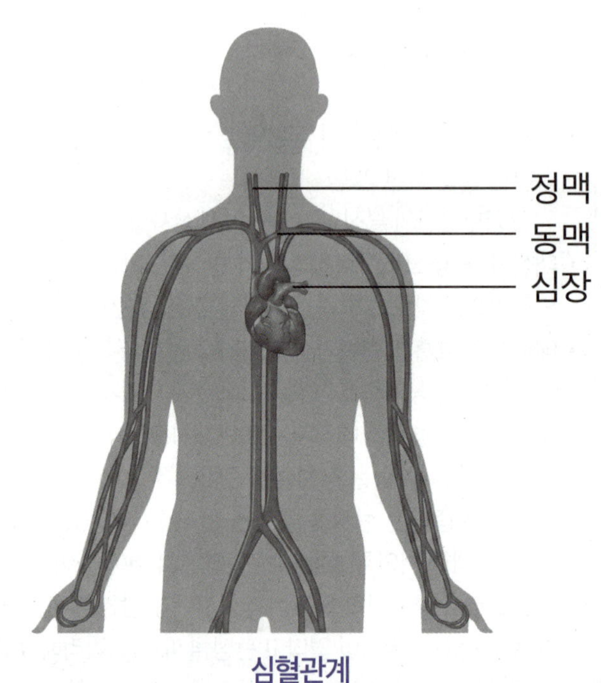

심혈관계

1) 노화의 따른 특성

심장 노화	심장은 나이가 들면서 **근육이 두꺼워지며 탄력성이 떨어짐**
심박출량/심박동수	**최대 심박출량과 심박동수가 감소**(맥박수 감소)
말초혈관 혈액순환	**말초혈관(손끝/발끝)으로부터 심장으로의 혈액순환이 감소**
기립성 저혈압	누워 있다가 갑자기 일어나거나, 소변을 보기 위해 앉았다 일어나는 등의 체위(자세) 변화에 따라 **기립성 저혈압이 발생**(혈액순환 문제)
정맥 약화	**정맥의 약화로 하지에 부종과 정맥류,항문에 치질이 생김**
노화 특성	최대 심박출량 저하/ 심박동수 저하/ 맥박수 저하

2) 용어정리

심장 위치	왼쪽에 있는 근육 덩어리
동맥	신선한 피

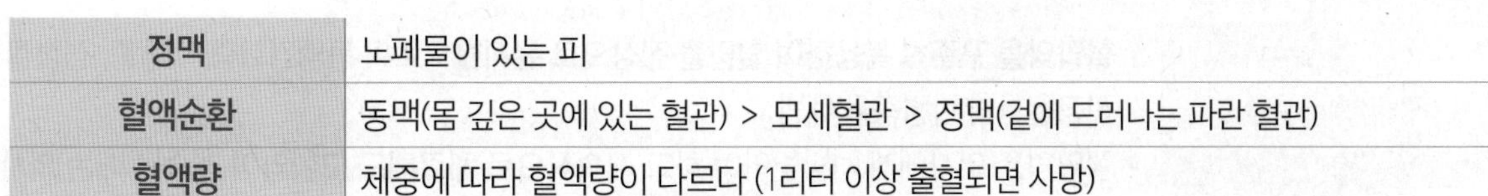

정맥	노폐물이 있는 피
혈액순환	동맥(몸 깊은 곳에 있는 혈관) > 모세혈관 > 정맥(겉에 드러나는 파란 혈관)
혈액량	체중에 따라 혈액량이 다르다 (1리터 이상 출혈되면 사망)

(1) 고혈압

혈압		• 심장에서 뿜어내는 혈액이 혈관의 벽에 미치는 압력 • 음식 섭취, 음주, 통증 혈압 측정시간, 몸의 자세, 정신적인 긴장, 신체활동, 감정, 계절에 따라 변화
최고 혈압		심장에서 피를 짤 때의 압력(수축기 혈압)
최저 혈압		심장이 늘어나면서 피를 가득 담고 있을 때의 압력(이완기 혈압)
이상적인 혈압		**120/80mmHg (최고혈압/최저혈압)**
고혈압		혈관이 좁아지거나 심장이 한 번에 내보내는 혈액의 양이 늘어나며 혈압이 높아지게 됨
고혈압 종류		최고 혈압(수축기 혈압) 140mmHg, 최저 혈암(이완기 혈압) 90mmHg 이상인 경우를 말함
	본태성(일차성) 고혈압	• 발생 원인은 밝혀지지 않았음 • 유전, 흡연, 과도한 음주, 스트레스, 과식, 짠 음식, 운동 부족, 비만과 같은 많은 요인이 관련 • 전체 고혈압의 90~95%가 본태성 고혈압에 해당
	속발성(이차성) 고혈압	• 다른 질병의 합병증으로 발생한 고혈압으로 심장병, 신장질환, 내분비 질환의 일부, 임신중독증과 같은 질병이 원인이 된 고혈압 원인이 된 질병이 치료되면 혈압도 정상화 • 전체 고혈압의 5~10%가 속발성 고혈압 • 고혈압은 치료가 되는 게 아니라 조절하는 것 • 10명 중 1명 고혈압환자 **(전체 고혈압의 90% 이상이 일차성 고혈압)** • 속발성 고혈압이 있던 사람은 일반 사람보다 고혈압에 걸릴 확률이 높아지므로 고혈압을 정기 검진하는게 좋음
고혈압 증상		• 뇌동맥의 파열로 뇌졸중(중풍) 혹은 사망 • **뒷머리가 뻐근하게 아프고 어지럽거나 흐릿하게 보임** (증상이 심하지 않음) • 이른 아침의 두통 • 이명, 팔다리 저림(이명 : 귀에서 들리는 소음에 대한 주관적 느낌) • 심장 및 신장 기능 장애 (혈압이 높아지면 심장과 신장에 문제가 생김) • 코피, 가슴이 답답하거나 숨이 참

치료 및 예방		• **혈압약을 꾸준히 복용하여 혈압을 정상으로 유지함**으로써 동맥경화증, 뇌졸중, 심장질환, 신장질환의 합병증을 예방 • 혈압약은 의사에게 처방받아야 하고 **지속적으로 치료해도 고혈압이 계속될 때는 의사와 상의하여 약을 바꾸거나 정밀검사를 받아야 함** • 알코올은 영양가 없이 칼로리만 높아 체중을 늘려 혈압을 상승시킬 뿐만 아니라 혈압약의 효과를 낮추므로 금주 • 혈압을 규칙적으로 측정하여 변화를 주의 깊게 확인 • **저염식이, 저지방식이** • 스트레스는 혈압을 상승시키므로 정신적 안정과 즐거운 마음을 유지 • 심장에 무리가 없는 적당한 운동을 규칙적으로 하면 동맥경화증을 예방하고 심장 기능을 향상시킬 수 있음 • 표준체중을 유지하고 체중이 정상이더라도 복부 비만인 경우에는 심혈관계 질환의 위험 요인이 되므로 조절해야 함 • 흡연은 동맥경화와 심근경색을 악화시키므로 담배를 절대로 피워서는 안 됨
고혈압 예방 및 관리법	체중감량/체중관리	정상체중 유지(비만 예방)
	식사요법	과일과 야채와 저지방 유제품(무지방 유제품)을 많이 먹고 포화 지방산과 지방이 많은 음식 피하기
	염분 섭취 줄이기	염분을 하루에 6g 이하(티스푼으로 1스푼)로 섭취
	신체활동(운동)	일주일에 3~5회 30분 이상 땀이 날 정도로 운동(규칙적 운동)
	규칙적인 생활	정해진 시간에 식사와 꾸준한 운동
	절주(금주)	남성은 하루 기준 2잔 이하, 여성은 1잔 이하로 음주를 제한
	금연	고혈압 관리를 위해 반드시 금연
고혈압 완화에 좋은 운동	종류	걷기, 빨리 걷기, 조깅, 자전거 타기, 계단 오르기, 등산(둘레길), 수영
	시간	하루 30~60분, 일주일에 3~5일
	강도	속옷에 땀이 밸 정도, 약간 숨이 찰 정도
고혈압 약물치료에 내용		• 증상이 없어도 혈압이 높으면 치료 • 고혈압 증상이 없음, 의사의 처방이 있으면 계속 약을 먹어야 함 • 혈압약을 오래 먹으면 몸에 좋지 않지만 고혈압의 합병증을 발생시키는 것보다 안전 • 혈압이 조절되다가도 약을 안 먹으면 약효가 떨어지자마자 혈압이 다시 상승 – 의사의 처방이 있으면 계속 약을 먹어야 함

(2) 동맥경화증

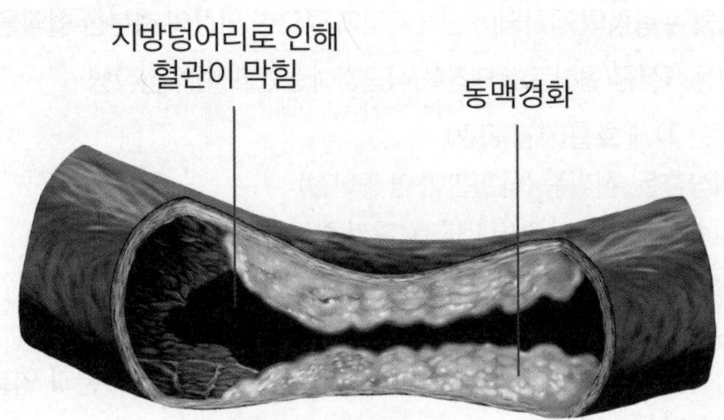

동맥경화증이 생긴 혈관

동맥경화증	동맥 혈관의 안쪽 벽에 지방이 축적되어 혈관 내부가 좁아지거나 막혀 혈액의 흐름에 장애가 생기고 혈관 벽이 굳어지면서 발생하는 것	
관련 요인	• 지방대사 이상 (지방 소화 흡수 이상) • 콜레스테롤이나 지방 섭취 과다 • 가족적 소인 (유전) • 스트레스, 비만, 흡연, 과음, 폐경 (폐경 이후 심장질환이 증가) • 운동 부족 • 고지혈증, 당뇨병, 고혈압	
증상	• 뇌혈관이 막히거나 터짐 • 불면증 • 언어 장애 • 팔, 다리의 동맥경화로 손발의 통증, 냉증(밤, 자는 시간) 및 저림, 다리를 저는 보행 장애 • **협심증, 심근경색 등 관상동맥질환으로 흉통, 압박감, 조이는 듯한 느낌** • 발작, 의식장애, 혼수, 반신불수 • 혈액순환이 심각하게 감소하면서 하지 조직의 괴사 발생 • 머리가 무겁고 아프거나 뒷골이 당기며 현기증, 기억력 저하	
관상동맥질환 2가지	**협심증**	심장 내부 혈관이 좁아지는 증상
	심근경색	심장 내부 혈관이 완전히 막힌 상태
치료 및 예방	• 흡연 시 발생하는 일산화탄소는 동맥 안쪽 벽을 손상하므로 **금연**(혈전과 찌꺼기 문제) • 혈압이 높으면 동맥 혈관이 손상되므로 **고혈압을 관리** • 당뇨병은 혈중 지방 수치를 높이고 혈관을 손상시키므로 혈당을 조절 • 소금 섭취량을 평소의 반으로 줄이는 **저염식이와 저지방식이** • **규칙적으로 운동**(꾸준히 운동해야 하며 오히려 움직여야 아프지 않음)	
당뇨병	혈액이 설탕화 되면서 혈액이 끈적끈적해지는 질병	

(3) **심부전**(심장부전)

심부전	심장의 수축력이 저하되어 신체조직에 필요한 만큼의 충분한 혈액을 내보내지 못하는 상태	
관련 요인	관상동맥질환(협심증/동맥경화/심근경색 등), 고혈압, 심장병	
증상	• 앉은 자세 호흡(호흡 곤란) • **의식혼돈, 현기증 (뇌 혈관이 안 좋아짐)** • 지속적인 기침과 객담 배출(호흡기 증상이 나타남) • 적절한 산소와 영양분 부족으로 허약감, 피로, 호흡곤란 • **걷기, 계단 오르기, 쇼핑하기 등 운동 시 심한 호흡곤란** • 심박출량 감소에 따른 신장 혈류량 부족으로 **신장의 수분과 염분 배출이 억제되어 의존성 부종이 나타남**	
	의존성 부종	• 부종이 있는 부위를 손으로 몸을 누른 뒤 누른 부위가 다시 원래대로 들어가지 않고 그대로 있는 경우 • 몸이 부은 상태로 유지되는 상태, 수분염분 배출이 억제됨
치료 및 예방	• 처방에 따라 심부전 약물을 복용 • **염분, 수분, 고지방, 고콜레스테롤이 포함된 식이는 섭취를 제한(금지)** • 규칙적인 운동(10분, 15분) • 독감이나 폐렴을 예방(65세 이상 예방접종 필수) • 금연 • 매일 체중을 측정하여 부종 정도를 확인(체중 측정은 매일 해서 부종 체크) • 고혈압과 고지혈증을 치료 • 스트레스를 조절	
	과식은 심장에 부담을 주므로 음식을 소량씩 나누어 섭취하도록, 소식을 추천함	

(4) **빈혈**

빈혈	**적혈구 속의 헤모글로빈이 부족해 혈액이 몸에서 필요한 만큼의 산소를 공급하지 못하는 상태**, 노인에게는 철분이 부족하여 생기는 빈혈이 많음(식사 안 챙김)
관련 요인	• 위궤양, 십이지장궤양, 치질, 암 등 위장관에서 출혈이 되는 경우 • 철분 섭취가 부족한 경우 (식사가 균형이 맞추지 않음) • 철분의 흡수에 문제가 있는 경우 등(노화로 소화 흡수가 떨어짐)
증상	• 중추신경계 증상 : 현기증, 투통, 집중력 저하, 손발 저림, 산소 공급 저하 • 피부 증상 : 창백, 설염(혀의 염증/통증) • 심혈관계 증상 : 빈맥, 저혈압, 숨가쁨, 호흡곤란 • **소화기 증상 : 소화불량, 오심(헛구역질), 변비, 호흡 곤란** • **비뇨생식기계 증상 : 성욕 감퇴**

치료 및 예방		• **철분제와 철분의 흡수를 돕기 위한 비타민 C를 함께 복용**(철분제 + 비타민 C) • **식사 시 철분 섭취를 늘림**(붉은 살코기) • 출혈을 일으키는 문제가 있으면 의사가 상의(궤양/치질/암 해결한 뒤 빈혈 치료함)
빈혈 예방 해소에 좋은 음식	굴	철분 이외에 구리와 타우린이 많아 콜레스테롤 수치를 낮추기
	달걀 노른자 (흰자 단백질)	철분 외에 다양한 영양소 풍부, 레시틴이 콜레스테롤도 낮추기
	붉은 살코기 (앞/뒷다리)	동물성 단백질 식품의 철이 식물성 단백질 식품의 철보다 흡수가 3배
	콩류(콩/두부)	고단백질의 영양가 많은 식품으로 빈혈에도 좋고 건강에도 좋음
	시금치	철분뿐 아니라 비타민 C가 많아 철분의 흡수를 도움
갑작스런 어지럼(어지럼증) 대처방법		곧바로 바닥에 주저 앉아야 머리 손상을 줄일 수 있음
요양보호사 활동		• 요양보호사가 대상자의 질병명을 예측하여 말하거나, 수술 혹은 약물 치료가 필요하다는 말을 하면 안 됨. 요양보호사의 부정확한 판단이 대상자 및 가족에게 혼란과 걱정을 유발할 수 있기 때문 • **병원에 가보는 것이 좋겠다고 말해야 함** • 대상자가 가슴 통증이나 호흡곤란, 가슴 주변의 통증을 호소하는 경우, 생명과 직결된 문제이므로 최대한 빨리 조치. 우선, 가족과 상의하고, 시설장이나 관리책임자에게 신속하게 보고 • 심혈관계 문제를 가진 대상자는 불안해하므로 **최대한 안정적이고 편안하게 해줌** • 고혈압이나 동맥경화증이 있는 대상자는 평소 처방약을 복용하고 뇌졸중이 발생하는지 철저히 관찰 • 갑자기 어지럼증을 느끼는 대상자는 그 자리에 주저앉도록 하여 낙상으로 인한 뇌손상을 예방(머리가 5kg으로 신체 중 가장 무거움) • 의식불명이나 심장마비가 나타날 수 있으므로 **응급상황에 대처할 수 있어야 함** (대처 방법은 응급상황 대처에서 다룸)

> **비법** 이렇게 이해하고 암기하세요!

고혈압, 동맥경화 등 만성질환이 대부분 심혈관계 질환이므로 점점 중요한 개념이에요!

4 근골격계(근골 : 근육과 뼈)

근골격계	근육이나 힘줄, 인대, 연골, 뼈 등의 조직으로 구성
골격	단단한 구조를 형성하며 갈비뼈, 골반과 같은 구조물은 내부 장기가 손상되지 않게 보호
근육	뼈가 움직일 수 있는 힘을 제공하여 일상생활에 필요한 동작을 할 수 있게 함

노화의 특성	• 추간판이 오그라들어 키가 줄어들음
	• 등뼈가 굽어 머리를 낮추면서 가슴을 향하여 보게 됨
	• 뼈의 질량 감소로 골격이 작아지고 약해져 작은 충격에도 골절되기 쉬움
	• 하악골의 쇠약으로 치아가 상실(상하골＝위턱쪽 턱)
	• 근긴장도와 근육량이 저하되어 신체적 활동과 운동 능력이 감소
	   – 운동을 많이 못하고 힘듦
	• 호흡기계 노화로 산소를 유용하게 사용하지 못하여 근육 경련과 근육피로를 자주 느낌
	  (심호흡 떨어짐 / 숨이 참)
	• **인대 등이 탄력을 잃음(감소)에 따라 관절운동이 제한**
	• 어깨는 좁아지고 골반은 커짐
	• 관절면이 마모되어 염증, 통증, 기형이 초래(퇴행성 관절염)
	• **팔, 다리의 지방은 감소하고 엉덩이와 허리의 피하지방은 증가하여 노인 특유의 체형**

근긴장도	운동을 할 때 근육이 퍼지고 오므라드는 양과 정도

1) 퇴행성 관절염 (여성이 많음)

퇴행성 관절염	뼈를 보호해주는 끝부분의 연골(물렁뼈)이 닳아서 없어지거나 관절에 염증성 변화가 생긴 상태이며 노화로 인해 생기며 퇴행성 관절염

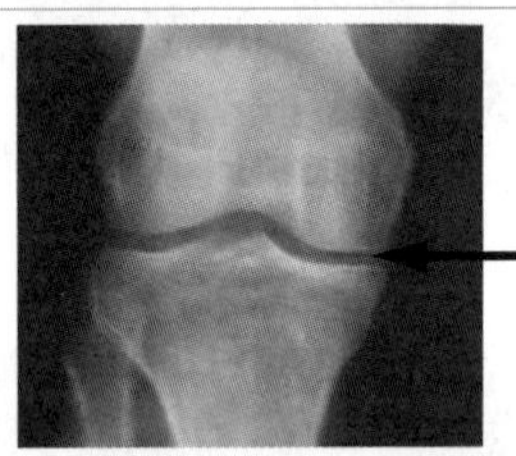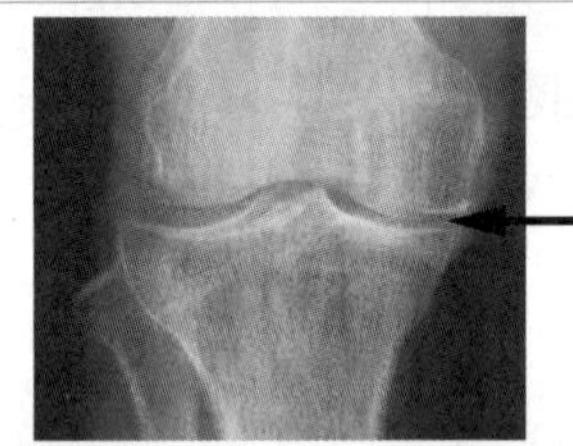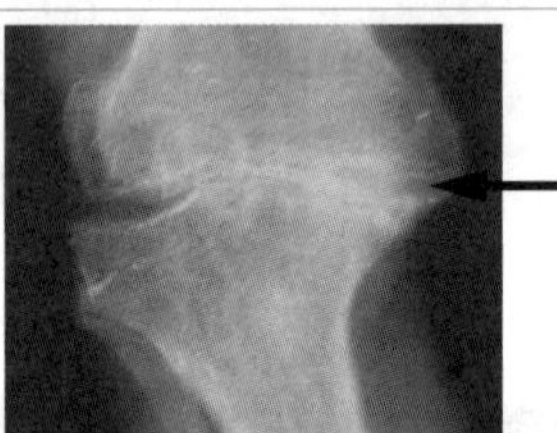

초기	중기	말기

퇴행성 관절의 염증성 변화 과정

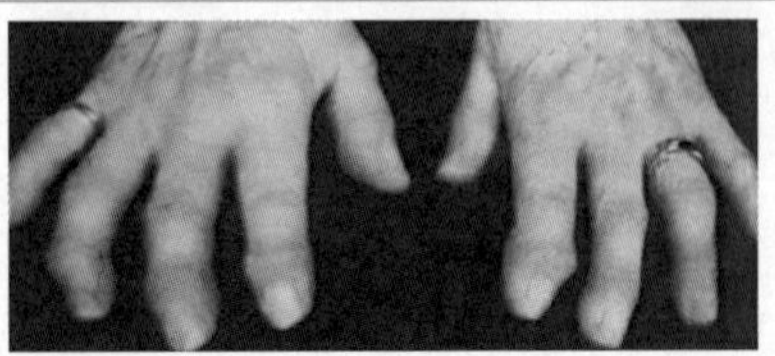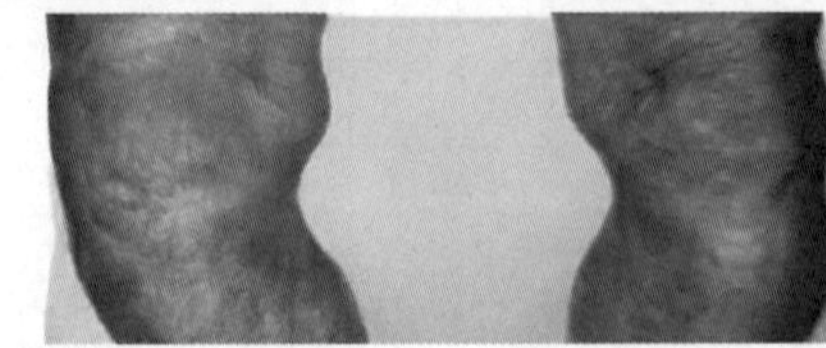

오다리

손가락 관절의 경직	무릎 관절의 변형

초기	뼈돌기체가 생기고 관절 간격이 좁아지기 시작함 (비정상적인 뼈조각이 연골에 생기기 시작함)
중기	관절 사이의 간격이 확연히 좁아짐
말기	뼈와 뼈가 직접 부딪침

연골 특징	<ul><li>연골은 닳아 버려서 없어질 때까지 아프지 않음</li><li>한 번 손상된 연골은 재생이 되지 않음. 없어진 연골 대신 인공 관절 수술을 해야 함 (인공관절 수명 : 최대 10년)</li><li>10년마다 재수술(가장 마지막 단계)</li></ul>
관련 요인	<ul><li>노화, 유전적인 요소와 환경적인 요소가 복합적으로 작용하여 명확하지 않음</li><li>관절을 싸고 있는 조직의 퇴화</li><li>연골의 탄력성 저하</li></ul>

증상	관절 부위의 통증	<ul><li>개인에 따라 자각하는 통증의 정도가 다름</li><li>날씨나 활동의 정도에 따라 통증의 호전과 악화가 반복 (비오는 날 통증이 심해짐)</li><li>초기에는 통증이 경미하게 나타나다가 몇 년에 걸쳐 점차 심해지며 **운동하면 악화되고 안정하면 호전**</li><li>**아침에 일어나면 관절이 뻣뻣해져 있는 경직 현상이 있는데 일반적으로 30분 이내에 풀어짐**</li><li>계단 오르내리기, 장거리 걷기, 등산 등의 활동으로 **관절을 많이 사용할 수록 통증이 심해질 수 있음**</li></ul>
	운동장애	운동하면 무릎에 통증이 있음
	관절의 변형	무릎 관절에 관절액이 많아져 무릎이 부어올라 관절의 모양이 변형<ul><li>치료는 스테로이드 주사(뼈주사)로 무릎 관절에 찬 관절액(물)을 빼줌</li><li>이상적인 시기는 6개월에 1번이지만 고동으로 실제로 3개월에 1번 치료</li></ul>

치료 및 예방	<ul><li>약물치료</li><li>온, 냉요법, 마사지, 물리치료</li><li>관절 경직을 예방하고 근육강화를 위해 통증이 악화되지 않는 범위 내에서 관절 운동을 자주 함(5분에서 10분)</li><li>관절의 파괴가 심할 때는 수술을 하기도 함(인공관절 수술)</li><li>**관절의 부담을 완화하기 위해 체중을 조절(체중을 빼야 무릎에 부담이 줄어든다)**</li><li>**관절에 부담이 되지 않는 규칙적인 운동(수영/평평한 흙길 걷기/체조 등)**</li></ul>

2) 골다공증

골다공증	뼈세포가 상실되고 골밀도가 낮아져(시멘트와 비슷함) 골절이 발생하기 쉬운 상태

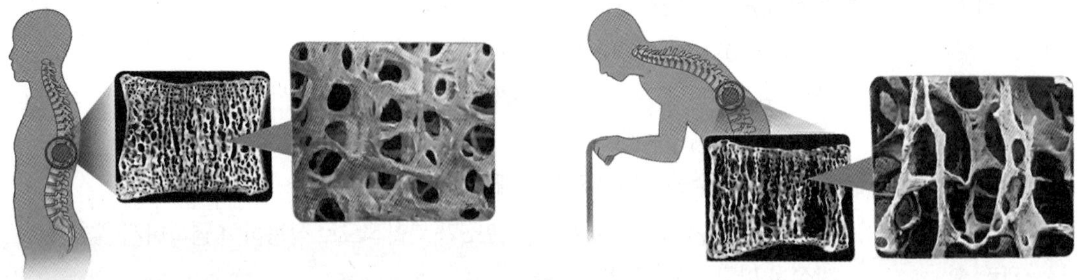

관련 요인	• 폐경, 여성 호르몬 부족 • 골격이 약하고 저체중(근골격계 : 체중에 영향을 받음) • 운동 부족 • 갑상선 및 부갑상선 질환 - 갑상선과 부갑상선에서 칼슘의 농도를 조절 • 척추골절 등 40세 이후 골절 경험 (골다공증) • 영양 흡수장애 및 칼슘 섭취 부족 • 3개월 이상 부신피질 호르몬 요법을 받았거나 장기전으로 혈전예방 약물 (아스피린, 해파린 등)을 복용함 • **흡연, 음주, 카페인이 과다 섭취** • 젊었을 때 본인 체중 10% 이상의 무리한 다이어트(영양부족으로 칼슘이 부족해 골다공증 위험성 상승) • 유전적인 요소
갑상선	나비 모양으로 목에 있으며 호르몬을 분비하는 기관
부갑상선	갑상선 옆에 콩알 모양 호르몬 기관

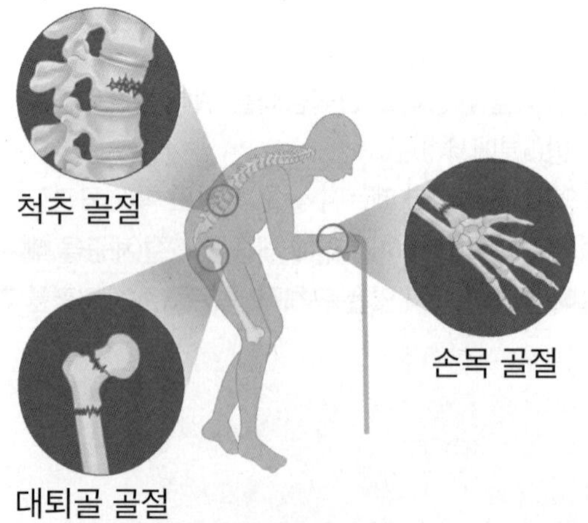

골다골증 대상자에게 골절이 잘 발생되는 부위

증상	• **허리 통증** • 키가 작아짐 • 등이나 허리가 굽음 • **잦은 골절** (척추골절, 대퇴골 골절, 손목 골절)

치료 및 예방	• **칼슘을 충분히 섭취함**으로써 칼슘 부족에 의한 골다공증을 예방하고 치료
	• 의료기관에서 호르몬 치료
	  - 에스트로겐 호르몬 처방하지 않고 비슷한 다른 호르몬 치료
	  - 에스트로겐 호르몬 처방시 유방암 위험성이 높아짐
	• 적당한 체중을 유지, 골다공증 환자는 내 키의 적정체중을 유지해야 함
	  - 저체중 예방
	• **근육과 뼈에 힘을 주는 체중부하 운동**
	  체중부하 운동 = 걷기
	• **음식으로 비타민 D를 섭취**
	• 술은 성호르몬을 감소시키며, 뼈 생성을 억제하므로 금주
	  - 과음은 하면 넘어지기 쉽고, 영양 불균형으로 골다공증 위험이 증가
	• 흡연을 하면 여성호르몬 농도가 낮아지고, 뼈가 약해지므로 금연

(1) 비타민 D 함유 식품 및 함유량

음식	함유량(IU) [성인 하루 권장량 약어]
대구간유 1테이블스푼(1테이블스푼 = 15ml)	1,360
연어, 조리한 것 100g	360
고등어, 조리한 것 100g	345
정어리(기름에 넣고 통조림으로 만든 것) 100g	270
뱀장어, 조리한 것 100g	200
달걀 1개(노른자위에 들어있음)	25
버섯 100g(표고버섯, 햇빛에 말려서 만든 것)	20

(2) 비타민 D 자연 합성

시간	여름	오전 10~오후 2시 이후 (3시부터)
	겨울	오전 10시~오후 2시
횟수		주 2~3회
부위		팔, 다리
방법		햇볕 밑에서 팔 다리를 드러내서 30분~1시간 정도 자외선 쬐기 = 충분한 양 비타민 D 합성

(3) 시너지 되는 약 조합

골다공증	칼슘제 + 비타민 D
빈혈	철분제 + 비타민 C

(4) 약물 부작용

스테로이드 · 약제(부신 피질 호르몬)	골다공증
아스피린/해피린	골다공증
카페인 과다 섭취 (1일 3잔 이상)	카페인은 칼슘 섭취 흡수 방해 및 칼슘을 밖으로 빠지게 함

5) 고관절 골격

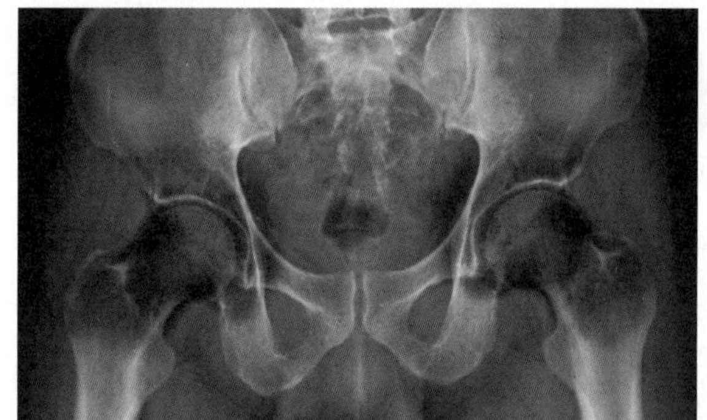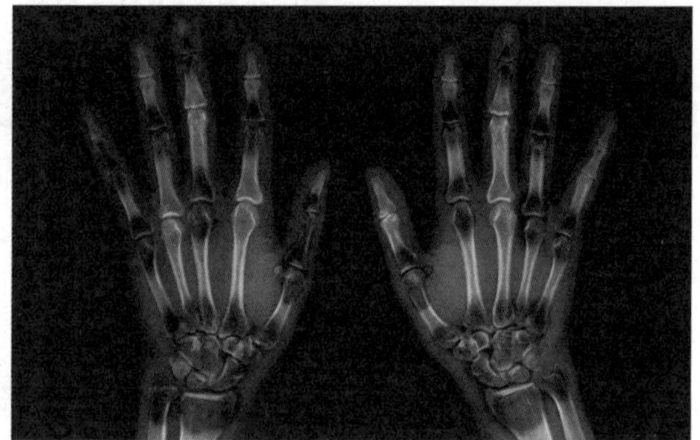

고관절 골절 호발 부위

고관절 골격	• 강한 외부 힘이 작용해서 고관절 뼈가 부러지는 것 • **골다공증이 있는 노인이 낙상을 하면 발생**
관련 요인	• 고령 (65세 이상) • 하지 기능 부전(다리 기능 저하) • 시력장애 • **골다공증** • 저체중 • 보조기 사용(지팡이/보행기) • 알코올 섭취
증상	• **서혜부와 대퇴부의 통증** • 이동의 제한 • 뼈가 부러지는 소리

치료 및 예방	• 골다공증에 대한 진단을 받고 적절한 치료 • 골절 부위를 수술 • **낙상을 예방**
요양보호사의 활동	• 요양보호사가 대상자의 질병명을 예측하여 말하거나, 수술 혹은 약물 치료가 필요하다 말을 하면 안 됨. 요양보호사의 부정확한 판단이 대상자 및 가족에게 혼란과 걱정을 유발 • 근육이나 관절 부위의 통증 증상을 관찰 • 근골격계 질환 예방을 위해서는 적절한 영양과 운동이 무엇보다 중요 • 인체는 약물로 된 영양보다 자연식품에 포함된 영양물질을 더 잘 흡수하므로 대상자가 칼슘을 충분히 섭취할 수 있도록 식사를 도와야 함 • 근골격계 질환을 가진 대상자는 낙상과 같은 안전사고 예방에 특히 유의 • 보조기구를 사용하는 대상자에게 사용 방법을 정확하게 설명

기출 근골격계 손상 후 초기 치료에 대한 설명으로 옳은 것은?

① 전기광선치료를 진행한다.　　② 압박붕대를 이용하여 압박한다.

③ 온찜질로 손상과 부종을 감소시킨다.　　④ 손상 부위를 심장보다 낮게 위치한다.

⑤ 빨리 움직여 병원으로 이동한다.

해 손상 부위를 압박하면 손상 부위에 축적되어 있는 부종을 조절하고, 움직임을 줄이며 통증을 줄일 수 있다.

답 ②

5 비뇨, 생식기계

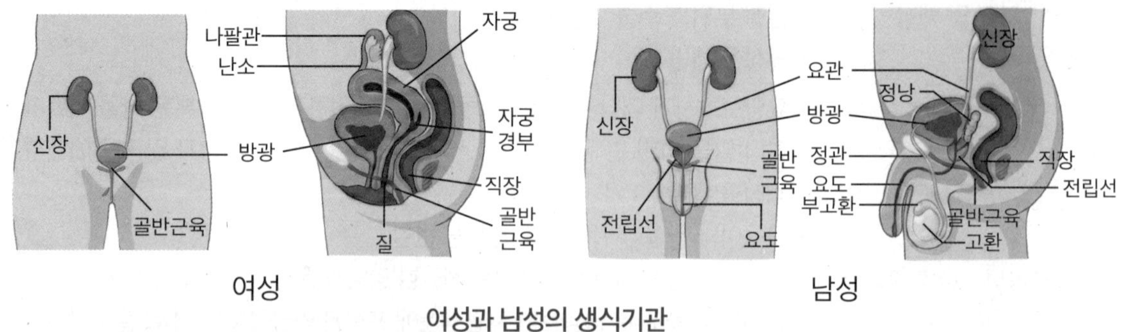

여성과 남성의 생식기관

1) 여성과 남성의 생식기관 공통점과 차이점

남성과 여성 공통점		비뇨기계와 생식기계 위치는 가까이 있음
남성과 여성 차이점	남성	남성의 기관은 생식과 배설 기능을 동시에 함
	여성	생식기관과 배설기관이 완전히 분리

2) 용어 정리

비뇨기계		신장, 요관, 방광과 요도로 이루어져 있고 노페물을 제거하는 기능
생식기계	남성	음낭, 고환, 부고환, 음경, 전립선
	여성	난소, 난관, 자궁, 질

3) 노화에 따른 특성

여성 노인	• 여성 호르몬 감소로 난소가 작아지고 기능도 점차 감퇴 • 질벽이 얇아지고 탄력성이 적어지고 윤활작용이 감소되어 성교가 어렵고, 성교시 통증이 있으나 성적 욕구가 감소되는 것은 아님 • 유방과 유방을 지지하는 근육이 위축하여 가슴을 처지고 작아짐 • **질의 수축, 및 분비물 저하로 질염이 발생하기 쉬움** • 방광기능과 대뇌기능의 저하 등으로 빈뇨증, 요실금, 야뇨증이 생김
남성요인	• 남성 호르몬 감소로 동맥 혈관에 변화가 일어나 음경이 발기되는 데 더 많은 자극이 필요하고 오래 걸림 • **대부분의 남자 노인은 전립선 비대를 경험** • 잔뇨량이 늘어나고 방광용적이 250ml 정도로 감소되어 자주 소변을 보게 됨 • 방광 근력이 저하되어 방광이 완전히 비워지지 않고 소변 줄기가 가늘어짐

4) 용어 정리

빈뇨증	24시간 동안 8회 이상 배뇨함
요실금	자신의 의지와 상관없이 소변이 밖으로 흘러나오는 것
야뇨증	수면 중에 배뇨하려고 한 번 이상 일어나는 것

(1) **요실금**(여자가 많음)

요실금	• 자신의 의지와 상관없이 소변이 밖으로 흘러나오는 증상 • 대상자의 삶의 질을 저하시킬 수 있으므로 이에 대한 적절한 진단과 치료가 필요
요실금 과정	골반 근육 — 방광 — 요도 복압의 증가 소변의 누출 골반 근육이 약화되어 자신도 모르게 소변의 누출
관련 요인	• 노화로 인한 **방광의 저장능력 감소** • **골반 근육 조절능력의 약화** • 호르몬의 생산 중지로 인한 약물 복용으로 인한 부작용 • 당뇨병, 파킨슨병, 각종 약물 복용으로 인한 부작용 • 남성은 전립성비대증, 여성은 요로 감염 및 복압상승이 관련됨 • 변비

증상	복압성 요실금	**기침, 웃음, 재채기, 달리기, 줄넘기 등 복부 내 압력 증가로 소변이 나오는 것**
	절박성 요실금	소변을 보고 싶다고 느끼자마자 바로 소변이 나오는 것
	역류성 요실금	소변의 배출이 원활하지 않아 소변이 가득 찬 방광에서 소금이 조금씩 넘쳐 계속적으로 흘러나오는 것

치료 및 예방	• 발생 원인에 따라 약물요법이나 수술 치료 • **골반 근육강화 운동** (케겔운동 – 산부인과 의사 케겔이 만든 운동) • **충분한 수분 섭취**로 방광의 기능을 유지 • **식이섬유소가 풍부한 채소와 과일 섭취로 변비를 예방** • 비만은 복부 내 압력을 증가시켜 복압성 요실금을 유발하기 때문에 체중 조절을 해야함 　(변비와 비만이 복압성 요실금을 유발)

① 골반 근육 강화 운동법

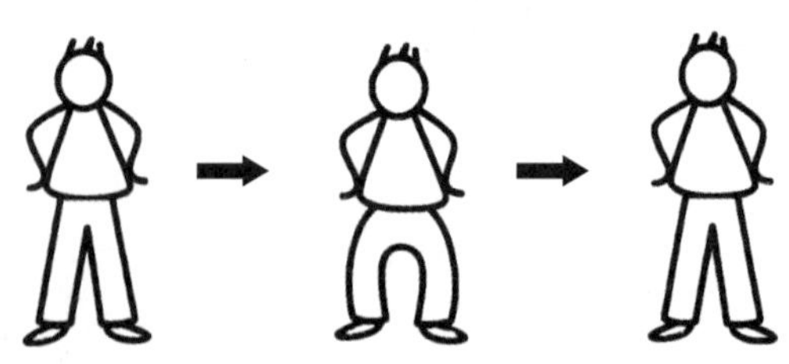

	1 손을 허리에 올리고 똑바로 섭니다. 2 오른쪽 다리를 오른쪽으로 이동하며 기마자세를 취합니다. 3 오른쪽 다리를 다시 제자리로 가져오며 또 가로 서서 3초간 항문 근육을 조여줍니다. (우리가 흔히 알고 있는 케겔운동) 4 이번엔 왼쪽 다리를 왼쪽으로 이동하며 기마자세를 취하고 같은 과정 반복합니다. 5 15회씩 2회 반복합니다.
서서 운동하는 방법	

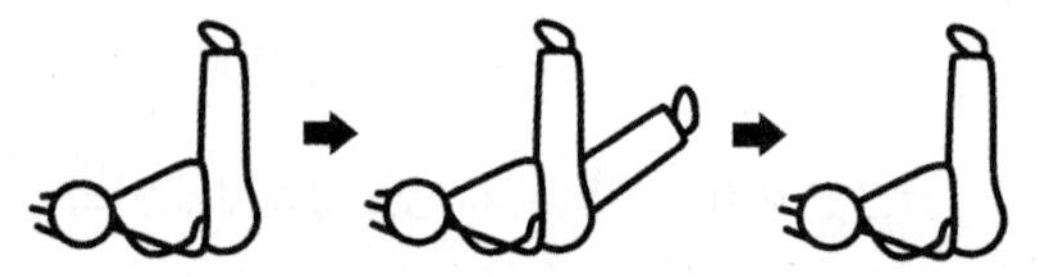

	1 누워서 두 다리를 90도가 되도록 똑바로 올립니다. 2 두 다리를 양쪽으로 넓게 벌립니다 3 다시 똑바로 모은 상태에서 3초간 항문근육을 조여줍니다. 4 15회씩 2회 반복합니다.
누워서 다리 올리기	

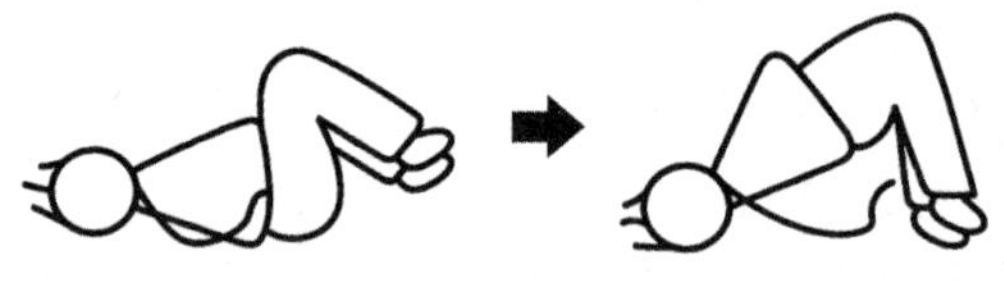

	1 누워서 어깨 넓이만큼 두 다리를 벌리고 무릎을 굽혀 세웁니다. 2 엉덩이를 들어 올리고 3초간 항문 근육을 조여줍니다. 3 들어 올렸던 엉덩이를 내립니다. 이때 엉덩이가 바닥에 완전히 닿지 않게 합니다. 4 15회씩 2회 반복합니다.
누워서 다리 내리기	

② 전립선비대증

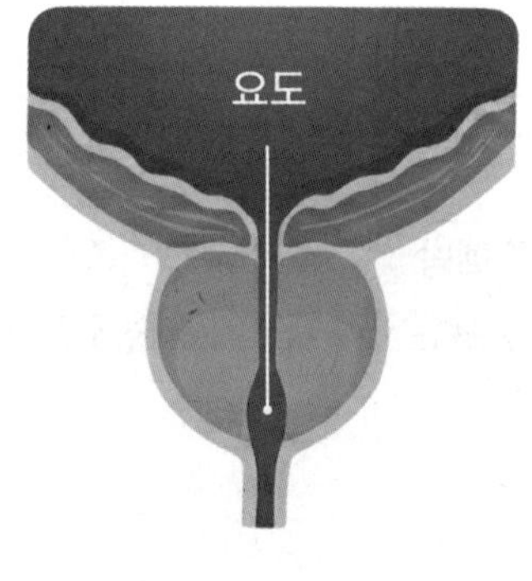

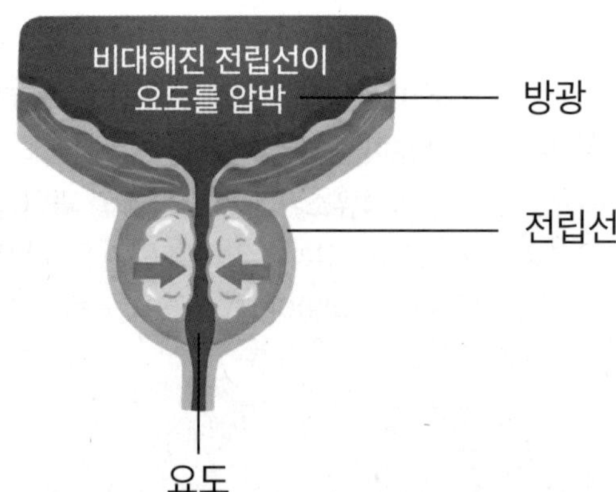

전립선비대증

전립선비대증	• 전립선은 남성에게만 있는 기관으로서 방광 바로 아래에 위치하여 요도를 감싸고 있음 • **전립선비대증은 전립선이 커져서 요도를 압박하는 것**
관련 요인	• 노화에 따른 남성호르몬 감소, 여성호르몬 증가 등 호르몬 불균형 • 비만 • 고지방, 고콜레스테롤 음식 섭취
증상	• 비대한 전립선이 요도를 눌러 **요도가 좁아져 소변 줄기가 가늘어짐** • **소변을 보고 나서도 시원하지 않음(잔뇨감)** – 자주 화장실에 감 • **소변이 바로 나오지 않고 힘을 주어야 나옴** • **배뇨 후 2시간 이내에 다시 소변이 마렵고(빈뇨)** • **소변이 마려울 때 참기 힘듦(긴박뇨)** • **밤에 자다가 소변을 보려고 자주 깸(야뇨)**
전립선 비대증 대표 증상	• 소변 줄기가 가늘어짐 • 소변을 보고 나서도 시원하지 않음 • 힘을 주어야 소변이 나옴 • 소변이 자주 마렵거나 소변을 참기 힘듦 • 자다가 깨서 소변을 봐야 함
치료 및 예방	• 도뇨관을 사용하여 정기적으로 소변을 빼줌 • 약물요법을 통해 신장 기능의 손상을 치료 • **심하면 전립선 절제 수술을 받음** • 저지방 식사와 적당한 운동으로 적정 체중을 유지 • 음주는 전립선비대증을 악화시키므로 금주
도뇨관을 이용한 소변 배출	• 너무 오랫동안 방광 안에 소변이 남아 있으면 방광염이 생길 수 있으므로 일정 간격으로 빼줘야 함 • 도뇨관을 이용해 스스로 소변을 배출하는 방법은 의료기관에서 교육받아야 함 – 의료기관에서 배워야 함

요양보호사의 활동		• 비뇨기계에 문제가 있어 스스로 배뇨를 조절하기 힘든 대상자도 **기저귀나 소변 주머니 사용은 최대한 자제하고, 되도록 스스로 할 수 있도록 유도하고 훈련해야 함** • 낮에는 배뇨간격에 맞추어 소변을 보도록 유도한다. 밤에만 기저귀를 채움 • 요실금이 있는지, 긴박뇨 때문에 밤에 잠을 깨는지 관찰 • 스스로 배뇨 문제를 해결하지 못해 서비스를 제공받을 때 누군가 방문을 열면 대상자가 수치심을 느낄 수 있기 때문에 혼자서 방을 사용하는 경우라도 스크린을 쳐주는 등 최대한 프라이버시를 지켜주어야 함 • **도뇨관을 바꾸거나 방광을 세척해야 하는 경우 시설장이나 관리책임자에게 보고하여 의료인에게 연계해야 함** • 요실금 대상자는 발생할 수 있는 합병증인 피부 자극, 욕창을 예방하는 것에 신경
도뇨관 사용하여 소변 빼는 방법	준비 물품	일회용 장갑, 스크린이나 커튼, 소변기, 휴지통
	방법	소변 배출구 열기 소변기에 소변 받기 소변을 비우고 배출구를 잠근 후 알코올 솜으로 닦기 소변배출구를 제자리에 꽂기 **[소변주머니 비우기]** • 물과 비누로 손을 씻은 후 일회용 장갑 착용 • 소변이 소변주머니로 원활히 배출되는지 살핌 • 소변주머니를 비울 때는 밑에 있는 배출구를 떨어 소변기에 소변을 받은 후 배출구를 잠그고 알코올 솜으로 배출구를 소독한 후 제자리에 꽂음 • 주의 : 소변주머니는 반드시 아랫배보다 밑으로 가도록 들어야 함 • 소변색이 이상하거나 탁해진 경우, 소변량이 적어진 경우, 소변이 도뇨관 밖으로 새는 경우에는 시설장이나 간호사에게 보고 • 지시가 있을 경우 수분 섭취량과 배설량을 확인하고 기록 • 소변기의 소변을 지정된 장소에서 버림 • 소변 이상 여부를 확인한 후 바로 비워 냄새가 나지 않게 한다. • 일회용 장갑을 벗고 물과 비누로 손을 씻는다. 만약 대상자가 호소하는 불편감이 있다면, 시설장이나 간호사에게 알림

6 피부계

피부	표피, 진피, 피하조직 세 층으로 구성하고 미생물과 탈수로부터 신체를 보호하고 체온을 조절		
피부의 구조		각질층	때
		표피층	겉 피부
		진피층	속 피부
		피하 지방층	지방세포
		근육층	근육
		뼈	
노화의 특성	• 피하지방의 감소로 기온에 민감 • 피부가 건조하고, 표피가 얇아져서 **탄력성이 감소**하고 쉽게 손상되는 경향이 있음 • **피하조직의 감소**로 저체온, 오한, 압박에 대한 손상의 위험이 높음 • 피하조직이 줄고 수분이 소실, 건조해지고 주름살이 생기며 눈꺼풀이 늘어지고 이중 턱이 됨 • **발톱이나 손톱이 딱딱해지고 두꺼워지며 세로줄이 생기고 잘 부서짐** • **노인성 반점**이라 불리는 갈색 반점이 생김 • **머리카락은 전반적으로 가늘어지고 모근의 멜라닌생성 세포가 소실되어 탈색이 된다.** • 여성 노인의 머리, 겨드랑이, 음부의 털은 줄지만 입가와 뺨 등 얼굴의 털은 많아짐 • 노인의 각질층에는 수분 함유량이 적기 때문에 **소양증(가려움증)은 밤과 겨울철에 더욱 심해짐** • **상처 회복이 지연되고 궤양이 생기기 쉬움**		

(1) 욕창

증상	1단계	피부가 분홍색이나 푸른색으로 띠고 누르면 색깔이 일시적으로 없어저 히얗게 보이고 열감
	2단계	피부가 벗겨지고 물집이 생기고 조직이 상한다.
	3단계	깊은 욕창이 생기고 괴사조직이 발생한다.
	4단계	뼈와 근육까지 괴사가 진행된다.
부위		욕창이 많이 생기는 부위 : 엉덩이 뼈 부분
욕창 단계	1단계	표피는 정상이나 표피에 생긴 홍반이 30분 이내에 없어지지 않을 때
	2단계	표피 또는 진피를 포함한 피부에 부분적인 손상이 있을 때(피부 벗겨짐)
	3단계	진피와 피하조직을 포함한 피부 전체에 손상이 있을 때(욕창 괴사)
	4단계	피하조직과 근막, 근육, 뼈나 관절을 포함한 심부 조직에 손상이 있을 때 - 피부 완전 손상(피고름이 나옴)

치료 및 예방	• 매일 아침 저녁으로 피부상태를 점검. 붉게 변한 부위가 있는지 확인. 자세를 바꾸어도 붉은 빛이 계속되면 욕창일 가능성이 높음. 긁으면 욕창의 문제가 생김 • 특정 부위에 압력이 집중되지 않도록 **침대에서는 적어도 두 시간마다, 의자에서는 한 시간마다 자세를 바꿔줌** • **대상자를 이동시킬 때 피부가 밀리지 않도록 주의**(피부가 쓸리면 욕창이 생긴다) • **젖은 침대 시트는 바로 교체한다.** 피부에 습기가 있거나 오염물질이 묻어 있으면 재빨리 부드러운 천이나 스펀지, **자극이 없는 비누, 미지근한 물을 사용하여 씻고 말림** • **시트에 주름이 있으면 욕창이 더 잘 생기므로 주름을 펼침** • 뼈 주위를 보호하고 **무릎 사이에는 베개를 끼워 마찰을 방지** • 신체의 약한 부위에 압력이 가하는 것을 덜어줄 욕창 예방 매트리스와 베개를 대어줌 • 천골 부위 욕창 예방을 위해 **도넛 모양의 베개를 사용하는 경우가 있으나 이는 오히려 압박을 받는 부위의 순환을 저해할 수 있으므로 사용하지 않음** • **뜨거운 물주머니는 피부에 화상을 입힐 수 있으므로 사용 금지**(찬 물주머니도 안 됨) • 피부는 순하고 부드러운 비누의 미지근한 물로 닦고 완전히 마르게 두드려주는 것이 좋음 **파우더는 화학물질이 피부를 자극하거나 땀구멍을 막으므로 사용을 금해야 함** • **몸에 꽉 끼는 옷과 단추 달린 스커트나 바지는 입지 않음** • 손톱에 긁힐 일이 없도록 손톱을 짧게 자름(손톱은 둥글게 자르고, 발톱은 일자로 자른다) • **단백질 등의 영양분을 충분히 공급**
욕창	병상에 오래 누워 있는 대상자의 후두부, 등, 허리, 어깨, 팔꿈치, 발뒤꿈치 등 바닥면과 접촉되는 피부가 혈액을 공급받지 못해서 괴사되는 상태
관련 요인	• **장기간의 와상 상태**(누워 있는 상태) • 뇌척수신경의 장애로 인해 **체위 변경의 어려움** • 체중으로 압박받는 부위, 특히 뼈가 튀어나온 곳에 가해진 지속적인 압력 • **영양부족과 체중 감소, 근육 위축, 피하지방 감소로** 인해 피부와 뼈 사이의 완충지대 감소 • **요실금 및 변실금** 등 습기로 인한 피부 손상, 미생물 번식 • 대상자를 잘못 들어 올리거나 침대에서 잘못 잡아끌어 약한 부위의 피부가 벗겨짐
욕창 증상 초기 대처법	• 약간 미지근한 물수건으로 찜질하고 마른 수건으로 물기를 닦아냄(물기를 완전히 제거) • 욕창 부위를 나선형을 그리듯 마사지하고 가볍게 두드려 혈액 순환을 촉진 • 미지근한 바람으로 건조(공기를 통하게 한다) • 춥지 않을 때에는 30분 정도 햇볕을 쪼임(기저귀 발진이 생길 때도 비슷함)

(2) 욕창 예방법

한 부위가 지속적으로 압박받는 것을 예방함	• 적절한 체위 유지 및 체위 변경 : 2시간마다 체위를 변경 • 압박제거 보조기 사용(욕창 매트리스)	
	자세 변경 주기	침대 2시간마다 / 의자나 휠체어 1시간 마다
	금지 사항	파우더와 도넛 베개를 사용하지 않음
금연	금연은 필수	
피부를 건조하고 청결하게 유지함	분비물과 배설물을 빨리 제거하고 더러워지거나 젖은 옷, 시트는 빨리 교체	
영양분과 수분 섭취	단백질과 물 섭취	

(3) 욕창예방 매트리스

욕창예방 매트리스

욕창예방 매트리스	• 욕창예방 매트리스는 매트리스의 교대 부양을 통해 압력을 분산하여 욕창을 예방 • 욕창예방 매트리스는 보온성, 통기성, 탄력성, 흡습성 등이 뛰어나야 함 • 예방뿐만 아니라 일으켜 세우기. 체위 변환 등 간호하는 사람의 부담도 고려해서 선택
선정 시 고려 사항	• 모터와 매트리스는 호스로 연결되고, 욕창예방 매트리스를 감싼 보호 덮개가 있어야 함 • 욕창예방 매트리스의 정상 동작을 확인하기 위해 손을 대상자의 등과 엉덩이 밑에 넣어 매트리스가 대상자를 부양하는지 확인 • **공기가 일정 간격으로 교대 주입되었다가 배기되는지 확인**

사용 시 주의 사항	• 요양보호사가 대상자를 움직이기 위하여 욕창예방 매트리스 위에 올라갈 때, 낙상할 수 있으므로 주의
	• 날카로운 물건이나 열에 닿으면, 매트리스가 터져서 공기압이 새어 나오므로 조심
	• 욕창예방 매트리스는 24시간 사용하는 기구로 사용 중에는 대상자 이외의 다른 사람이 매트리스에 올라가지 않음
	• 욕창예방 매트리스는 열을 발산하는 제품(찜질기 등)과 사용하지 않음
	• 하루에 한 번은 기구의 정상 동작을 확인
소독 방법	• 매트리스 셀은 공기를 빼고 흐르는 물로 씻고 말림
	• 매트리스 커버는 흐르는 물로 씻거나 세탁해서 말림

2) 피부 건조증

피부 건조증	노화에 따라 피부 외층이 건조해지며 거칠어지는 현상
관련 요인	• 실내외 습도가 낮은 겨울철 • 비누, 세정제와 알코올, 목욕 중의 뜨거운 물 사용
증상	• 피부 발적 (빨갛게 바뀜) • 부종 또튼 통증 • 전완, 손과 하지의 가려움증

전완	팔꿈치부터 손목까지의 부분

| 치료 및 예방 | • 가습기를 사용하여 습도를 조절
• 피부 건조로 인한 가려움증을 경감하기 위해서 물을 자주 마셔 **수분을 충분히 섭취**
• **자주 샤워를 하거나 때를 미는 것은** 피부를 더욱 건조시켜 **증상을 악화시킬 수 있기 때문에 금지**
• 피부가 건조해지지 않게 함
• 목욕이나 샤워를 할 때는 따뜻한 물과 순한 비누를 사용(뜨거운 물 사용 금지)
• **목욕 후 물기는 두드려 말리고 물기가 완전히 마르기 전에 보습제를 충분히 바름** |

3) 대상포진

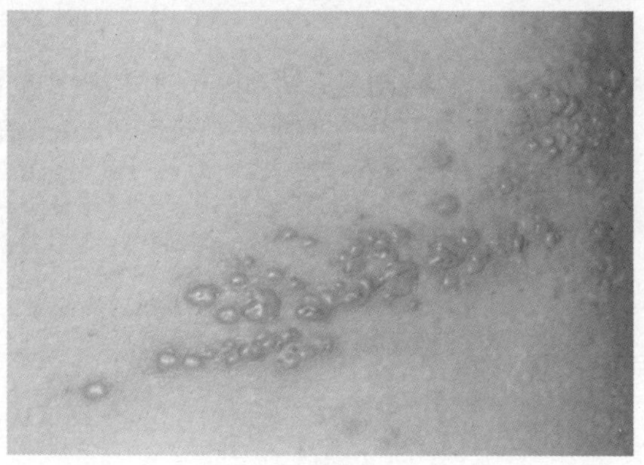 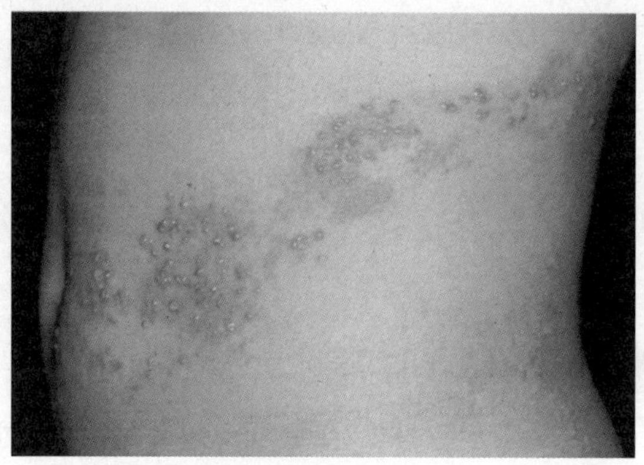

피부에 생긴 발진과 수포(왼쪽)몸통 부위에 띠 모양으로 발생한 대상포진(오른쪽)

대상포진	• **수두를 일으키는 바이러스에 의하여 피부와 신경에 염증이 생기는 질환** • **과거에 수두를 앓았던 사람에서 주로 발생** • 수두를 앓은 후 이 바이러스는 신경세포에 잠복해 있다가 신체 저항력이 약해지는 경우에 갑자기 증식하여 신경과 그 신경이 분포하는 피부에 염증을 일으킴 • 과로나 스트레스 후에 주로 발생하며 면역이 저하된 사람이나 노인이 대상포진에 걸릴 위험성이 높음
관련 요인	• 고령 • 과로, 스트레스 • 백혈병, 골수나 기타 장기이식(면역력이 낮은 상태) • 자가 면역질환 및 면역 억제제 복용
증상	• **가려움** • **피부 저림이나 작열감**(타는 듯한 통증)**을 포함한 발진** • 피부와 점막에 있는 감각신경말단 부위의 수포(물집), 통증, 작열감(회복 후 후유증)
치료 및 예방	• 처방에 따라 항바이러스제, 항염증제, 진통제와 냉찜질, 칼라민로션과 같은 국소치료제를 사용하여 통증을 줄이고 수포가 빨리 건조되게 함 • **신경통이 수개월에서 1년 이상 지속되고 활동 감소와 삶의 질 저하를 가져오므로 대상포진 백신의 투여로 세포성 면역을 증강** • 대상포진은 신체의 저항력이 낮아진 상태에서 발생하기 때문에 충분히 휴식과 안정을 취함 • 통증 정도에 맞는 처방받은 진통제를 복용 • **병소가 퍼지거나 감염되지 않도록 긁지 않음**(긁으면 옆으로 번진다) • 적절한 영양, 휴식 등으로 면역력을 강화 • 의사와 상의하여 필요시 예방접종(대상포진 완치 후 1년 후에 예방접종을 한다)

> **"포항 요양병원서 입원환자 욕창으로 숨져 – 살인 및 상해치사 발생"**
>
> 환자에게 관심을 가지면 시작하지 않을 수 있는 욕창은 발생하면 다른부위에도 발생하고 그 고통이 크다. 암성통증 환자가 암보다 욕창 때문에 힘들다라는 말이 있을 정도로 극심한 고통이 있고 이로 인하여 사망으로 이러지면 업무상과실치상죄(업무상과실치사죄)가 성립될 수 있다. - 주의의무 위반

기출 욕창 예방을 위하여 요양보호사가 해야 하는 노력으로 옳지 않은 것은?

① 젖은 침대 시트는 바로 바로 교체해야 한다.

② 시트에 주름이 있는 것과 욕창과는 별개의 사안이다.

③ 뼈 주의를 보호하고 무릎 사이에는 베개를 끼워서 마찰을 방지한다.

④ 천골 부위 욕창 예방을 위해 도넛 방석을 사용하는 것은 오히려 도움이 안 된다.

⑤ 단백질 등 영양분을 충분히 공급해야 한다.

해 시트에 주름이 있으면 욕창이 더 잘 생긴다.

답 ③

기출 노인의 신체 변화 중 피부에 가장 큰 영향을 미치는 것은?

① 근육량 증가 ② 피부의 탄력 저하

③ 뼈의 밀도 증가 ④ 혈액 순환 개선

⑤ 신경계 기능 저하

해 ① ③ ④는 노인의 신체 변화와 반대를 기술한 것이고,
⑤ 신경계 기능 저하는 피부가 아닌 신경계의 변화에 해당하는 설명이다.

답 ②

7 신경계

신경계	• 신체기능을 조절하고 정보를 처리 • 우리는 신경계를 통하여 감각을 인지하고 주위의 환경변화를 알 수 있음 • 정보를 저장할 수 있으며, 이렇게 저장한 정보를 환경에 적응하기 위해 다시 사용	
	단기 기억	최근 기억은 감퇴
	장기 기억	옛날 기억은 유지
노화의 특성	• 신경세포의 기능이 저하 • **근육의 긴장과 자극 반응성 저하로 신체활동이 감소** • **감각이 둔화**(뜨거운 것과 차가운 것의 구분 어려움) • **정서 조절이 불안정해짐** • 운동 부족으로 불면증이나 수면장애가 올 수 있음 • **단기 기억은 감퇴되나 장기기억**은 뇌 등 신경계가 건강했을 때 생성되었기 때문에 **대체로 유지** • 앞으로 구부린 자세와 느리고 발을 끄는 걸음걸이가 나타남 • 균형을 유지하는 능력과 신체를 바르게 유지하는 능력이 감소	
주요 질환	신경계 주요 질환	치매, 뇌졸중, 파킨슨 질환

8 감각기계

감각기계		• 시각, 청각, 후각, 미각 • 뇌신경을 통하여 중추신경계에 연결되어 있어 우리들 둘러싼 환경을 파악하여 정보를 수집
시각	관련 요인	• 나이가 들면 지방이 감소하면서 눈꺼풀이 처지게 되고 눈이 깊게 들어감 • 눈썹은 회색으로 번히고 남성의 눈썹은 거칠어지고 남녀 모두 눈썹은 가늘어짐 • 결막은 얇아지고 누렇게 변하며 눈 자극감, 불편, 각막궤양이 생김 • **눈물양이 감소**하여 건조해지고 눈이 뻑뻑하여 불편감(안구건조증) • **공막에 갈색점이 생김** • 각막반사가 저하되어 손상이나 감염에 둔감 – 각막 주변에 누르스름해진 지방 침적물이 생김 • 색의 식별 능력이 떨어져 같은 계열의 색을 잘 구별하지 못함 • **수정체가 노란색으로 변화는 황화현상으로 보라색, 남색, 파란색의 구분에 어려움을 느낌** • 망막과 신경계의 변화에 의해 가까운 물체에 초점을 맞추는 능력이 상실되는 노안이 됨 • 동공의 지름이 줄어들어 60세 노인은 20대보다 1/3정도 밖에 빛을 받아들이지 못하므로, 밝은 것을 좋아하게 됨 • 안질환의 원인이 되는 **눈부심의 증가, 시력 저하, 빛 순응의 어려움이 나타남**

청각	관련 요인	• 귓바퀴에 연골이 형성, 피부 탄력성이 상실되기 때문에 귓바퀴가 커지고 늘어짐 • 외이도의 가려움과 건조증이 증가 • 귓바퀴의 끝은 거칠고 털로 덮여 있으며 이관이 내측으로 위축되어 좁아짐 • 귀지가 더욱 건조해져서 건조한 귀지로 외이도가 폐쇄될 수 있음(귀지를 파면 안됨) • 고막이 두꺼워지고 다른 질환으로 손상을 받아 음의 전달 능력이 감소 • **소리의 감수성, 말의 이해, 평형 유지에 문제가 발생** • **노인성 난청이 여성보다 남성에게 흔하게 나타남** • 귀질환이 없어도 이명이 있기도 하여 모든 사람이 중얼거린다고 불평하며 넓은 홀에서나 전화걸 때, 소음이 있는 상황에서는 더 듣기 어렵다고 함
미각	관련 요인	• 혀의 유두가 위축되면서 돌기의 **미뢰의 개수와 기능이 감소** (단맛과 짠맛을 느끼지 못하고 쓴맛과 신맛을 강하게 느낌) • 구강 점막의 재생이나 생성이 어렵고, 입과 입술 근육은 탄력이 떨어지고, 침 분비량은 줄어들고 후각이 무더져 식욕에 변화 • **맛에 대한 감지 능력의 저하**로 조미료를 많이 넣은 음식을 좋아함
후각	관련 요인	후각세포의 감소로 후각에 둔화가 나타남
촉각	관련 요인	• 노인은 접촉의 강도가 높아야 접촉감을 느낄 수 있음 • 노인이 되면 통증을 호소하는 정도는 증가하지만 통증에 대한 민감성은 감소되어 둔감한 반응을 보임

1) 녹내장

녹내장	• **안압(눈의 압력)의 상승으로 시신경이 손상되어 시력이 점차 약해지는 질환** • 눈의 모양과 기능을 유지하기 위한 정상안압 : 15~20mmHg
관련 요인	유전적 요인, 스트레스 등 원인 불명
증상	• **좁은 시야**, 눈 이물감 • 어두움 적응 장애 • 색깔 변화 인식 어려움 • **뿌옇게 혼탁한 각막** • **안구 통증** • **두통, 구역질** • **심하면 실명함**
치료 및 예방	• 녹내장은 완전히 치료하는 방법은 없음 • 초기에 발견하여 안압을 정상 범위로 유지함으로써 시력의 약화를 막거나 늦출 수 있음 • 어두운 곳에서 책을 보거나 일하지 않고, 심신의 과로를 피하며 규칙적인 생활을 함 • 눈이 피로하거나 안경을 써도 얼마 안 가서 맞지 않는 경우, 머리가 아프거나 눈에 통증이 있는 경우, 눈이 침침하고 잘 안 보이는 경우에는 안과의사의 검진을 받아야 함

녹내장 대상자의 일상생활 주의사항	• 목이 편한 복장 : 목이 끼는 옷을 입으면 안압이 올라감 • **담배를 끊어야 함** • **술은 1~2잔 정도로 줄임** • 머리로 피가 몰리는 자세(물구나무서기 등)나 복압이 올라가는 운동(윗몸 일으키기 등)은 안압을 올릴 수 있으므로 피해야 함 • 고개를 숙인 자세에서 장시간 독서하거나 작업하는 것을 피해야 함 • 마음을 편하게 하고 흥분하지 않아야 함 • 기온 변화에 유의(녹내장은 추운 겨울이나 무더운 여름에 발작하기 쉬움) • 한 눈에 녹내장이 있으면 다른 눈에도 발생한 가능성이 많으므로 두 눈 모두 정기 검사를 받아야 함

2) 백내장

녹내장	수정체가 혼탁해져서 빛이 들어가지 못하여 시력장애가 발생하는 질환으로 눈동자에 하얗게 백태가 껴서 뿌옇게 보이거나 잘 안 보이게 됨
관련 요인	• **노화** • 지나친 음주나 흡연 • 눈 주위의 부상 • 스테로이드 약물 복용 • **당뇨병, 고혈압 등의 합병증** • 과도한 자외선 노출 및 텔레비전 시청 • 선글라스는 안경점에서 구매하면 되고 1년에서 5년까지 사용 가능
증상	• 색 구별 능력 저하 • **동공의 백색 혼탁** • 불빛 주위에 무지개가 보임 • **낮과 밝은 불빛에서는 눈부심** • 통증이 없으면서 점차 흐려지는 시력 • **시력 감소**
치료 및 예방	• 초기에는 치료제의 복용이나 점안액으로 진행 속도를 늦출 수 있음 • **증상이 심해지면 혼탁해진 수정체를 인공수정체로 바꾸어 주는 수술을 해야 함** • 백내장 유발 원인을 억제함으로써 예방할 수 있음

 녹내장에 대한 설명으로 옳은 것은?

① 수정체가 혼탁해서 백태가 껴서 뿌옇게 보이거나 잘 안보인다.

② 안압이 상승되어 시력 저하가 일어난다.

③ 색 구별 능력이 저하된다.

④ 통증이 없다.

⑤ 수술로 좋아진다.

해 나머지는 백내장에 대한 설명이다.

답 ②

3) 노인성 난청

노인성 난청	노화에 따른 고막, 내이의 퇴행성 변화에 의한 청력 감소
관련 요인	• 동맥경화증, 대사 이상 • 스트레스와 유전적 소인 • 장기간의 소음 노출
증상	• '스, 츠, 트, 프, 크' 와 같은 고음에서 난청 • 소리에 대한 민감성, 언어 구분 능력, 평형감각의 저하
치료 및 예방	• **감소된 청력을 근본적으로 복구하는 치료는 없음** • 난청을 악화시킬 수 있는 약물 복용을 피하고 보청기를 이용 • 난청이 있는 대상자와 의사소통할 때는 **소음이 없는 장소에서 말하는 사람의 얼굴을 볼 수 있게 하고, 천천히 또박또박 말해야 함** • 난청이 심하면 보청기를 사용하며, **중저음 목소리가 좋음**
요양보호사 활동	• 요양보호사가 대상자의 질병명을 예측하여 말하거나, 수술 혹은 약물 치료가 필요하다는 등의 말을 하면 안 됨. 요양보호사의 부정확한 판단이 대상자 및 가족에게 혼란과 걱정을 유발할 수 있음 • 노화에 따른 시각 및 청각 장애는 진행성이며 개선될 수 있는 것이 아니므로 요양보호사는 이를 인지하고 대상자를 관찰 • 대상자는 감각기능의 결함으로 인해 다양한 지각정보를 받아들이지 못해 자아개념을 쉽게 손상할 수 있음. 요양보호사는 노화로 인한 자연스러운 과정임을 알려주고 대상자를 지지 • 노화에 따른 시각 및 청각 장애로 인해 안전사고가 발생할 수 있으므로 요양보호사는 환경을 안전하게 조성

9 내분비계

내분비계	• 호르몬의 분비, 전달하고 상호작용을 통하여 항상성을 유지 • 성장, 발달, 대사, 에너지 생성으로 체액과 전해질, 혈압과 맥박, 근육, 지방, 뼈의 재생산 등을 유지하는 기능
노화특성	• 일반적으로 뇌하수체, 부신 등은 노화에 따른 변화가 크지 않지만 당대사 및 갑상선 분비 호르몬, 에스트로겐 분비는 노화에 따라 감소 • 포도당 대사능력과 인슐린에 대한 민감성 감소로 쉽게 고혈당이 됨 • 췌장에서 인슐린의 분비가 느리고 분비량이 불충분 • **공복혈당이 상승** • 갑상선 크기가 줄어들고 갑상성 호르몬 분비량도 약간 감소 • 근육질량이 감소되어 기초대사율이 감소

1) 당뇨병

당뇨병	• **혈중 포도당 수치를 조절하는 인슐린이 분비되지 않거나 분비는 되지만 부족한 경우** • 인슐린에 대한 신체의 저항성으로 인해 포도당이 세포 내로 들어가지 못해 **혈중 포도당 수치가 올라가서 소변에 당이 섞여 나오는 질환** • 피와 소변에 포도당이 나오고, 피는 끈적끈적하고, 피떡이 생김
관련 요인	• 과식, 비만, 운동부족 • 스트레스(정신적/육체적) • 유전
기초 대사율	• 활동하지 않고 가만히 있어도 숨쉬고 살아가는데 필요한 에너지 대사 • 근육이 많으면 기초대사율이 높다 근육이 적으면 기초대사율이 낮음 • 인슐린 저항성 = 인슐린 민감성
증상	• **다음증, 다뇨증, 다식증, 체중감소** • **두통**(당뇨/뇌혈관질환/빈혈/녹내장) • **흐릿한 시력**(눈 혈관 망침) • 무기력 • **발기부전** • **질 분비물 및 질 감염의 증가** • **상처 치유 지연** • 감각 이상 및 저하 • 감염, 식사량 증가, 활동량 감소 등의 경우 **고혈당**(배뇨 증가, 체중감소, 피로감, 식욕 증가 등) • 식사량 감소 및 활동량 증가 등의 경우 **저혈당**(땀을 많이 흘림, 두통, 시야 몽롱, 배고픔, 어지럼증 등)

당뇨병의 대표적 증상		• 다음증 (목이 자주 마르고 물을 자주 마시게 됨) • 다뇨증 (소변량이 늘고 자주 보게 됨) • 다식증 (배가 자주 고프고 많이 먹게 됨) • 체중감소
치료 및 예방	**식이요법**	• 균형 있는 식사를 통해 표준체중에 알맞은 열량을 섭취 • 혈당 조절을 위해 하루 세 번 규칙적으로 식사 • 반찬은 싱겁게 골고루 섭취 • 식사량과 영양소 등을 고려해 식단을 세워 실행 • 저콜레스테롤 식이를 기본으로 하여 육류보다 곡류, 콩, 과일, 야채 등 고섬유질 음식을 섭취하고 청량음료, 아이스크림, 주스, 사탕 등 설탕이나 꿀 등을 함유한 단 음식과 술의 섭취를 제한
	운동요법	• 매일 규칙적으로 할 수 있는 쉬운 운동은 무리하지 않게 함 • **공복 시 운동하거나 장기간 등산 시에는 저혈당에 대비** • 혈당이 조절되지 않으면 의사와 상의한 후 운동량을 대비 • **식후 30분~1시간 경에 혈당이 오르기 시작할 때 하루에 최소 30분 일주일에 5회 이상 운동** • **혈압이 높은 경우에는 혈압을 조절한 후에 혈당이 300mg/dl 이상인 경우에는 혈당을 조절한 후에 운동을 시작**
	약물요법	• 인슐린 생산이 부족하거나 대상자가 식이요법을 제대로 하지 못하여 혈당 조절이 잘 되지 않을 때 **경구용 혈당강하제나 인슐린 등 약물요법을 병행** • 약물요법은 반드시 의사의 처방에 따라 시행해야 하며 약물 복용 중에도 식이요법과 운동 요법을 병행해야만 치료 효과를 얻을 수 있음 • 인슐린 주사약은 입으로 복용하면 위장관에서 파괴되므로 반드시 주사로 주입. **인슐린 주사는 배꼽을 중심으로 5센티 밖으로 돌아가면서 주사**
당뇨병 대상자 발 관리 원칙		• 혈당, 혈압관리 • 주의 깊게 발 관찰하기 • 발 씻고 말리기 • 발 건조 예방 • 양말 착용 • 발톱 일자로 자르기 • 금연 • 차갑거나 뜨거운 곳 노출 금지(족욕 안 됨, 얼음물 안 됨)

요양보호사 활동	• 요양보호사가 대상자의 질병명을 예측하여 말하거나 수술 혹은 약물 치료가 필요하다는 말을 하면 안됨. 요양보호사의 부정확한 판단이 대상자 및 가족에게 혼란과 걱정을 유발 • 고혈당이나 저혈당 등이 관찰되면 시설장이나 관리책임자에게 신속하게 보고 • 당뇨병은 완치가 어려우므로 합병증이 발생하지 않도록 돕는 것이 목표 • 식이요법, 운동요법과 약물요법이 잘 이루어질 수 있도록 도움 • **당뇨병 대상자의 발을 주의해서 관리**
	저혈당은 새벽에 자기 전에 무엇이든 먹을 것을 둔다. 두유/콜라/사이다를 미리 뚜껑을 미리 따두고 살짝 닫아둔다.

뉴스

"죽어가는 당뇨환자 구한 요양보호사"

저혈당에 빠진 대상자를 빠른 응급처치로 구한 요양보호사의 이야기가 전해지며 요양보호사에 대한 중요성이 더욱 더 커지고 있다. 전문성을 높여 더 많은 지식을 습득하게 해야 한다는 필요성도 커지고 있다.

기출 당뇨병환자를 위해 요양보호사가 도울 수 있는 운동으로 옳지 않은 것은?

① 공복 시 운동은 되도록 피하도록 한다.

② 혈당이 조절되지 않으면 의사와 상의한 후에 운동량을 대비해야 한다.

③ 식후 30분~1시간 경 혈당이 오르기 시작할 때 운동한다.

④ 혈당 300mg/dl 이상인 경우 인슐린 주사를 투여한다.

⑤ 하루 최소 30분 이상, 일주일에 5회 이상 운동한다.

해 혈당 300mg/dl 이상인 경우 혈당을 조절한 후 운동을 시작하는 것은 맞지만 모두 인슐린 주사를 투여해야 하는 것은 아니다.

답 ④

노화의 특성	• 우울증 경향 증가, • 내향성 및 수동성 증가 • 조심성 증가 • 경직성 증가 (기존의 방식만 고수)	• 생애 대한 회고 시간 증가 (과거를 되돌아봄), • 친근한 사물에 대한 애착심 증가 (애착물이 있어서 함부로 버리면 안 됨), • 의존성 증가 (사고 발생이 많이 일어남)

1) 우울증(노인 우울증) – 노인에게 흔히 발생, 스스로 자각하기 어려워 병원을 찾는 경우는 적고, 주변 사람이 발견하기도 쉽지 않으며 혼자 거주하는 경우가 많아 방치되기 쉬움

관련 요인	• 뇌의 신경전달 물질의 변화, 발견되지 않은 뇌경색 또는 뇌혈관질환, 치매, 부신 피질, 갑상선, 뇌하수체 등 분비되는 호르몬의 변화 (개연기 증상) • 노화에 따른 스트레스에 대한 저항력 감소 • 주변 사람의 죽음, 퇴직, 경제력 상실 등 사회경제적 변화 • 질병, 수술 등 신체적 원인, 유전적 요인(가족력)
증상	• 우울하고 슬픈 기분이 잦음 • **매사에 관심이 없고 즐거운 것이 없음** • **불면 혹은 과도한 수면(↑↓)** • **식욕 변화와 체중 변화(↑↓)** • 불안, 초조 혹은 무기력 • 죄의식 절망감, **부정적 사고** • **자살에 대한 반복적 생각 혹은 시도,** • 건망증 등 인지기능 저하 증상 두드러짐 (치매와 다름)
노인 우울증 주요증상	• 노인 우울증은 표면적으로 나타나는 증상이 그다비 특징적이지 않아 발견하기 어려운 경우가 많음 • 우울감이 잘 드러나지 않음 • 불면증, 불안 증상이 흔함 • 두통, 소화 불량, 등 신체 증상 호소가 많음
인지 지능	• 기억, 인식, 추리, 판단력, 시간, 장소, 사람을 인식하는 능력 • 기억력은 최근부터 인식 > 시간 > 장소 > 사람

치료 및 예방	• 일상생활이 어려울 정도 우울이면 정신건강의학과 외래 방문하여 상담과 약물치료 병행
	• **우울증이 심한 경우는 자살 위험이 증가**
	  - 자살에 대한 생각과 구체적인 행동계획을 주변 사람에게 말하면 집중 관찰, 치료가 필요
	• 본인 스스로 극복하기 어렵기 때문에 주변의 긍정적인 지지가 필요
	  - 가족에게 대상자를 많이 지지해주도록 조언하는 것이 좋음

치료 및 예방	• 대상자의 느낌, 분노를 인정하고 수용하며 언어(말)로 표현하도록 도움 • 대상자에 대해 지속적으로 관심을 표현하고 신뢰관계를 형성 • 모임 등 사회적 활동을 늘림(경로당/외부활동) • **햇볕을 받으며 규칙적으로 운동**
우울증 치료 과정	• 식욕, 수면 회복(1~2주) • 기분 증상 등 주요 증상의 호전(3~4주) • 활력 호전(2~3주) • 재발(4~6개월에 발생 경우 많음)

2) **섬망**(마음이 미치다. 헛소리하다. 정신적으로 혼란)

- **의식장애로 주의력 저하와 감정, 정서, 사고, 언어 등 인지기능 전반에 장애와 정신병적 증상**
- **수 시간 내지 수일에 걸쳐 급격하게 발생하여 보통 며칠간 지속되지만, 몇 주 혹은 몇 달까지 지속**
- **증상이 기복이 심한 것이 특징**

관련 요인	소인적 요인	인지 손상, 치매, 고령, 심한 뇌질환, 기능 손상, 우울, 만성 신기능 부전, 탈수, 영양 부족, 과다 음주, 시력 손상 등
	촉진적 요인	약물 사용, 활동하지 않고 침상이나 실내에서만 지냄, 유치도뇨관(오줌관) 사용 억제대 사용, 탈수, 영양 부족, 기동성 저하 등
증상		• 의식 수준의 변화로 잠에서 덜 깼거나 몹시 졸린 상태에서 행동하는 사람처럼 보임 • 주의력 감퇴 • 수 시간이나 수일에 걸쳐 호전과 악화가 반복됨(기복이 심함) • 시간, 장소, 사람에 대한 지남력 장애, • 인지장애/초조/지각장애/편집망상/정시불안정 • 섬망은 단독으로 발생하기도 하고 치매와 동반되어 나타남
	지남력 장애	시간에 대한 지남력, 장소에 대한 지남력, 사람에 대한 지남력
치료 및 예방		• 섬망의 원인이 치료할 수 있는 것이면 우선적으로 치료 • 원인이 교정되도 증상이 일정 기간 지속될 수 있고 비약물 요법이 도움
	비약물 요법 — 지남력 유지 (시간/장소/사람)	• **낮에는 창문이나 커튼을 열어 시간을 알게 함** • **개인 사물, 사랑하는 사람의 사진, 달력, 시계를 가까이에 둠** • 일상생활 절차, 규칙, 도움을 요청할 사람 및 방법 반복적으로 알려줌
	비약물 요법 — 신체 통합성 유지	• 대상자가 할 수 있는 일은 스스로 하도록 말로 지지함 • 능동적인 관절운동, 목욕, 마사지를 제공
	비약물 요법 — 개인의 정체성 유지	대상자와 접촉하는 사람의 수를 줄이고 **가족 구성원이 자주 방문하도록 격려**

		초조의 관리 (불안 관리)	• 항상 **단호하고 부드러운 목소리로 말함**
치료 및 예방	비약물 요법		• 대상자를 부드럽게 마주 보아 위협을 느끼지 않게 함
		착각 및 환각 관리	• 대상자의 말을 경청
			• 현실을 확인할 수 있는 환경을 만들어 줌
		야간의 혼돈 방지	**밤에는 창문을 닫고 커튼을 치고 불을 켜 둠**

치료 및 예방
- 신체 균형이 깨진 경우에 발생함. **충분한 식사와 수분 섭취를 통한 전해질 불균형의 예방, 통증 관리 등을 통해 예방**
- 증상을 완화하기 위해 약물치료를 할 수도 있음
  - 친숙한 환경을 유지
  - 오늘 날짜와 상황을 알려주어 현재 상황을 파악
  - 조용하고 편안한 수면환경을 조성

🙎 비법 이렇게 이해하고 암기하세요!

치매와 섬망의 차이는 시험에 나올 수 있는 중요한 개념이에요.
처음에는 치매인가? 하다가 섬망인 경우도 많으니 요양보호사가 꼭 알아두어야 하죠!

3) 야간 섬망

정의		치매 대상자가 늦은 밤에 성격이 완전히 달라져서 흥분하거나 환각 증상을 보이는 것
대처 방법	가벼운 야간 섬망	**방을 밝게 하고 따뜻하게 해주면 진정**
	심각한 야간 섬망	• 정신적, 신체적 에너지 소모 심함, 주변 사람이 위험
		• 시설장, 간호사 등에게 보고하여 전문가 진료받게 함

4) 요양보호사 활동
- 요양보호 대상자의 질병을 예측해서 말하거나 수술, 약물 치료 필요하다고 말하지 않음. 요양보호사의 부정확한 판단이 대상자 및 가족에게 혼란과 걱정을 유발
- 노인 우울증을 눈치채기 어렵다. 원인을 알 수 없는 신체증상이 장기간 계속되거나 신체활동 저하될 때 노인 우울증을 의심해보고 가족과 상의해야 함
- 노인의 우울증은 자살로 연결되기도 하므로 말과 행동을 면밀히 관찰
- 집에만 있기보다 밖에서 햇볕을 쬐며 가볍게 산책하는 등 스스로 기분을 전환하게 함
- 인간관계나 취미활동을 유지하게 격려
- 평소 긍정적인 사고와 즐거운 마음을 가지도록 지속적으로 강조
- 기억력을 높이는 활동을 하도록 격려(새로운 것을 배우는 것이 중요함)

치매, 뇌졸중, 파킨슨 질환

제1절	치매

치매	• 정상적으로 생활해오던 사람이 다양한 원인으로 인해 기억력을 비롯한 여러 가지 **인지기능의 장애가 나타나 일상생활을 수행할 수 없게 되는 상태** • 치매는 정상적인 * 기억력 저하와는 달라서 나이가 들면서 생기는 자연스러운 결과가 아님	
관련 요인	<u>노인성 치매 알츠하이머병</u>	뇌에 베타아밀로이드 단백이 침착하여 생긴 노인성 신경반과 타우 단백질이 과인산화되면서 결합한 신경섬유다발로 불리는 비정상 물질이 뇌에 축적되어 세포의 기능이 마비됨으로써 발생함
	<u>혈관성 치매</u>	뇌혈관이 터지거나 막혀 산소와 영양분의 공급이 차단되어 뇌세포가 손상되면서 생김
	<u>대뇌병변</u>	우울증, 약물 및 알코올 중독, 갑상선 기능저하증 등의 대사성질환, 비타민 B_{12}, 엽산 결핍 질환, 정상압 뇌 수두증, 경막하혈종, 뇌염 등으로 생김
	<u>노인치매 요인</u>	• 노인성 치매(알치하이머병) • 혈관성 치매 • 기타 퇴행성질환 • 기타(우울증, 뇌염)
	<u>인지기능</u>	기억, 인지, 추리, 판단력, 시간, 장소, 사람을 인식하는 능력

1 치매 증상

1) 인지기능 장애

인지기능장애	기억력 저하	수일 전, 수 주일 전 일에 대한 단기 기억력 저하가 생기고 심해지면 장기 기억력 저하가 옴
	언어능력 저하	• 언어 소통능력이 저하가 되어 말을 하는데 적절한 단어가 떠오르지 않아 말문이 자주 막히고 말수가 자주 막히고 말수가 현저하게 적어짐 • 타인의 이야기를 이해하는 능력이 저하되며 엉뚱하게 이해하거나 전혀 이해 못하는 경우가 많음
	지남력 저하	• **날씨와 시간에 대한 개념이 떨어져 날짜, 요일, 계절 등을 착각하고 실수함.** • 자기 집도 아니라고 부인하고 가족의 얼굴을 보고 알아보지 못하기도 함. • 일반적으로 시간에 대한 장애가 먼저 생기고 진행되면 날짜, 계절, 밤낮으로 구분하지 못함 • 사람에 대한 지남력은 치매가 진행된 후에 손상, 가끔씩 만나는 사람을 알아보지 못하다가 말기에는 가까운 사람도 알아보지 못함
		• **지남력 정의** **현재의 시간, 지금 내가 있는 장소, 나와 같이 있는 사람 인식에 사용 기능**

| 인지기능장애 | 시공간 파악
능력 저하 | 공간 개념이 떨어져 자주 다니던 곳에서도 길을 잃고 헤매게 되고 집 안에서 화장실과 안방을 구분하지 못하는 경우도 있음 |
| | 실행 능력
기능 저하 | 감각 및 운동기관이 온전하더라도 목적성 있는 행동을 못하는 경우, 순서를 밟아야 하는 일에 어려움을 느낌 |

2) 정신행동 장애

정신행동증상	우울증	• 치매 환자의 40~50%에서 나타나는 흔한 증상 • **말수가 줄고 의욕이 없으며 우울한 기분을 표현**하기도 하고 식욕감소 • 잠을 지나치게 많이 자거나 못 자는 등 수면 양상의 변화, **자살사고** 등 • 종종 치료거부, 식사 거부 문제로 이어짐
	망상과 의심	기억력이 저하된 치매 환자가 기억이 나지 않는 부분에 대해 의심 증가
		망상과 의심이 심해져서 다른 사람의 설득이나 설명으로는 바로잡아지지 않을 정도로 고착된 경우 가장 흔한 망상은 누군가가 자신의 물건을 훔쳐갔다는 도둑망상
	환각과 착각	• **환각 중 실제로 없는 소리를 듣는 환청이나 실제로 없는 것을 보는 환시가 가장 흔하게 나타남** • 착각 또는 오인은 실제로 존재하는 것을 다르게 인식거울에 비친 자신의 모습을 다른 사람으로 대하고, 배게를 아기처럼 다루는 행동
	초조 및 공격성	• **쉽게 불안해하거나 이유 없이 자꾸 서성이고 한자리에 오래 앉아있지 못하며 초조한 것처럼 행동** • 초조 증상으로 물건을 수집하거나 숨기기도 한다. 무의미해 보이는 부적절한 동작을 반복, 동일한 문장, 질문, 불평을 되풀이하는 반복 행동도 보임
		• 원인 : 신체적 통증, 급성 신체질환, 미숙한 돌봄 • 요양보호사의 심한 피로로 인한 우울감, 졸림, 불안, 화남, 인내력 상실이 환자에게 영향을 줌
	수면장애	• 치매 환자는 얕은 잠을 자고 자주 깨며 밤에 배회하기도 함 • 낮잠을 지나치게 자며 이로 인해 낮과 밤이 뒤바뀌는 경우가 많음

(1) 현재 사용하고 있는 치매의 진단기준

- 기억력 저하가 주요 특징으로 언급
- 병원에서 치매 진단할 때 기억력 저하가 있는지를 반드시 확인, 기억력 저하가 없으면 치매로 진단하지 않음
- 기억력에 문제가 없더라도 다른 인지기능의 저하가 의심되면 치매 검사를 받는 것이 바람직

(2) **섬망의 정의와 섬망과 치매의 관련성**
  - 섬망은 신체적인 건강 상태가 좋지 않거나 복용하는 약물의 부작용으로 의식이 혼란을 경험하는 경우
  - 원인이 교정되면 며칠 혹은 몇 주 사이에 정상으로 회복
  - 섬망과 치매는 서로 다른 질환이지만 두 가지가 서로 관련성이 있다는 보고가 있으며 섬망에서 회복된 후 치매 존재 여부를 잘 살펴봐야 함

3) **치매의 단계별 특징과 증상**
  - 치매는 서서히 진행되는 질환
  - 처음에는 건망증으로 보이는 경도인지장애로 시작하여 분명한 인지장애로 인해 일상생활에 어려움이 생기는 치매 단계로 서서히 진행

단계	특징	증상
초기	• **일상생활에 약간 도움 필요한 상태** • 일상생활 독립적인 수행 어려워짐 • 단조롭고 익숙한 환경에 혼자 생활 가능	• 최근 생활사건, 시사문제 기억 못함 • 가족, 친구는 문제를 알아차림 • 혼자 외출과 금전 관리 문제 생김 • **새로운 것을 외우는 것이 어려움** • **간혹 시간이 헷갈릴 때가 많음** • **말을 할 때 적절한 단어가 떠오르지 않음** • **우울이나 짜증, 의심 증상이 나타나기 시작**
중기	• **일상생활에 상당한 도움이 필요한 상태** • 최근 일과 오래된 기억이 심하게 손상 • 나른 사람이 도움 없이 생활이 어려워짐	• 사회적 판단 장애 겪으며 장소, 시간 인식장애 나타남 • 배우자의 이름을 잊어버리거나 상황, 시간 잊음 • 낮과 밤의 리듬 자주 깨짐 • 망각과 환각과 같은 정신 행동 증상 빈번함 • **새로 외우는 것은 불가능, 과거 기억 떠올림 어려움** • **시간과 공간도 헷갈리기 시작** • **말하고 남의 말을 이해하는 데 어려움이 더 심해짐** • **환각, 망상, 불안, 초조 배회 정신행동증상이 심해짐**
말기	• **주변의 도움 없이는 일상생활이 전혀 유지되기 어려운 상태** • 지적능력 심하게 떨어지고 일상생활 능력이 심하게 감퇴해서 지속적인 감독 필요	• 언어 구사 능력상실, 알아듣기 어려운 소리만 냄 • 새로운 사건 전혀 기억 못함, 과거 기억도 거의 없음 • 모든 것 인식 못함, 주위 일에 반응/관심 보이지 않음 • **대부분 기억 소실됨** • **가족, 가까운 사람들 알아보지 못함** • **언어능력이 완전 떨어져 대화 불가능** • **정신행동증상 점점 줄어들어감** • **대소변 조절, 보행, 식사하기 기본적인 일상 어려움** • **마지막에는 와상 상태(누워서 아무런 반응 없음) 시작**

뇌졸중	• 뇌에 혈액을 공급하는 혈관이 막히거나 터지면서 뇌에 손상이 생기고 이로 인해 마비, 언어장애 및 의식장애 등 신경학적 이상이 발생하는 질병 • 종류는 뇌혈관이 막히는 뇌경색과 뇌혈관이 터지는 뇌출혈로 구분 혈관이 막히는 질환 = 뇌경색 / 혈관이 터져서 출혈이 되는 질환 = 뇌출혈

위험요인	조절이 불가능한 위험요인	고령(나이), 남자, 뇌졸중, 가족력 등
	조절이 가능한 위험요인	흡연, 신체활동부족, 고나트륨 식이, 비만, 고혈압, 당뇨병, 이상지질혈증(고지혈증) 심장질환(치료/조절 가능) 등
	• 위험요인 관리는 뇌졸중이 있었던 사람에게도 중요 • 뇌졸중이 있었던 사람은 반드시 금연해야 하며 고혈압, 당뇨병의 약물 복용을 빠뜨리지 않아야 함	

증상	• 뇌졸중은 경고 없이 바로 발생할 수 있으며 영향을 받는 뇌의 부분에 따라서 다양한 징후와 증상이 나타남 • 갑작스러운 반신마비(편측마비), 어지럼증, 심한 두통, 언어 장애 (말이 어눌해지거나 상대방의 말을 이해하지 못함), 시야장애(앞이 잘 보이지 않음), 쓰러짐 • 뇌졸중이 의심되면 119로 전화 또는 치료받을 수 있는 병원을 즉시 방문

뇌의 구조	뇌 앞부분(전두엽) 판단력·기억력·집중력·운동 담당 뇌 꼭대기(두정엽) 계산·감각·시공간·정보처리 담당 뇌 뒷부분(후두엽) 시각 담당 뇌 옆부분(측두엽) 청각·언어·시야·기억력 담당 [뇌의 구조와 기능]

전두엽	이마 - 감정, 운동, 지적능력
두정엽	정수리 - 공간, 감각기능
측두엽	옆 - 언어기능
후두엽	뒤통수 - 시각 기능
소뇌	움직임
뇌간	척추 신경 다발

후유증	• 뇌졸중 환자는 대부분 반신마비, 시야장애, 언어장애, 삼킴장애, 인지장애 등이 남아 장기적인 돌봄이 필요 • 뇌졸중 환자의 회복 정도는 손상의 정도, 크기, 연령 등에 따라 다름 • 회복은 1개월까지가 가장 빠르므로 조기에 재활치료를 시작하는 것이 중요
반신마비	손상된 뇌의 반대쪽 팔다리, 안면 하부에 갑작스런 마비가 옴
전신마비	뇌간 손상시 전신마비와 함께 의식이 저하
반신감각장애 감각 이상, 감각 소실	손상된 뇌의 반대쪽의 시각, 촉각, 청각 등의 장애, 남의 살 같거나 저리고 불쾌하나 느낌 얼얼한 느낌을 호소
언어장애	• 좌측 뇌가 손상 된 경우 우측 마비와 함께 말 못하거나 남의 말을 이해하지 못하는 실어증이 발생 • 뇌 손상 부위에 따라 글을 못 쓰고 못 읽으며, 혀, 목구멍, 입술 등의 근육 마비되어 발음이 부적확하고 마치 술취한 사람처럼 어눌한 발음으로 말을 함 • 본인 인지하지 불가능하고 화를 냄
두통 및 구토	극심한 두통과 반복적인 구토, 의식 소실이 동반
의식장애	• 뇌간 부위에 뇌졸중이 발생함녀 의식이 저하 • 뇌졸중으로 인한 뇌손상 부위가 광범위할 때도 의식이 저하
어지럼증	소뇌 손상 시 메스껍고 토하는 증상과 함께 몸의 불균형을 보임 (소뇌 손상)
운동실조증	소뇌에 뇌졸중이 발생했을 때 **술 취한 사람처럼 비틀거리고 한쪽으로 자주 쓰러지려 하고 물건을 잡으려고 할 때 정확하게 잡지 못함**
시력장애	한 개의 물체를 보는데 두 개로 보이는 복시나 시야의 한 귀퉁이가 어둡게 보이는 시야장애가 발생
삼킴장애 **연하곤란**	**음식이나 물을 삼키기 힘든 연하곤란**
치매	• 뇌졸중으로 인한 치매는 비교저 갑자기 발생 • 정상적으로 생활하던 사람이 갑자기 동작이 서툴러지고 대소변을 못 가리며, 감정조절에 이상이 생겼고, 기억력, 계산력, 판단력 등 지적능력이 감소하게 되면 혈관성 치매를 의심해 봐야 함
치료 및 관리	• 뇌경색 약물을 복용하던 대상자는 재발 가능성이 높으므로 갑자기 약을 끊으면 안 됨 • 재발의 증상인 갑작스러운 반신마비, 어지럼증, 심한 두통, 언어 장애, 시야장애, 쓰러짐이 생기지 않는지 주의 깊게 관찰, 이러한 증상이 있다면 바로 담당 관리자와 보호자에게 연락을 취하여, 바로 병원을 방문해야 함. 삼키는 것이 어렵거나 발음이 어눌해진 대상자의 경우 음식을 삼킬 때 폐로 흡인되지 않도록 주의

	약물요법	혈전용해제나 항응고제 등을 복용할 수 있고, 뇌경색 발생 4시간 이내에는 주사제인 혈전 용해제로 치료를 받을 수 있음 (뇌경색 발생 4시간 이내에 치료해야 손상이 적음) • 뇌경색 약물을 복용하던 대상자는 재발 가능성이 높으므로 갑자기 약을 끊으면 안 됨 • 약을 중단하면 뇌경색 재발 가능성 100% 뇌경색 약은 평생 먹어야 함

약물요법		혈전용해제	혈액 응고에 의하여 형성된 덩어리를 녹이는 약물
		항응고제	혈액 응고를 막는 약물

치료 및 관리	• 뇌부종 등으로 인해 생명이 위급할 때는 수술을 받아야 함 • **현기증, 팔다리 저림, 뒷골 통증 등과 같은 뇌출혈의 전구증상을 주의 깊게 관찰** • 반신마비 등의 증상이나 근육의 위축이나 허약을 방지하기 위해 발병 초기부터 재활 요법을 병행 (1달 이내 재활해야 함) • 동맥경화증, 고혈압 등을 예방하고 치료 • 휴식을 취하면서 갑작스럽게 자세를 바꾸지 않음(뇌 손상 – 기립성 저혈압 원인) • **삼키는 것이 어렵거나 발음이 어눌해진 대상자가 음식을 삼킬 때 폐로 흡인되지 않도록 주의** • 뇌졸중의 전구증상을 주의 깊게 살펴야 함

• 뇌졸중의 전구증상

뇌졸중 전구증상	한쪽 팔다리가 마비되거나 감각이 이상
	말할 때 발음이 분명치 않거나, 말을 잘 못 함
	일어서거나 걸으려 하면 자꾸 한쪽으로 넘어짐
	주위가 뱅뱅 도는 것처럼 어지러움
	갑자기 눈이 안 보이거나 둘로 보임
	갑자기 벼락 치듯 심한 두통
	의식장애로 깨워도 깨어나지를 못함

1 파킨슨병

파킨슨병	• 안정 시 떨림, 행동 느려짐(서동), 경직 등의 증상을 특징으로 하는 신경퇴행성 질환 • 신경퇴행성 질환이란 **신경세포들이 어떤 원인에 의해 소멸하게 되어 이로 인해 뇌 기능의 이상을 일으키는 질병을 의미** • 65세 이상에서 약 1~2%는 파킨슨병이 있는 것으로 알려져 있음
관련 요인	• **중뇌의 이상으로 도파민이라는 물질의 분비 장애(부족)** • 염색체의 돌연변이 • 뇌졸중, 중금속 중독 및 약물 중독, 다발성 신경계 위축증 등 기타 퇴행성 뇌질
증상	파킨슨병은 움직임과 관련된 운동 증상과 비운동 증상이 모두 발생할 수 있으며 이러한 증상들은 환자의 삶의 질을 떨어뜨릴 수 있음
	운동 증상과 비운동 증상이 있음
주요 운동증상	• 무표정한 얼굴, 작은 목소리 • 처진 어깨, 구부정한 자세 • 안정 시 손발 떨림 • 관절이 구록되고 뻣뻣해짐 • 종종걸음 다리가 끌림

1) 운동증상

(1) 떨림(진전)

떨림(진전)	• **떨림은 가장 초기에 흔히 보이는 증상으로 움직일 때보다 가만히 있을 때 주로 나타남** • 손과 다리에서 먼저시작되는 경우가 많으며 팔,다리 전체 얼굴 등에서 떨림이 보이기도 함 • 떨림은 움직이면 사라짐
행동이 느려짐	• 행동이 느려지는 것으로 파킨슨병이 진행함에 따라 서서히 진행 • 초기에는 단추 끼우기나 글씨 쓰기 등이 어렵다가 진행되면 옷 입기, 양치하기, 식사하기 등에도 어려움. **무표정해지거나 목소리가 작아지기도 함**
경직	**근육이 긴장하여 관절을 구부리고 펼 때 뻣뻣한 느낌**
자세 불안정	파킨슨병이 진행하면 나타나는 증상으로 몸 전체가 굽어 엉거주춤한 자세 약간의 체위변화에도 쉽게 넘어져 골절이나 외상의 원인

2) 비운동 증상

신경 정신 증상	킨슨 환자에게서는 우울, 불안, 피로, 환각, 망상 등의 증상이 발생
수면 이상	많은 파킨슨 환자가 불면증이 있으며 과도한 주간 졸림, 기면증 등도 발생
자율신경계 증상	기립성 저혈압, 변비, 성기능 장애, 소변 증상(야간뇨, 빈뇨) 등이 발생가능
감각 이상	통증이나 후각 기능 저하 등 발생
인지능력 장애	파킨슨병 환자들에게 기억력 저하는 흔히 동반되는 증상
기타	변비, 피로 등의 증상

② 치료 및 관리

치료 및 관리	파킨슨병은 움직임과 관련된 운동 증상과 비운동 증상이 모두 발생할 수 있으며, 이러한 증상들은 환자의 삶의 질을 떨어뜨릴 수 있음
	• 파킨슨병 약물을 지속적으로 정확한 시간에 복용하도록 해야 함 • **관절과 근육이 경직되지 않도록 규칙적인 스트레칭과 근력운동** 자세가 구부정해지므로, 몸을 곧게 펴는 스트레칭 운동이 도움이 되며 근력을 강화하면 이동 능력과 기능 유지에 도움 (걷기, 수영, 체조, 요가, 실내 자전거, 아쿠아 에어로빅) • 서 있거나 걷는 것이 불안정한 경우라면 앉거나 누워서 하는 운동을 하는 것이 안전 • 변비가 발생할 수 있으므로 충분한 야채와 과일, 수분을 섭취 • 단백질(육류, 생선, 콩류 등)은 약물 복용과는 시간 간격을 두고 먹기 • 단백질 섭취량을 줄이면 근육 손실이 생기므로 단백질 섭취 자체를 줄일 필요는 없음
주의할 약물	• 소화제, 항정신약물 및 안정제, 편두통 및 어지러움증 치료제 • 파킨슨병 환자의 증상 악화, 치료 효과 영향을 줄 수 있어 복용 전에 의사와 상의해야 함
요양보호사의 활동	• 요양보호사가 대상자의 질병명을 예측하여 말하거나, 수술 혹은 약물치료가 필요하다는 말을 하면 안 됨 • 요양보호사의 부정확한 판단이 대상자 및 가족에게 혼란과 걱정을 유발할 수 있기 때문 • 치매 노인은 건망증이나 지남력장애로 일상생활을 할 수 없고 적절한 의사소통이 불가능하고 이상행동을 보이므로 부정, 설득, 지도보다는 따뜻한 분위기 속에서 보호, 수용, 지지를 해야 함 • 대상자마다 치매 정도가 다르고 모든 것을 항상 이해하지 못하는 것은 아니므로 인내심을 가지고 부드럽게 대해야 함 • 뇌졸중이나 파킨슨 질환으로 발생한 마비는 회복이 늦어지거나 회복이 어려울 수 있기 때문에 체위 변경과 올바른 자세 유지, 관절운동 등 재활치료를 초기에 시작하는 것이 좋음 • 치매, 뇌졸중, 파킨슨 질환 등 신경계 질환은 옆에서 지켜보는 보호자도 매우 힘든 상황이므로 정서적으로 지지

> **👤 비법**   **이렇게 이해하고 암기하세요!**
>
> 파킨슨은 뚜렷한 원인을 알 수 없으나 파킨슨 증상이 시작되어 의료기관을 찾는 경우가 많아요, CT검사를 해보면 하나같이 도파민이 부족해서 파킨슨 진단을 하죠! 그래서 요양보호사는 파킨슨의 증상을 보이는 환자를 조기발견 할 수 있는 아주 중요한 임무를 갖고 있어요 **"증상"** 에 중점을 두고 암기하세요!

7 노인의 건강증진 및 질병예방

1 영양문제

영양	적절한 영양은 노인의 건강 유지 증진에 기본적인 요소이며, 질병을 예방하고 기존 질병의 진행 속도를 늦춰 궁극적으로 노인의 삶의 질 향상
노인 영양 문제 원인	• **침의 분비가 줄어들고(구강건조 증가) 음식물을 씹고(저작작용) 삼키는 능력(연하능력) 저하** • 위가 위축되고 소화액 분비가 감소되어 **소화 및 흡수 기능이 떨어짐** • 인지기능 저하(치매 등)로 음식을 과도하게 섭취하거나 식욕이 없어지기도 함 • 배우자나 친한 친구의 죽음, 은퇴, 고독, 우울 등으로 인한 심리적인 이유와 활동량 감소로 식욕이 감소 • 만성질환 또는 약물 복용, 치료식사 섭취로 식욕이 떨어질 수 있음 • 독거노인이나 사회적으로 고립된 노인은 식사 내용이 단조롭고, 식사 시간이 불규칙 • 체수분량이 감소하고 갈증을 잘 느끼지 못해 탈수가 발생(뇌기능 저하) • **미각이 저하**되어 음식을 짜게 먹게 됨 • 시각과 후각 등 감각기능이 저하되어 상한 음식을 먹을 수 있음
주요 영양 문제	• 에너지 과다 섭취와 부족 섭취 문제가 공존하고, 75세 이상 고령자 중 에너지 섭취가 부족한 경우가 많음 • 전체 에너지 섭취량 중 탄수화물의 비중이 높음 • 단백질, 비타민 A, 비타민 C, 나이아신, 엽산(75세 이상 여성) 칼슘, 비타민 D를 필요량보다 부족하게 섭취 • 나트륨은 기준 이상 과다 섭취 • 소득수준이 낮은 경우 거의 모든 영양소의 섭취가 부족
한국인 위한 식생활 지침	• 매일 신선한 채소, 과일과 함께 곡류, 고기, 생선, 달걀, 콩류, 우유 ,유제품을 균형있게 섭취 • 덜 짜게, 덜 달게 덜 기름지게 먹어야 함 • 물을 충분히 마셔야 함 • 과식을 피하고, 활동량을 늘려서 건강체중을 유지(표준체중 유지) • 아침식사를 꼭 해야 함 • 음식은 위생적으로 필요한 만큼만 마련 • 음식을 먹을 땐 각자 덜어 먹기를 실천 • 술은 절제 • 우리 지역 식재료와 환경을 생각하는 식생활을 해야 함

운동	적절한 운동은 노화에 따른 신체적, 심리적 변화를 지연시키거나 역행시킬 수 있음
운동의 효과	• 일상생활에 요구되는 기본적 체력 조건인 균형 능력, 근력과 지구력, 인지 기능에 긍정적 영향 • 심, 폐기능을 강화시켜 신체의 활동 능력을 높여주고 노화의 속도를 늦추는 효과 • 근육의 발달 및 근력 향상시키고, 골격의 칼슘 부족 현상을 개선하여 골격의 노화를 방지 • 규칙적인 운동은 사회적 접촉의 기회를 증가시키며 신체적 – 정신적 건강을 증진시키고 만성질환 위험 요인의 감소와 신체기능 유지에 중요한 역할 • 우울 감소에도 영향
긍정적 효과	규칙적으로 운동하는 노인은 운동하지 않는 노인에 비해 관상동맥질환과 고혈압, 비만, 당뇨병 발생률이 낮으며, 인지기능이나 우울감에도 긍정적인 영향을 미쳐 일상생활 수행 능력을 유지, 개선 될 수 있음
운동 문제	• 심장 근육이 두꺼워져 탄력성이 떨어지고 심장근이 수축하는 힘이 감소하며 활동할 때 쉽게 피곤 • 폐조직의 탄력성 감소, 흉곽의 경직으로 **폐활량이 줄어들어 운동할 때 쉽게 숨이 참** • 관절이 뻣뻣해지고 관절이 움직이는 범위가 줄어들어 관절 움직임에 제한이 생김 • 자극에 대한 반응이 줄어들고 균형 및 조정 능력이 떨어져 잘 넘어짐 • 시력이 감퇴되어 걸려 넘어질 위험이 있어 운동을 꺼리게 됨 • 시간과 비용 낭비라는 생각, 운동에 대한 두려움, **낙상에 대한 두려움, 우울, 외로움과 같은 심리적 상태가 활동이나 운동을 방해**
운동 관리	• 현재의 운동 수준을 평가 • 운동 금기 질환 및 투약 상황을 확인 • 즐거운 마음으로 운동을 하여 스트레스를 해소 • **시원하고 바람이 잘 통하고 땀을 흡수하는 옷(면소재 옷)을 입고 운동** • **낮은 수준으로 운동을 시작하여 상태를 보면서 점차 강도를 올림** • **적어도 10분 이상 준비운동을 하여 유연성을 높이고, 근육 손상을 방지** • 저강도 운동으로 시작하고 근육 피로, 호흡곤란, 협심증, 부정맥, 혈압강화 등에 주목 • **운동의 강도, 기간, 빈도를 서서히 증가** • 유연한 체조나 정적 스트레칭을 활용하여 최소한 5-10분 동안 **안정 시의 심박동수가 돌아올 때까지 마무리 운동** • **운동하는 중간중간에 충분히 휴식** • 개인에게 맞는 운동을 선택해야 함 • **빠르게 방향을 바꾸어야 하는 운동이나 동작은 금지**

• 운동의 종류와 운동 방법과 목적

운동의 종류	운동의 방법, 목적
관절 가동범위 운동	관절의 모든 가동범위를 움직이거나 최종 관절가동범위에 스트레칭을 더하기도함
근력과 근지구력 강화 운동	• 개별 건강 상태에 맞는 일정 이상의 저항(아령 등)을 걸어 운동 • 근력(강한 저항)과 근지구력(약한 저항)을 유지 개선이 목적
균형 운동	• 앉거나 서서하는 정적인 활동을 하거나 동적인 활동(풍선치기 등) • 정적, 동적 균형의 유지, 개선이 목적
전신 지구력 운동	• 전신을 사용하는 수단적 일상생활 활동에 참여 • 심폐기능 체력의 유지, 개선이 목적
어르신에게 적합하지 않은 운동	빠르게 방향을 바꾸어야 하는 운동(태권도, 농구, 탁구, 배드민턴, 스쿼시, 테니스)

제3절 수면

수면	• 인간 생활에서 하루의 1/3을 차지하는 중요한 부분으로 적절한 수면은 인체의 회복을 돕고 건강을 유지하는데 필수적이며 다음 활동을 위한 회복과 준비기간으로 여겨지고 있음 • 일상생활은 활동하는 시간과 휴식의 시간으로 결정 • 휴식의 대부분은 수면이 차지 • 수면은 생활습관의 일부이면서 신경계, 면역계, 내분비계의 기능 등에 걸쳐 영향 • 수면부족과 수면장애 등의 문제는 피로감을 주며 정신적인 불안감과 적절한 판단력을 둔감하게 하면서 생활의 질에 큰 영향 • 정신적 질환으로 나타나기도 하여 주의가 필요하며 치근 무호흡의 문제, 고혈압, 심상병, 뇌졸증의 악화로 수면장애를 들 수 있다. 사고 등의 원인에 수면의 문제가 부각

입원환자 및 노인생활시설의 입소노인의 수면 장애 요인 3가지 종류

노인 수면장애 요인	병원 환경 문제	• 소음 • 조명 • 익숙하지 않은 환경으로 인한 불편감 • 종사자의 처치
	심리적인 요인	• 불안 • 우울
	신체적인 요인	• 환자 자신의 질병의 병리적 과정의 통증 • 야간빈뇨 • 호흡곤란
	환경적 요인	• 온도, 습도, 채광, 조명, 음향, 소음, 냄새, 미적 요소들은 • 노인들의 일상생활에 직접적으로 작용하여 영향

수면에 영향 주는 요소		수면을 취할 때 물리적 환경, 인적 환경, 환경의 변화, 사회적 환경
수면 불편 호소 사항		• 입원환자들이 수면을 취하는 데 불편한 것으로 호소하는 사항들 • 가운, 베개, 침대, 온도, 소음, 조명, 요양보호사, 간호사 등에 의한 각성, 낯선 환경, 타인과의 접근성 등
노년기 수면 변화		성별/개인차 있음
	성별/개인차	• 남성노인이 비정상적인 수면 특성을 갖는 것처럼 보이며, 수면장애 빈도와 수면장애 강도가 높게 나타남 • 여성노인은 4단계 수면 비율이 높음 • 주관적인 보고에서 여성 노인이 잠들기 어려운 점과 아침의 피로감 호소가 높음, 여성이 낮잠을 더 오래 잠
수면의 질		• 개인의 신체적 정서적 요인과 함께 그들이 처해있는 환경에 적응하는 능력에 따라서 다르게 나타나며 질병 회복에도 영향 • 수면장애 요인들은 다양하나 입원이나 시설에의 입소, 외부환경의 변화도 요인이 될 수 있음
수면의 중요성		• 수면은 신체 기관이 재충전되고 에너지를 보존하는 데 중요한 역할 • 적절한 수면은 노인의 건강을 유지하는 필수 요소
수면 문제		수면 양상의 변화나 수면 장애는 노인의 신체적, 심리적 건강 뿐만 아니라 사회적인 측면에서도 부정적인 영향 • 수면 중에 자주 깸 　　• 수면량이 줄어듬 • 잠들기까지 시간이 오래 걸림 　　• 낮 시간 동안 졸림증이 많아짐
수면 관리		• 매일 아침 일정한 시간에 일어남 • 커피 등 카페인이 함유된 음료를 줄이거나 오후에는 금지(오전에 많이는 안됨) • 금주, 금연 • 과식하면 숙면이 어려우므로 저녁에 과식하지 않음 • 공복감으로 잠이 안 오는 경우 따뜻한 우유 등 마심(조금씩 나눠 먹음) • 편한 잠옷을 입고 취침 • 침실의 온도와 소음 조절, 적합한 침구 마련 등으로 잠자리를 편안하게 함 • 취침시간이 너무 길면 오히려 불면증이 올 수 있으므로 일정한 시각에 취침 • 늦게까지 텔레비전을 시청하는 등 지나치게 집중하는 일을 하지 않음 • 함께 자는 사람이 코를 골거나 수면에 방해가 될 정도로 뒤척임이 심하면 수면 문제가 해결될 때까지 다른 방을 사용 • 수면제나 진정제를 장기 복용하지 않음(의사처방한 약은 내성이 적음, 장기복용 안 좋음) • 매일 규칙적으로 적절한 양의 운동 • 밤잠을 설치게 되므로 낮잠을 자지 않음
수면 방해요인	환경요인	실내 온도, 습도, 소음, 빛, 침구 등
	신체적 요인	질병으로 인한 통증, 정신질환, 가려움증, 공복, 약물, 호흡곤란

수면 방해요인	정신적 원인	우울, 긴장, 걱정, 치매, 신경질, 외로움
	생활 습관의 변화	낮잠, 운동량 저하, 낮 동안 움직임 감소, 수면전 습관(독서,음주, 음악 등), 커피, 담배 등 수면을 방해하는 기호식품
편안한 수면을 위한 지원		• 수면 환경 만들기 (온도 15~25도 전후, 습도 50~60% 쾌적한 환경) • 일과중 복장과 야간에 편하게 잘 수 있는 수면복장으로 구별하여 자신의 생활환경에 맞춤 • 침구는 통기성이 좋고 선호하는 침구 사용 • 야간 취침 전(구강, 족욕, 배설 등) 각 영역별 개인에 맞춘 요양을 제공함

제4절 약물 사용

약물사용	• 많은 노인이 만성질환을 관리하기 위하여 여러 가지 약을 복용 • 약물은 질병을 치료하며 증상 완화에 매우 중요하지만 잘못된 약물 복용은 노인에게 심각한 피해를 줄 수 있으므로 주의가 필요
약물부작용	• 약물 부작용의 가장 흔한 이유는 여러 가지 약을 같이 먹는 것 • 약의 종류가 많아지면서, 의도와 다른 부작용을 일으킬 수 있는데 이름 약물 상호작용 • **노인은 약물의 흡수, 대사, 배설기능이 젊은 사람에 비해 현저히 떨어지므로 약물 부작용이 더 생기기 쉬움.** 따라서 노인이 올바르게 약물 복용을 할 수 있도록 도와야 함
노인 약물 상호작용 예방법	• 복용하는 약물의 이름과 효과를 알아야 함(이스피린 효과) • 처방받은 약은 정해진 양을 정해진 시간에 올바른 방법으로 복용(항생제는 특히 중요) • 약물의 부작용 증상 등이 있는지 확인 • 건강기능식품 등 **비처방약도 복용하기 전에 의사와 상담해야 함** • 인상/홍삼은 고혈압환자가 먹으면 안 됨 (식사 후 혈압약을 먹고 2시간 이후에 섭취 가능) • **나른 사람에게 처방된 약은 절대로 복용해서는 안 됨** • **대상자가 자신의 질병, 과거 약물 부작용 경험, 현재 복용 약물을 기록하여 지갑 등에 가지고 다니도록 하고 진료 시 의료진에게 보여줌** • 약봉투는 (최근의 것)/ 최근 처별전 가지고 다님 • 약은 정해진 보관방법(냉장보관 상온 보관 그늘진 곳에 보관)
노인 약물 복용 원칙	• **복용하던 약을 의사의 처방 없이 중단하면 안 됨** 　- 증상이 좋아졌다고 해도 복용하던 약을 중단하려면 먼저 의사와 상담 　- 처방을 무시하고 임의로 조절하여 정해진 양보다 적게 복용하거나 많이 복용 • **약을 술과 함께 먹으면 효과가 떨어지거나 부작용이 있을 수 있음** • 증상이 비슷하다고 해서 다른 사람에게 처방된 약을 먹거나 자기 약을 남에게 주면 안 됨 • 가급적 단골 병원과 약국을 지정하여 다니는 것이 좋음 • **다른 병원이나 약국을 방문할 경우 처방전을 보관하였다가 제시**하여 약물의 효능 중복이나 부작용을 막아야 함

노화가 되면 간기능도 저하되어 약의 흡수가 느릴 수 밖에 없어요!
소화제 먹고 40분이 지났는데도 효과가 없으면 더 기다려주세요. 반응이 느릴 수 밖에 없어요.

노인 약물 복용 원칙	• **약 삼키는 것이 힘들다고 쪼개서 복용하면 안 됨** • 분할선이 있는 약만 쪼개서 복용할 수 있음(가운데 선이 그어진 약) • 분할, 분쇄 불가 약제 : 장용 코팅제(약효 저하), 서방제(부작용 증가) • 삼키기 힘든 대상자의 약이 분할, 분쇄할 수 없는 약이라면 처방을 변경해 달라고 요청 • **약 복용을 잊어버렸다고 그 다음 복용 시간에 2배로 복용하면 안 됨** • 약 복용 시간을 놓쳤다면, 생각난 즉시 복용(혈압약 - 이침 식사 전) • 다음 복용 시간에 가까워진 때는 다음 복용 시간에 복용(밤에는 먹지 않는다) • 절대로 2배 용량을 복용해서는 안 됨

편의점에서 구입 가능한 비상약	해열진통제(타이레놀)	감기약	소화제	파스

주의 사항	• 동일한 약품은 한 번에 일정 양만 살 수 있음 • 겉 포장과 약품 설명서를 확인하여 정해진 용량만 복용
날짜별 약상자	약 먹는 것을 잊어버리지 않도록 약 상자 등을 이용하여 약을 복용하는 것이 좋음 일주일 치만 넣음

노인에게 부작용이 흔한 약물들	소염진통제	• 관절염, 근육통 등 통증에 먹는 약으로 신장(콩팥) 기능이 좋지 않은 경우나 심부전(심장질환)이 있는 경우는 복용 전 의사와 상의 • 노인에게 위염, 위궤양을 일으키는 경우가 속쓰림 등이 있을 때는 의사에게 말해야 함
	당뇨병 약제	• 당뇨병 약을 먹으면서 식사가 불규칙한 경우 저혈당이 올 수 있음 • 저혈당의 증상은 피로, 불안, 초조, 두근거림, 빈맥, 식은땀, 어지럼증, 오심, 구토 등이 있으며 심한 경우 감각 저하, 의식 저하, 두통, 시각장애, 혼수 등 • 규칙적인 식사와 운동습관을 생활화 하고 지속적으로 약물을 복용하는 것이 무엇보다 중요
	스테로이드제	• 자가면역질환, 만성 피부질환, 장기이식 후 흔히 사용하는 약 • 장기적으로 사용 시 체중증가, 정신장에, 섬망, 우울, 소화기 궤양, 당뇨병, 뼈의 대사 이상, 면역저아로 인한 각종 감염병의 증가, 피부 질환, 호르몬 조절 이상으로 인한 전신 질환 등 다양한 문제가 발생 가능
	수면제 등 신경정신계약물	• 증상 조절을 위한 적절한 약물 복용은 증상 관리에 도움 • 다만 수면제 등 신경정신계 약물은 낙상 배뇨장애, 변비 등의 위험이 있어 복용 후 특히 낙상 사고가 나지 않도록 주의

약 복용시 주의해야 하는 음식들	자몽주스	자몽주스는 고지혈증약, 혈압약, 수면제 등 여러 약물과 상호작용이 있어 부작용을 일으킬 가능성이 높음
	시금치	시금치는 부정맥 등이 있을 때 복용하는 와파린과 함께 먹으면 약의 효과를 줄일 수 있어 과량 섭취하지 않는 것이 좋음(약효를 낮춤)
	기호식품	커피, 유제품, 인삼, 홍삼, 콜라, 술 등의 음식물을 약과 같이 먹을 때에도 예상하지 않았던 문제가 생길 수 있음
	올바른 약 복용	약은 물과 함께 복용하고 궁금한 점이 있을 때는 의료진과 상의

기출 요양보호사가 환자의 약물 복용을 관리할 때 가장 중요한 점은 무엇인가?

① 약물 복용 시간을 규칙적으로 관리한다.　　② 약물을 다른 사람과 공유한다.

③ 약물 복용을 지시하지 않는다.　　④ 약물을 무단으로 조정한다.

⑤ 약물을 복용하지 않도록 유도한다.

해 약물은 공유하면 안 되고 무단으로 끊거나 조절하면 안 된다.

답 ①

예방접종		
예방접종		• 예방접종은 감염병 예방에 가장 효과적이고 안전한 방법 • 노인에서 만성질환 및 면역 저하 환자가 많고, 예방접종 후 시간이 경과하면서 면역력이 떨어지기도 함 • 유행하는 감염병은 시기에 따라 달라지므로 새로운 예방접종이 필요 • **65세 이상에서 누구나 필요한 예방접종은 독감(인플루엔자), 파상풍 – 디프테리아 – 백일해, 폐렴구균, 대상포진**
	독감	• **독감은 모든 성인에게서 매년 1회 접종이 권유** • 9월말~10월 경 예방 접종하도록 하며, 노인과 함께 거주하거나 노인을 돌보는 모든 성인도 예방접종을 해야 함
예방접종	파상풍 – 디프테리아 – 백일해	• **파상풍 디프테리아 백일해 예방접종은 10년마다 추가 접종하는 백신** • 이전 백일해가 포함 된 예방접종을 받지 않았거나 잘 모르는 경우, 한 번은 파상풍 디프테리아 – 백일해 백신(Tdap)으로 맞는 것이 좋음 • 이후 매 10년마다 파상풍 디프테리아 배신(T4) 재접종이 권유 • 1958년생 이전 출생자의 경우 어릴 때 예방접종을 맞지 않았을 수 있음 이 경우는 별도의 기본 접종이 필요하므로 의료진과 상의
	폐렴구균	• **폐렴구균 예방접종은 65세 이상에서 필요** • 이전 예방접종을 한 적이 없고 면역력이 정상이라면 23가 다당 백신으로 1회 접종 혹은 13가 단백백신 접종 후 23가 다당 백신을 접종 • 면역저하자(면역결핍증, 만성신부전, 신증후군, 백혈병, 림프종, 암 등), 혹은 비장절제술 등을 받은 환자는 13가 단백 백신 접종 후
	대상포진	• **대상포진은 60세 이상(65세 이상) 성인은 1회 접종** • 50~59세 성인은(대상포진이나 대상포장 후 신경통에 따른 통증에 민감할 것으로 예상되는 경우(1회)접종 • 1회 접종 후 추가접종은 필요하지 않음

제6절　온열질환 및 한랭질환

1　폭염에 의한 온열질환 응급조치

온열질환	증상	응급조치
열발진	• 다발성 붉은 뾰루지 또는 소수포 • 목, 가슴 상부, 서혜부, 유방 밑, 팔꿈치 안	• 시원하고 건조한 장소로 옮김 　- 소수포 등이 난 부위는 건조하게 유지
열성부종	발이나 발목의 부종	시원한 장소에서 발을 높인 자세로 휴식
열 실신	실신(일시적 의식소실), 어지러움증	• 시원한 장소로 옮겨 평평한 곳에 눕힘 • 물, 스포츠 음료나 주스 등을 천천히 마심
열경련	근육경련 팔, 다리, 복부, 손가락	• 서늘한 곳에서 휴식 • 스포츠 음료나 주스(투명과즙) 등을 마심 • 0.1% 식염수(물 1L에 소금 1티스푼 정도 섞음)를 마심 • 경련이 일어난 근육을 마사지 　※ 경련이 멈추었다고 해서 바로 다시 일을 시작하면 안 됨 • 바로 응급실에 방문을 해야 하는 경우 　- 1시간 넘게 경련이 지속 　- 기존질환으로 심장질환이 있는 경우 　- 평상시 저염분 식이요법을 한 경우
열탈진	• 땀 많이 흘림(과도한 발한) : 차고 젖은 피부 • 극심한 무력감과 피로 • 창백함, 근육경련 • 오심 또는 구토, 혼미, 어지러움증(현기증) • 체온은 크게 상승하지 않음	• 시원한 곳이나 에어컨이 있는 장소에서 휴식 • 스포츠 음료나 주스(투명과즙) 등을 마심 　※ 0.1% 식염수(물1L에 소금 1디스푼 정노 섞음)를 마심 • 시원한 물로 샤워를 하거나 목욕 • 증상이 한 시간 이상 지속되거나 회복되지 않을 경우는 의료기관에서 진료 　- 병원에서 수액을 통해 수분과 염분을 보충
열사병	• 40℃가 넘는 체온(직장온도) • 땀이 나지 않아 건조하고 뜨거운 피부 • 중추신경 기능장애 혼수상태, 헛소리 • 오한, 심한 두통 • 빈맥, 빈호흡, 저혈압 • 합병증 • 뇌병증, 횡문근 융해증, 신부전, • 급성 호흡부전 증후군, 심근손상, 간 손상, • 허혈성 장 손상, 췌장 손상, • 범발성 혈관 내 응고장애, 혈소판 감소증	• **119에 즉시 신고하고 기다리는 동안 다음과 같은 조치 시행** 　- **환자를 시원한 장소로 옮김** 　- **환자의 옷을 시원한 물로 적시고 몸에 선풍기 등으로 바람을 불어 줌** 　※ 이때 환자의 체온이 너무 떨어지지 않도록 주의 　※ 의식이 없는 환자에게 음료를 마시도록 하는 것은 위험하니 절대 금지

"열사병으로 외국인 근로자 사망"

매년 1~2건 이상 열사병으로 사망하는 사례가 생겨나면서 각종 보건의료인 시험에 온열질환이 등장했습니다.

기출 야외활동을 하다가 대상자가 열이 41℃가 넘었다. 요양보호사가 취해야 할 조치로 옳지 않은 것은?

① 의식 없는 환자에게는 음료를 주지 않는다.

② 환자 체온을 내리되 너무 떨어지지 않도록 주의해야 한다.

③ 119에 즉시 신고하고 기다린다.

④ 시원한 장소로 옮겨야 한다.

⑤ 시원한 물로 적시고 몸에 선풍기와 같은 바람을 불어넣어 준다.

해 119에 신고하고 기다리기만 하면 안되고 바로 응급처치를 해야한다.
열사병은 열이 40도 이상으로 올라가다가 죽을수도 있으므로 열을 빨리 내려주는 조치를 취해야 한다.

답 ③

② 한랭질환

한랭질환	노인은 자율신경계 기능이나 혈관의 방어기전이 저하되어 추울 때 혈관을 수축하여 열 손실을 감소시키는 등의 체온을 유지하려는 신체 반응이 일반 성인보다 낮아 한랭질환에 취약	
한랭질환 예방수칙	• 평소 가벼운 실내운동과 적절한 영양 섭취 • 외출 전에는 날씨정보를 확인하고 **가급적 추운 날에는 야외활동을 하지 않음** • **외출 시에는 내복을 입고 얇은 옷을 겹쳐 입음** • **장갑 목도리 모자 마스크를 착용** • **발을 따뜻하게 감싸주는 덧신이나 안쪽에 기모가 있는 부츠, 방한화를 착용**	
한랭관련 질환	저체온증	• 매우 추운 기온에 노출되어 체온이 떨어지는 질병 • 몸 떨림, 피로감, 착란, 어눌한 말투, 기억상실. 졸림 등의 증상이 나타나며 즉시 119에 신고 • 구급차가 올 때까지 가능한 환자를 따뜻한 장소로 이동시키고, 젖은 옷을 벗기고 담요로 감싸는 것이 좋음 • 의식이 있으면 따뜻한 음료와 초콜릿(고열량 음식)의 단 음식을 섭취
	동상	• 강한 한파에 노출되어 피부 및 피하조직이 손상되는 것 • 주로 코, 귀, 뺨, 턱, 손가락, 발가락 등에 생기며 피부색이 창백해지거나 누런 회색으로 변하고, 단단해지며 피부감각이 저하되어 무감각 • 신속히 병원을 방문해야 하며, 병원 방문이 어려울 때는 가능한 환자를 따뜻한 장소로 이동시키고 동상부위를 따뜻한 물에 담그는 것이 좋음
	심혈관계질환, 호흡기질환, 낙상사고	• 겨울에는 혈관이 수축되고 혈압이 상승하기 때문에 심뇌혈관질환 중 심근경색과 뇌졸중이 많이 발생 • 건조하고 찬 공기로 인한 호흡기 질환 및 낮은 기온으로 인해 관절 주변 인대나 힘줄이 뻣뻣해져 발생하는 낙상도 증가 • 가급적 추운 날에는 야외활동을 피하고 보온에 주의를 기울여야 함

8 의사소통과 정서 지원

1 의사소통의 유형

언어적 의사소통	자신의 생각이나 감정을 말이나 글로 표현하는 것
비언어적 의사소통	몸짓, 표정, 행동, 자세, 옷차림 등으로 표현하는 것

1) 언어적 의사소통

언어적 의사소통	• **언어는 사람의 생각이나 감정을 효과적으로 전달할 수 있는 의사소통의 방법** • 개인의 내면적 상태와 의도를 잘 전달하는 방법 • 개인차이로 인한 편차가 크다는 단점이 있어 똑같은 단어를 서로 다른 의미로 사용하기도 하고 감정을 표현하는 방법도 다름
요양보호사가 언어적 의사소통할 때 주의점	• 언어적 의사소통은 말의 강도, 억양, 속어, 방언 등에 따라 오해가 있을 수 있기 때문에 요양보호사는 대상자, 가족과 의사소통을 할 때마다 명확하고 이해하기 쉬운 용어를 사용해야 함 • **비언어적 표현을 적절히 병행하여 사용**

2) 비언어적 의사소통

비언어적 의사소통	• 용모, 자세, 침묵, 말투, 얼굴표정, 손짓, 눈짓, 몸짓, 목소리 크기, 씰룩거림, 으쓱거림, 웃음소리 크기, 눈물 등 • 때로는 언어적 의사소통보다 더 효과적으로 활용될 때가 있음 • 모든 의사소통에는 비언어적 의사소통이 존재하며 감정적 정서적 부분이 크게 작용
대상자 관찰에서 비언어적 의사소통이 중요한 이유	• 요양보호사는 대상자의 비언어적 표현을 주의 깊게 관찰하여 대상자의 기분이나 감정 등을 잘 파악하기 위해 노력 • 대상자는 시력, 청력 등 감각이 떨어져 있거나 만성질환 등으로 자신의 의사를 적절하게 표현하는 데 어려움이 있기 때문 • 평소 대상자를 잘 관찰해두면 대상자의 얼굴 표정이나 손짓, 몸짓 등으로 말하려고 하는 메시지가 무엇인지 빨리 파악할 수 있고 서비스 제공에 참고

3) 비언어적 종류

눈맞춤	• 눈맞춤은 중요한 의사소통 수단 • 대상자를 직시하면 대상자에게 관심을 갖고 경청하고 있으며 대화에 적극적으로 임한다는 메시지를 전달
얼굴 표정	• 대화에 영향을 미치는 요소 중 가장 중요한 시각적 요소 • 눈을 치켜뜨거나 미소를 짓는 등의 표정은 말로써 전달하고자 하는 의미를 더욱 분명하게 하는 효과적인 의사소통 수단
자세	• 손과 팔의 움직임도 중요한 의사소통 수단 • 손과 팔을 자연스럽게 놓고 있다가 상황에 따라 적절하게 움직이는 것이 좋음
어조	• 말하는 사람의 감정이 드러남 • 낮고 온화한 목소리, 분명한 발음, 적절한 말 속도가 좋음
옷차림과 외양	• 요양보호사가 입는 옷과 머리스타일 등도 중요한 비언어적 의사소통 수단 • 옷차림이나 외양이 요양보호사에 대한 인상을 결정짓고, 이 인상이 대상자 및 가족과의 관계에 영향을 미치기 때문

2 효과적인 의사소통 방법

1) 라포 형성

라포	마음의 유대라는 뜻으로 서로의 마음이 연결된 상태, 즉 두 사람 사이의 상호신뢰 관계를 나타내며 의사소통의 기본
라포 형성	• 인간관계에서 호감과 상호신뢰가 생기고 비로소 유대감이 깊은 인간관계를 형성 • 라포기 없으면 대화는 단지 소음에 시나지 않음 • 라포가 형성된 사람들의 관계에서는 '무슨 일'이라도 털어놓고 말할 수 있음 • '충분히 이해할 수 있다', '공감한다', '함께 있다'라는 느낌을 갖게 됨
라포 형성 방법	• 신체언어를 맞추고 눈을 맞추고 호흡의 리듬을 맞추고 언어를 맞추는 것이 필요 • 사람들의 신체언어를 잘 살펴보면, 개입상태에서는 몸을 앞쪽으로 기울이며 눈을 안쪽으로 향하는 반면, 관조 상태에서는 몸을 뒤로 젖히며 눈은 먼 곳을 응시

2) 경청

라포	다른 사람의 말을 주의 깊게 들으며 공감하는 능력
라포 형성	• **경청을 잘한다는 것 = 상대방이 말하려고 하는 의미를 잘 파악하고 이해**하는 것 • 경청하는 사람은 상대방의 말에 항상 동의하지 않더라도 충분히 이해하기 위해 항상 마음을 열어둠 • 상대방과 상호작용하고 말한 내용에 대해 생각하고, 무엇을 말할지 기대하는 것을 의미 • 좋은 경청자가 되기 위해서는 상대방에게 집중할 수 있는 훈련이 필요
경청의 방법	• 혼자서 대화를 독점하지 않고 말하는 순서를 지킴 • 상대방의 말을 가로채거나 이야기를 가로막지 않음 • 의견이 다르더라도 일단 수용 • 논쟁에서는 먼저 상대방의 주장을 들어줌 • 시선을 맞추며 귀로만 듣지 말고 오감을 동원해 적극적으로 도움 • 흥분하지 않고 비판적 태도를 버림 • 상대방이 말하는 의미를 이해 • 단어 이외의 보이는 표현에도 신경을 씀 • 상대방이 말하는 동안 경청하고 있다는 것을 표현
경청을 방해하는 것	• 대충 미루어 짐작하고 충분히 듣지 않은 상태에서 조언 • 미리 대답을 준비 • 듣고 싶지 않은 말을 걸러냄 • 상대방의 말을 반박하고 논쟁하기 위해서 들음 • 상대방의 말을 나 자신의 경험에 맞춤 • 마음에 들지 않을 경우 슬쩍 넘어가며 대화의 본질을 회피

3) 공감

공감	**상대방이 하는 말을 상대방의 관점에서 이해하고 감정을 함께 느끼며, 자신이 느낀 바를 전달하는 것을 의미**
공감 정의	대상자가 느끼는 감정을 있는 그대로 이해하고 존중하는 것 (대상자가 말하는 모든 것에 공감할 수 없더라도 그럴 이유가 충분히 있다고 믿어주는 것)
공감 능력	다른 사람의 상황이나 기분 같이 느낄 수 있는 능력을 말함
올바르지 않은 공감	어떤 문제에 대해 상대방이 받아들일 마음의 준비가 없는 상황에서 너무 빨리 충고를 하거나 비판을 하게 되면 이에 대해 반감을 가진 상대방은 의사소통을 차단해 버림
바람직한 공감	• **상대방의 말에 충분히 귀를 기울이고 그 말을 자신의 말로 요약해서 다시 반복**해주는 것 • 상대방의 말을 요약해서 다시 옮기는 것뿐이지만 문제의 상황에서 대화를 지속시키고 문제를 지닌 당사자가 스스로 해결책을 찾아나가도록 하는 데 아주 효과적

4) 말하기

말하기	자신의 느낌과 생각을 효과적으로 표현함으로써 상대방과 원활히 대화하는 것	
공감 정의	• 자신의 감정에 솔직해져야 함 • 의사전달을 분명하게 함 • 특정 상대를 지칭하거나 비판하지 않음 • 나쁜 내용을 회고하거나 상기시키지 않음 • 상대방을 감정적으로 공격하지 않음	• 상대방의 말을 수용하고 자신의 생각을 정리 • 비판적인 단어를 사용하지 않음 • 부정적인 비교를 하지 않음 • 상대방을 위협하는 말을 하지 않음 • 편안하고 이완된 자세를 취함

(1) 나-전달법

나 전달법	**상대방을 비난하지 않고 상대방의 행동이 나에게 미친 영향에 초점을 맞추어 이야기**하는 표현	
너 전달법	상대방의 행동에 초점을 두고 행동에 대한 비난, 비평, 평가의 의미를 전하며, 상대방에게 잘못이 있다고 공격하는 표현(너 전달법은 문제의 원인을 상대방에게 둔다.)	
나 – 전달법 예시	함께 홍보물을 배포를 위해 만나기로 한 동료가 약속시간에 늦을 때	① 행동, 상황을 있는 그대로 비난 없이 "약속 시간이 지켜지지 않으면" ② 그 행동이 나에게 미친 영향 "함께 일하는데 지장이 있고" ③ 그 상황에서 내가 느끼는 바를 진솔하게 "기다리는 동안 걱정하고 조바심이 났어요" ④ 원하는 바를 구체적으로 "앞으로는 약속시간을 잘 지켜주기 바랍니다"
	중요한 전화를 기다리고 있는데 동료 요양보호사가 통화를 길게 한다.	① 행동 "당신의 통화가 길어지면" ② 영향 "나에게 걸려올 중요한 전화를 받지 못하게 될까봐" ③ 느낌 "조바심이 나고 걱정이 돼요" ④ 바램 "통화를 짧게 해줬으면 좋겠어요"
나 – 전달법 I – Message전달법 주의사항	• 부정적 정서를 강조하지 않음 • 상대방에게 교훈을 주는 데 열중하여 말하는 사람의 본심을 전달할 기회를 놓치지 말아야 함 • 감정을 폭발적으로 드러내지 않아야 함 • 상대를 평가하지 않는 태도가 필요 • 나–전달법으로 말하고 나서 다시 수용적 태도(경청)을 취함	

5) 침묵

침묵	침묵은 어떤 말보다 중요한 역할을 할 때가 있음
긍정적이고 수용적인 침묵	• 가치 있는 치료적 도구로 작용하여 대상자로 하여금 말할 수 있는 용기를 주고 요양보호사와 대상자 모두에게 생각을 정리할 시간을 줌 • 대상자가 침묵을 어떻게 받아들이냐에 따라 효과가 달라지므로 조심스럽게 사용해야 함

① 여가활동의 필요성

노인의 여가활동	• 일상의 생황를 영위하기 위해 반드시 필요한 식사, 수면, 옷입기, 주변 정리의 동작이나 일, 은행업무, 식사 준비 등의 활동과는 다르게 대상자 개개인이 자신에게 흥미 있고 즐거운 것을 하는 자유로운 시간 • 행복감과 생활의 만족에 큰 영향
	대상자가 심신의 기능이 저하되었어도 과거부터 취미를 해 왔던 활동이나 새롭게 흥미를 느끼는 여가활동을 지속하게 지원함으로써 행복감과 생활의 만족도를 높이고 몸과 마음에 긍정적인 변화를 이끌어 일상생활에 있어 자립적인 활동을 늘릴 수 있음
여가활동을 통하여 얻을 수 있는 효과	• 시간을 의미 있고 효율적으로 활용하여 자기 효능감을 높임 • 일상생활에서 적응을 잘하도록 하고, 생활만족도를 높임 • 신체와 인지 기능의 감소를 예방하고 건강 증진에 도움 • 지역사회에 참여하고 주민들과 함께 활동하며 지속적인 인간관계를 유지할 수 있도록

② 장기요양 대상자의 여가활동 유형과 내용

유형	내용
자기 계발 활동	책 읽기, 독서 교실, 그림그리기. 서예 교실, 시 낭송, 악기연주, 백일장, 민요교실, 창작활동
가족 중심 활동	가족 소풍, 가족과의 대화, 외식 나들이
종교참여 활동	교회, 사찰, 성당 가기
사교 오락 활동	영화, 연극, 음악회, 전시회
운동 활동	체조, 가벼운 산책
소일 활동	텃밭 야채 가꾸기, 식물 가꾸기, 신문 보기, 텔레비전 시청, 종이접기, 퍼즐 놀이

3 노인의 여가활동 돕기

대상자의 심신의 기능이 저하됨에 따라 여가 활동량을 조금씩 줄여나가야 하는 경우

거동이 불편하거나 인지 기능이 저하된 대상자를 위한 여가활동, 프로그램은 어렵지 않고 흥미를 느낄 수 있도록 진행

대상자	스스로가 적극적으로 여가 활동에 참여할 수 있도록 동기를 부여하여 진행
	욕구에 맞는 여가 활동을 지속적으로 지원
대상자의	신체적 기능이나 상태에 맞는 개별적인 프로그램으로 무리없이 진행
	성격, 선호 등에 따라 개인적 차이를 고려하여 지원
대상자에게	여가활동에 대해 충분히 설명하고 동의를 얻어야 함

주 야간보호센터 및 요양시설에서도 많은 대상자가 모여 획일적인 여가활동 프로그램을 진행하기보다는 대상자 개인의 욕구에 맞게 프로그램을 선택하고 개별 혹은 소그룹으로 진행하도록

9 요양보호 기록과 업무보고

1 요양보호 기록 방법

요양보호 기록의 종류	요양보호 서비스와 관련한 각종 기록과 양식들은 노인장기요양보험법과 관련 고시에서 정한 법정서식과 장기요양기관이 운영 및 서비스 제공과정에서 자체적으로 사용하는 기관 내부서식 등이 있음
법정 서식 대표적인 기록양식들	• 장기요양인정신청서 – 대상자가 인정신청 과정에서 작성하는 법적 서류 • 의사소견서 – 의사가 쓴 소견서 • 장기요양인정서 – 국민건강보험공단이 작성하는 법적 서류 • 개인별장기요양이용계획서 – 국민건강보험공단이 작성하는 법적 서류 • 장기요양급여계약 통보서 – 장기요양기관이 작성하는 법적 서류 • 장기요양급여제공 계획서 – 장기요양기관이 작성하는 법적 서류 • 장기요양급여비용 명세서 – 장기요양기관이 작성하는 법적 서류 • 장기요양급여 제공기록지 – 요양보호사 등 서비스제공인력이 기록하는 법적 서류
장기요양기관 자체적으로 사용하는 기록양식들	• 상담일지 - 상담내용 및 결과 • 욕구사정지 - 대상자의 욕구 사정 • 상태기록지 - 섭취, 배설, 목욕 등 상태 • 사고보고서 - 사고내용과 대응결과 • 방문일지 - 대상자 방문시 각종 상담 내용 • 사례회의록 - 사례회의 검토내용 및 결과 • 인수인계서 - 인수인계업무 내용 • 간호일지 - 대상자 상태평가 및 간호처치

• 요양보호 기록의 종류

구분	주요기록	관련직종	
		요양보호사	타 전문직
급여제공기록지	서비스 제공내용 및 시간	O 요양보호사	
상태기록지	섭취, 배설, 목욕 등 상태	O 요양보호사	
사고보고서	사고내용과 대응 결과	O 요양보호사	
인수인계서	인수인계업무 내용	O 요양보호사	
상담일지	상담내용 및 결과		O (사회복지사)
욕구사정	대상자의 욕구사정		O (사회복지사)
급여제공계획서	서비스의 목표, 내용, 횟수 등		O (사회복지사)
방문일지	대상자 방문 시 각종 상담내용		O (사회복지사)
사례회의록	사례회의 검토내용 및 결과		O (사회복지사)
간호일지	대상자 상태평가 및 간호처치		O (간호사)

2 요양보호 기록의 원칙

사실을 있는 그대로 기록한다.	• **기록은 객관적인 사실을 토대로 해야 하며, 요양보호사의 생각이나 의견 등 주관적인 내용은 피해야 함** • 상황묘사에 주관을 피하고 사실 그대로 작성 • 요양보호사는 판단과 사실을 혼동하지 않도록 주의
육하원칙을 바탕으로 기록한다.	• 필요한 사항을 빠드리지 않고 정확하게 기록하는 것이 중요 • 누가, 어디서, 무엇을, 어떻게, 왜 하였는지 육하원칙에 따라 작성 • 모든 기록에는 정확한 시간과 기록자를 명시 <기록을 명확하게 하려면 육하원칙을 지켜야 한다> 누가, 언제, 어디서, 무엇을, 어떻게, 왜
서비스의 과정과 결과를 정확하게 기록한다.	• **기록은 바로 기록** • 요양보호사로서 무엇을 어떻게 하였는지, 대상자는 어떻게 반응했는지 과정과 결과를 정확하게 기록 • 요양보호사의 활동과 효과를 입증할 수 있도록 서비스 중심으로 기록
기록을 미루지 않고, 그때그때 신속하게 작성한다.	• **기록은 가능한 한 빠른 시간 내에 작성** • 시간이 경과하면 기억이 희미해져 사실이 왜곡될 가능성이 있기 때문에 기억이 확실할 때 작성 • 시간의 흐름 순서에 따라 요양보호사가 한 일과 대상자에게 일어난 변화에 초점을 두어 작성

공식화된 용어를 사용한다.	문장은 의미가 분명하게 전달될 수 있도록 해야 하며, 사투리나 맞춤법에 어긋나는 표현이 없어야 함
간단명료하게 기록한다.	장황하고 우회적으로 표현하지 말고, 초점이 분명하고 간결하며 알기 쉽게 작성하여야 함
기록자를 명확하게 한다.	• **기록자는 반드시 서명** • 기록은 감사자료로 활용되며, 책임소재를 확실히 할 필요가 있을 때는 증거자료로도 활용 • 기록을 정정할 때는 지우거나 덧칠을 하지 말고 밑줄을 긋고 빨간 펜으로 정정한 후 서명

애매한 표현은 피하고 구체적으로 기록한다.

예를 들어 다음과 같은 표현은 구체적으로 기록

많이	O장, O잔, O킬로미터
오래전	O년 전, O개월 전
오랜만에	O년 만에, O일 만에
심하다(상태)	피부박리 5cm x 8cm

기출 요양보호 기록의 원칙에 따라 작성된 내용으로 옳은 것은?

① "어른신이 딸에게 서운한 눈치이다."
② "어르신이 아들과 싸우는 것 같았다."
③ "이웃집에 놀러가셨다가 한참만에 오셨다."
④ "점심쯤 이웃이 방문을 하였다."
⑤ "한달 전보다 걷는 속도가 반으로 줄었다."

해 애매한 표현이나 주관적 내용은 피해야 하고 구체적으로 객관적 사실을 기록한다.

답 ⑤

1 업무보고 방법

1) 업무보고 원칙(기록의 원칙)

객관적인 사실을 보고한다.	• 보고는 사실과 다름없이 정확하게 보고 • 요양보호사의 주관적 판단이 아닌 객관적 사항을 정확하게 보고
육하원칙에 따라 보고한다.	• 보고는 기록과 마찬가지로 필요한 사항을 빠뜨리지 않는 것이 중요하기 때문에 • 보고할 때도 육하원칙(누가, 언제, 어디서, 무엇을, 어떻게, 왜, 하였는지)에 따라 보고하고 보고서를 작성할 때도 마찬가지
신속하게 보고한다.	• 신속한 보고는 신속한 대응으로 이어지기 때문에 가능한 신속하게 보고 • 보고를 미루다보면 기억이 희미해져 사실이 왜곡될 수 있음
보고내용이 중복되지 않게 한다.	• 보고하고자 하는 내용이 간결하고 중복되지 않게 함 • 간결한 보고는 시간을 절약할 수 있음

2) 업무보고 시기

• 업무보고는 정기 보고와 수시 보고로 나눌 수 있음

정기 보고	일일 보고, 주간 보고, 월간 보고
수시 보고	상황의 변화에 따라 수시로 이루어짐

• 요양보호사는 정기적인 업무보고를 포함하여 다음과 같은 상황에서는 반드시 기관에 보고

대상자의 상태에 변화 있을 때 (즉각 보고)	대상자의 상태를 관찰하면서 서비스를 제공하여야 하며, **대상자의 상태가 평상시와 다를 때는 관리책임자와 가족에게 신속하게 보고**
서비스를 추가하거나 변경할 필요가 있을 때	계획된 서비스 외에 추가적인 서비스가 필요하거나 서비스를 변경할 때는 관리책임자에게 보고대상자와 가족으로부터 그러한 요청이 있을 때도 보고
새로운 정보를 파악했을 때	• 대상자 및 가족에 대한 새로운 정보를 입수하였을 때는 관리책임자에게 그 사실을 보고 • 대상자 및 가족에 대한 정보는 질 높은 서비스를 제공하는 중요한 역할을 하기 때문에 요양보호에 필요한 정보를 파악할 수 있도록 항상 노력
새로운 업무방법을 찾았을 때	요양보호서비스를 제공하는 과정에서 대상자에 대한 새로운 요양보호 방법을 찾았을 때는 보고
업무를 잘못 수행했을 때	**업무를 잘못 수행했을 때는 요양보호사가 판단하여 해결하지 말고 관리책임자에게 먼저 보고하여 지시를 받아야 함**
사고가 발생했을 때	서비스를 제공하는 동안 예기치 못한 사고가 발생했거나 발생할 뻔했을 때는 요양보호사가 판단하여 대처하지 말고 관리책임자에게 신속히 보고하여 지시를 받아야 함

3) 업무보고 형식

(1) 구두보고

구두보고	상황이 급하거나 사안이 기벼울 때 많이 이용
구두보고 방법	• 결론부터 보고 • 경과와 상태, 원인 등을 보고
장점	신속하게 보고할 수 있음
단점	정확한 기록을 남길 수 없음
보완법	상황이 급할 때는 구두보고를 먼저 하고 나중에 서면보고로 보완 ＝상황이 급한 경우에는 반드시 구두보고를 먼저 한 후 서면보고

(2) 서면보고

구두보고	보고내용이 복잡하거나 숫자나 지표가 필요한 경우, 정확히 보고할 필요가 있거나 자료를 보존할 필요가 있을 때 서면보고
구두보고 방법	정기 업무보고, 사건보고
장점	정확한 기록을 남길 수 있음
단점	신속하게 보고할 수 없음

(3) 전산망 보고

장점	• 능숙하게 사용할 수 있으면 시간을 절약할 수 있고 편리 • 구두보고와 같이 실시간으로 확인 • 서면 보고와 같이 기록으로 남길 수 있다는 장점을 동시에 가지고 있음

👤 비법　　**이렇게 이해하고 암기하세요!**

"보고하면 최종책임은 요양보호사에게 있지 않지만, 보고하지 않으면 최종책임까지 져야 한다." 라는 말이 있어요!
보고의 종류를 구별하고 어떻게 보고해야 하는지 암기 하셔야 해요.

사례관리 과정

장기요양기관(방문요양)에서 수행해야 할 사례관리 과정	① 접수 및 초기면접 ② 욕구사정 ③ 사례회의 1차(내부회의) ④ 급여제공계획서 작성 및 공단통보(계약 및 조정) ⑤ 서비스 제공 ⑥ 기관 및 공단 이용지원팀의 점검(모니터링) / 제공내용 통보 ⑦ 사례회의 2차(필요시) ⑧ 평가 및 종결/ 사후관리

비법 이렇게 이해하고 암기하세요!

사례관리의 과정을 순서대로 암기하고 세부내용을 이해하시면 되어요!

접수 및 초기면접	① 대상자의 장기요양인정서와 개인별장기요양이용계획서 확인 ② 사회복지사 초기상담 ③ 대상자 가능여부평가(필요시 타기관 정보제공 및 의뢰)
욕구사정	건강영역, 신체기능 및 사회생활기능영역, 인지기능 및 행동변화영역, 가족 및 사회관계영역, 주거상황영역, 대상자의 강점 및 약점, 자원파악
사례회의 1차 (내부회의)	**참석범위** 시설장, 사회복지사, 수급자와 가족, 요양보호사 등 **회의주제** 욕구사정 공유와 케어플랜수립에 관한 의견수렴
급여제공계획서 작성 및 공단통보	① 사례회의(내부회의)를 통해 수렴된 의견을 반영한 급여제공계획 작성 송부 ② 사례관리의 목표 수립 ③ 서비스 내용과 제공계획수립
서비스 제공	① 수급자와 서비스 제공 계약 ② 급여제공계획에 따른 서비스 진행 ③ 수급자와 공급자 동의 후 공단 통보
기관 및 공단 이용지원 팀의 점검(모니터링) / 제공내용 통보	① 월 1회 모니터링 ② 급여제공내용 모니터링 ③ 모니터링 결과에 따른 조치 ④ 이용지원 상담과 모니터링

사례회의 2차 (필요시)	① 공단 케어조정자, 기관 사례관리자
	② 사례회의가 필요한 경우
	  - 위기 상황의 발생, 욕구 재사정이 필요한 경우 등 기관 내에서 해결되지 못하는 문제 대상
	  - 개인별장기요양이용계획서 재작성(필요시) 공단에 보냄

평가 및 종결 사후관리	① 목표 달성, 급여제공 결과, 서비스이용자 만족도 등을 평가 ② 서비스 중단(거주이전, 요양시설(병원) 입소 등) 시 종결 ③ 사후관리계획 수립

10 신체활동 지원

1 섭취 요양보호의 일반적 원칙

섭취 요양보호
일반적 원칙
	• 대상자의 식사 습관과 소화능력을 고려
	  - 신체적, 심리적, 사회적, 경제적 상황, 질병 등을 고려하여 음식을 선택
	• 대상자에게 맞는 식사방법, 속도, 음식의 온도 등을 배려하여 즐겁고 편안한 식사가
	  되도록 함
	• 식사 전에 대상자와 요양보호사는 비누로 손을 씻고 주변 환경을 청결히 정리
	• 식사를 하는 모든 과정에서 대상자에 대한 주의를 소홀히 하지 않음
	  - 사레, 구토, 청색증 등이 이상이 나타나는지 주의 깊게 관찰하고 대처
	• 대상자를 존중하고 요구를 최대한 반영
	• 대상자가 스스로 할 수 있는 것들은 최대한 스스로 하게 함

섭취 요양보호 주의점	**요양보호사는 대상자가 식사를 하는 동안 사례, 구토, 청색증 등 이상이 나타나는지 주의** 깊게 관찰하고 대처

2 노인 영양상태 관찰

1) 노인 영양관리

노인 영양관리	• 노인은 하루 활동량이 줄어들기 때문에 에너지 소요량이 적어지게 됨 • 섭취해야 하는 에너지, 단백질, 미네랄, 비타민 등의 1일 필요량은 줄어들지 않음 • 노인이 저영양에 빠지지 않게 하기 위해서는 1일 필수에너지 섭취량을 기준으로 '균형잡힌 식사'를 제공하는 것을 목표
	• 고령자는 특히 좋아하는 음식이나 익숙한 음식만 먹으려 하는 경향이 있어 영양소 섭취에 균형 을 이루기 어렵기 때문에 식사에서 영양균형을 맞추는 것에 신경을 써야 함 • 1일 단위로 6군의 기초식품을 골고루 넣어 식단을 식단을 구성하는 것을 목표 • 노인의 적절한 영양관리를 위하여 균형, 절제의 식생활 지침을 준수하는 것이 중요

(1) 첨가당, 포화지방, 나트륨(염), 가공육 등의 섭치를 절제

첨가당	설탕, 시럽, 꿀, 물엿 등이 들어간 가당 음료(탄산음료, 커피 포함)로 이들 식품의 과량 섭취는 비만, 충치, 대사증후군을 일으키기 쉬움
포화지방 과량 섭취	• 저밀도(LDL)-콜레스테롤 수치가 증가하고 십혈관 질환의 위험이 증가 • 케이크, 도너츠, 쿠키, 감자칩 등 기름진 빵과 과자류를 섭취하면 포화지방과 트랜스지방산의 섭취가 많아지므로 튀기지 않은 빵, 과자를 섭취하고 유지방을 적게 먹는 것을 권장
나트륨 섭취 과다	• 위염, 고혈압, 골다공증, 심장-뇌혈관질환의 위험이 높아짐 • 가정과 급식소에서 조리할 때 싱겁게 조리하고 작은 국그릇을 이용하여 싱거운 채소와 같이 먹도록 • 가공식품 구입시 : 영양표시 성분 확인하고 나트륨과 포화지방 함량이 적은 제품 구입

• 포인트

첨가당 섭취 상한	2,000kcal 기준으로 50g 커피믹스 1잔(11g) 아이스크림 1개(17g) 탄산음료 1병(23g)을 섭취 (1일 첨가당 섭취량 초과)
포화지방 섭취	• 1일 8g 미만으로 섭취하는 것을 권장하고 2,000kcla기준으로 15g 미만 • 생크림 케이크 100g 꽈배기 100g 감자칩 100g 고구마칩 100g 섭취하면 1일 포화지방 섭취량 초과
1일 나트륨 섭취량	만성질환 위험을 감소할 수 있는 1일 나트륨 섭취량 2,100mg(65-74세), 1700mg(75세 이상)이고 나트륨 섭취 낮추려면 찌개, 국, 탕류의 국물 섭취 적게 함

(2) 다양한 식품을 골고루 섭취하는 균형 잡힌 식생활

곡류	• 밥, 빵 국수 외에도 간식이나 반찬으로 먹는 고구마, 감자, 옥수수, 밤 등이 있음 • 곡류섭취를 통해 에너지를 얻고 두뇌활동을 활발하게 해줌 • 곡류를 섭취할 때 전곡이나 잡곡을 섞어서 먹도록 권장하는데 전곡은 채소와 과일처럼 식이섬유가 풍부하여 변비나 게실증을 감소시키고 비만, 심장병, 당뇨병를 감소시킬 수 있음		
	교환 식품군	• 밥 1공기(210g) • 밤(180g) • 옥수수(210g) • 마른 국수 한줌(90g)	• 식빵 3쪽(105g) • 고구마(210g) • 미역(90g)
	게실증	식도, 위장 등의 장기 벽의 일부가 주머니 같이 돌출되어 나와 있는 상태	

고기, 생선, 달걀, 콩류	**단백질이 풍부한 식품군** • 고기류는 포화지방과 콜레스테롤이 적은 살코기 위주로 섭취 • 달걀은 1일 1개, 생선은 손바닥 크기로 1주에 2~3회 섭취 • 육류 대신 콩의 섭취량 늘리면 퇴행성 혈관질환예방에 도움		
	교환 식품군	• 쇠고기(60g) • 닭고기(60g) • 고등어(70g) • 땅콩(10g)	• 돼지고기(60g) • 달걀(60g) • 두부(80g)
우유, 유제품	• 노인은 유유 또는 유제품을 하루에 1회 분량으로 섭취 • 우유 소화가 어려우면 유당 제거(락토프리)된 유제품, 요구르트, 칼슘이 강화된 두유, 칼슘이 강화된 시리얼이나 쥬스를 섭취 • 우유 및 유제품에 들어있는 칼슘은 뼈의 약화속도를 늦추어 골절, 골연화, 골다공증 예방 • 우유와 유제품에는 단백질과 다양한 무기질, 비타민이 들어 있고 칼슘과 칼륨은 정상 혈압을 유지하는데 도움		
	교환 식품군	• 우유 한 잔(200ml) • 액상요구르트(150ml)	• 호상요구르트(100g) • 치즈 2장(40g)
채소, 과일류	식사 때마다 절이지 않은 생채소 반찬을 포함해서 2~3가지를 먹고 과일은 1회 분량으로 1일 1~2회 섭취		
	과일과 채소	식이섬유가 풍부해서 장운동을 촉진하여 변비 예방에 도움을 주고 콜레스테롤 감소와 심장병 위험을 감소시킴 다양한 무기질과 비타민이 들어있어 혈압유지, 혈액생성에 도움을 주며 눈과 피부를 보호하는 역할을 함	
물	• 노인은 음료수를 포힘해서 6-7잔 이상 마시는 것늘 권장 • 물 대신 다른 음료를 마실 때는 당이 첨가되지 않은 음료를 선택 • 가벼운 탈수 증상도 노인의 건강에는 큰 영향을 줌 • 물을 충분히 섭취하는 것이 필요		
	체내 물 역할	체온조절, 영양소 운반, 노폐물 배출에 중요한 역할	
	하루 물 권장량	하루에 6~7잔(1,000ml)의 물과 음료를 섭취	

③ **식사의 종류**

일반식		음식의 종류와 관계없이 저작과 연하 능력에 문제가 없고 소화를 잘 시킬 수 있는 대상자
저작 도움식		• **잘게 썰어서 제공하는 음식 = 갈반** • **저작 능력이 떨어져 단단하고 질긴 음식을 먹기 어려운 대상자에게** 제공 • 부드럽게 조리하거나 잘게 썰어 저작하기 편한 상태로 제공
연하 도움식		• **갈아서 제공하는 음식 = 갈죽** • **저작과 연하 능력이 떨어져 씹고 삼기기 어려운 대상자에게 제공** • 고형상 음식을 부드럽게 갈아서 제공하거나 액체는 증점제를 첨가하여 점도를 높여 목 넘김을 좋게 하여 제공
유동식		• 수분이 많은 미음 형태의 삼키기 쉬운 음식 • 경구 유동식과 경관 유동식
	경구 유동식	입으로 먹는 미음 형태의 액체형 음식 • 대상자가 음식 맛을 느낄 수 있으므로 대상자의 입맛에 맞게 준비 • 너무 차거나 뜨겁지 않게 제공 • 연하능력에 따라 유동식(액상)을 그대로 제공하거나 증점제를 넣어 점도를 조절하여 제공
		예시 영양죽과 물, 선식가루와 물
	경관유동식	긴 관을 코에서 위로 넣어서 제공하는 액체형 음식 • 대상자가 연하 능력이 없고 의식장애가 있을 때 **비위관을 통하여 경관 유동식을** 제공 • 대상자에게 맞게 상품화되어 있는 경관유동식도 있음
		예시 시판중인 영양액, 영양주머니, 비위관, 주사기

④ **식사 자세**

식사자세		대상자의 식사의 자립성, 연하수준, 마비 여부 등에 따라 안전하고 적절한 식사관리를 실시하기 위한 세심한 관찰과 케어가 필요
올바른 식사자세	식탁 높이	대상자가 의자에 앉았을 때 **식탁의 윗부분이 가슴과 배꼽 사이에 위치**
	의자 높이	• 의자의 안쪽 깊숙이 앉아 발이 바닥에 닿도록 하여 안정된 자세를 취하게 하는 정도 • 팔받침, 등받이가 있는 의자는 안전하고 좌우 균형을 잡는데 도움

의자에 앉은 자세	• 의자에 깊숙히 앉고 식탁에 팔꿈치를 올릴 수 있도록 의자를 충분히 당겨주어 자연스럽게 식사 • 휠체어에 앉을 때도 휠체어를 식탁 가까이 붙이고 팔을 올렸을 때 편안한 자세를 취하게 해줌
침대에 걸터앉은 자세	• 대상자가 어느 정도 균형을 잡을 수 있으면 침대에 걸터앉아 식사를 할 수 있음 • 넘어지지 않도록 왼쪽이나 오른쪽 또는 앞뒤에 쿠션을 대줌 • **발이 바닥에 완전히 닿아야 안전** • 발이 바닥에 닿지 않으면 받침대를 받쳐줌
침대 머리를 올린 자세	• 침대에서 일어나거나 앉을 수 없는 경우 • **침대를 약 30~60도 높임** • **머리를 앞으로 약간 숙이고 턱을 당기면** 음식을 삼키기가 쉬워짐
편마비 대상자 식사 자세	• 편마비 대상자는 건강한 쪽을 밑으로 하여 약간 옆으로 누운 자세를 취함 • 마비된 쪽을 베개나 쿠션으로 지지하고 안정된 자세를 취하게 한 후 음식을 제공 • 식사 시 편마비 대상자의 건강한 쪽 밑으로 가야 안정감이 있고 지지

5 식사 돕기 (식사 도움)

1) 다양한 식사보조도구

다양한 식사보조도구	• 손목형 유니버설 커프 식사도구 • 손떨림, 관절염 노인용 컵 • 다용도 시갓도구홀더(식사보조도구) - 핸드크림

2) 스스로 식사하는 대상자를 지켜보는 방법

스스로 식사하는 대상자를 지켜보는 방법	• 스스로 식사할 수 있는 대상자라도 식사하는 동안 사레, 질식, 불편한 점 등이 발생하지 않도록 관찰해야 함 • 대상자가 음식을 먹을 때 한입에 너무 많이 넣는지 살펴봄 • 너무 빨리 먹거나 조급하게 먹는지 살펴보고 천천히 식사하도록 지지함 • 편식하는 대상자는 반찬을 골고루 먹도록 격려 • 식사 중 옆에서 지켜보고 있다가 도와줌

• 스스로 먹을 수 없는 경우와 스스로 먹을 수 있는 경우

급여제공 기본절차		내용
스스로 먹을 수 있는 경우		① 음식과 식사 도구를 준비
	주의	너무 물기가 없거나 끈적거리는 음식은 삼키기 어려우므로 주의하기
		② 손을 씻거나 깨끗한 물수거을 닦음
		③ 음식을 흘려도 신경 쓰이지 않도록 턱받이를 착용
		④ 요양보호사는 의자에 앉아 눈높이를 맞춤
	주의	마주 앉으면 근육의 긴장도가 높아지므로 나란히 앉기
		⑤ 의사 깊숙이 앉힙니다. 상체가 약간 숙여지도록 하고 앉았을 때 발이 바닥에 닿는지 확인
		등받이, 팔걸이가 있는 의사 사용하기, 음식을 잘 삼키도록 상체를 숙인 자세 유도
		⑥ 식사 전에 '아에이오우' 운동을 하여 씹는 기능과 삼키는 기능을 자극
		⑦ 원하는 음식을 직접 먹도록 하되, 편식이나 과식하지 않도록 주의
		⑧ 음식을 급하게 먹지 않도록 주의를 기울임
		수저를 상에 놓거나 말을 걸어 먹는 속도 조절
급여제공 기본절차		내용
스스로 먹을 수 없는 경우		스스로 먹을 수 없는 경우 반드시 음식의 온도를 확인하고, 음식은 숟가락의 절반 이하로 뜸
		숟가락을 아래쪽에서 입으로 가져감
	주의	음식을 위쪽에서 주면 고개를 젖혀서 사레가 드릴 위험
		숟가락 뒤쪽을 약간 올려 음식을 먹인다
		편마비로 혀나 목 근육을 잘 움직이지 못할 때는 건강한 쪽에 음식물을 넣음
		다 삼킨 것을 확인한 후 식사를 계속
	주의	빨대로 유동식이나 물을 먹는 경우, 너무 깊이 들어가지 않도록 주의하기

6 경관영양 돕기

경관영양	• 구멍이 있는 긴 관을 한쪽 코를 통해 위까지 넣어 영양을 제공하는 것 • 입으로 식사할 수 없거나 영양공급이 불충분한 대상자는 관을 통해 영양 공급
경관영양 하는 경우	• 대상자의 의식이 없거나 혼수에 빠진 경우 • 얼굴, 목, 머리부위에 음식을 먹기 힘들 정도로 부상/(손상)이 있거나 수술했을 때 또는 마비가 있을 때 • 삼키기 힘들 때

기본원칙	• 대상자가 의식이 없어도 청각기능이 남아 있어 들을 수 있으므로 식사 시작과 끝을 알림 • 시판 영양액을 사용하는 경우에는 유통기한 이내의 것만 사용 • 비위관이 빠지지 않도록 반창고 등으로 잘 고정 • 비위관 영양액은 체온 정도의 온도로 데워 준비 • **경관 식사를 제공하는 도중에 비위관의 상태를 관찰해야 하고 비위관이 막히거나 새거나 역류하면 간호사에게 즉시 연락** • 영약액을 너무 천천히 주입하는 경우 음식이 상할 수 있고, 너무 진한 농도의 영양을 주입하거나 너무 빠르게 주입하면, 설사나 탈수를 유발할 수 있음 • 영양액의 온도는 체온 정도가 적절하며 차가운 영양액이 주입되면 통증이 유발 – 1분에 50ml 이상 주입하지 않음 • 경관 식사가 끝나면 영양주머니는 매번 깨끗이 씻어서 말린 후 사용 • 경관영양을 하는 대상자는 입안 건조와 갈증을 예방하기 위해 입 안을 자주 청결히 하고 입술보호제를 발라줌 • 콧속에 분비물이 축적되기 쉬우므로 비위관 주변을 청결히 하고 윤활제를 바름
돕는 방법	처방된 비위관 영양액, 50cc 주사기, 영양주머니(위장관 영양백), 컵, 물, 일회용 장갑, 입술보호제, 윤활제, 종이테이프 등을 준비 • 경관영양 서비스를 제공하기 전에 비누로 손을 씻어 청결하게 함 • 처방에 따라 영양액이 너무 차갑거나 뜨겁지 않게 따뜻하게 준비 • 대상자에게 식사 시간임을 알리고 거동이 가능한 대상자는 앉게 해야 하고 거동이 어려운 대상자는 오른쪽으로 눕힘 • **영양액이 중력에 의해 흘러 내려와 위장 속으로 들어가도록 위장보다 높은 위치에 걸어놓음** • 경관영양을 하는 동안 관이 빠지거나 새는지 관찰하고 대상자가 토하거나 청색증이 나타나면 비위관의 튜브를 잠근 후 바로 시설장이나 관리책임자 등을 알림 • 경관영양 **식사가 끝나면 대상지가 상체를 높이고 30분 정도 앉아 있도록** 도움 • 경관영양 식사가 끝나면 사용한 물품과 주위를 정돈하고, 섭취량을 기록 • 경관영양 식사 도움이 끝나면 비누로 손을 씻음
대상자를 오른쪽으로 눕히는 이유	위의 모양이 왼쪽으로 기울어져 있어서 오른쪽으로 누우면 기도로의 역류 가능성이 줄어들고, 중력에 의해 영양액이 잘 흘러 내려감
비위관이 빠졌을 경우	• 요양보호사가 임의로 비위관을 밀어넣거나 빼면 안 됨 • 비위관이 새거나 영양액이 역류될 때는 비위관을 잠근 후 의료기관에 방문하게 하거나 반드시 시설장 및 관리책임자, 간호사에게 연락

👤 비법 이렇게 이해하고 암기하세요!

경관영양을 하는 대상자들이 의사소통이 안되어도 기본원칙을 지켜야 해요. 현장에서는 잘 지켜지고 있지 않아 시험에 자주 등장해요!

배설요양 보호 목적	• 적절한 배설을 유지하도록 화장실까지의 이동을 도움 • 배설 활동이 원활하면 생리적 기능을 회복, 유지시켜 주며, 심리적으로 만족감을 느낌 • 배설기능을 가능한 한 스스로 유지, 조절할 수 있게 도움으로써, 삶의 질 향상과 건강 유지 및 관리를 도움
배설요양 보호 일반적 원리	대상자가 처리할 수 있는 부분은 스스로 하도록 하는 것이 대상자의 자존감을 높여 주고 자립심을 키워줌
	노인이 배설을 스스로 해결하지 못하고 다른 사람의 도움을 받을 때는 수치스러움과 불안감, 절망감을 느낄 수 있음을 유념

1 화장실 이용 돕기

기본원칙	• 대상자가 화장실에 가다가 주저앉거나 넘어지면 낙상이 발생 • 요양보호사는 항상 대상자를 관찰하고 손을 뻗으면 닿을 수 있는 위치에 있다가 필요하면 즉각 개입하여 낙상사고에 대비 • 낙상사고를 예방하기 위해 처음부터 끝까지 대상자를 돕는 것은 대상자를 의존하게 만들고 자존감을 저하 • 대상자가 스스로 할 수 있는 부분은 최대한 스스로 할 수 있게 하고 요양보호사는 보조가 필요한 도움만 줌 • 대변이나 소변을 볼 때 대상자가 다치거나 넘어질 수 있으므로 안전한 환경을 조성 　- 화장실까지 가는 길에 불필요한 물건이나 발에 걸려 넘어질 우려가 있는 물건을 치워 넘어지지 않게 함 　- 화장실은 밝고 바닥에 물기가 없게 하여 미끄러지지 않게 해야 함 　- **밤에는 어두워 화장실을 찾기 어려우므로 화장실 표시등을 켜두어 잘 찾을 수 있게 함** 　- 변기 옆에 손잡이를 설치하여 필요시 노인이 잡을 수 있게 함 　- 응급상황을 알릴 수 있는 응급벨을 설치 • 휠체어를 사용하는 대상자가 휠체어를 타거나 휠체어에서 내릴 때, 휠체어에 앉아 있을 때 **반드시 휠체어 잠금장치를 걸어둠** 　- 잠금장치를 하지 않으면 휠체어가 미끄러져 다칠 수 있음 　- 발에 걸리지 않도록 발 받침대는 접어 올림 • 휠체어 이동 중 바퀴나 팔걸이에 옷 등이 끼이거나 걸리지 않도록 주의
돕는 방법	화장실을 안전하게 다녀오도록 도움
	• 침상 가까이에 휠체어를 놓음 • 편마비의 경우, 건강한 쪽에 휠체어를 두고, 침대 난간에 빈틈없이 붙이거나 30~45도 비스듬히 붙임

	• 옮기는 동안 대상자가 다치지 않도록 잠금장치를 걸어 휠체어를 고장하고 발 받침대는 올려 둠
	  - 침대 한쪽의 난간을 내려놓음
	  - 마비가 없는 대상자는 침대 가장자리에 걸터앉힘
	  - 마비가 없는 대상자는 대상자의 두팔이 안전하도록 모아준다. 두 발도 모아줌
	• 요양보호사의 한쪽 팔은 대상자의 어깨를 지지하고 다른 한쪽 팔은 대상자의 모은 두 발의 무릎 쪽을 감싸 침대 끝으로 두 다리를 이동
	• 대상자의 허리와 엉덩이 사이에 두 손을 지지하여 침대 가장자리로 옮겨 앉게 함
	• 대상자의 두 발이 바닥에 닿게 함
	  - 대상자를 침대에 걸터앉힌 후 어지러워하는지 살핌

주의	• 대상자를 갑자기 침대에서 일으키면 혈압이 떨어지고 어지러울 수 있음 • 대상자의 안전을 위해 잠시 침대에 앉아 있게 함

돕는 방법	
	• 요양보호사는 **대상자에게 건강한 손으로 휠체어의 팔걸이를 잡게 함** • 요양보호사는 무릎을 대상자의 다리사이에 충분히 넣고 지지면을 확보 • 양팔로 대상자의 겨드랑이 밑으로 등 뒤를 감싸 안아 반동을 이용하여 대상자를 세움 • 대상자의 몸을 회전시켜 휠체어에 앉힘 • 요양보호사는 휠체어 뒤쪽에 서서 대상자의 겨드랑이 사이로 두 팔을 넣고 대상자의 포개진 두 팔을 양손으로 감싸 휠체어 깊숙이 앉힘

주의	화장실까지 거리가 얼마 되지 않는다 하여 휠체어에 제대로 앉히지 않고 걸터앉으면 미끄러져 넘어질 수 있으므로 매우 위험

• 휠체어 발 받침대 위에 대상자의 발을 올려놓음

• **편마비 대상자라면 건강한 쪽 손으로 불편한 쪽 손과 발을 움직여 스스로 자세를 잡도록**

• 화장실로 이동한 후 휠체어의 잠금장치를 걸고 발 받침대를 접음

• **양팔로 대상자의 겨드랑이 밑으로 등 뒤를 감싸안아 일으켜 세운 후 대상자의 몸을 90도 회진시켜 변기 앞에 세우고 바지를 내린 후 변기에 앉힘**

• 대상자는 요양보호사가 바로 옆에서 배설이 끝나기를 기다리는 것에 부담을 느끼고 수치심을 느낄 수 있음
  - 요양보호사는 대상자에게 의향을 물어 옆에 있을지 나가 있을지를 확인
  - 요양보호사 밖에서 기다려주기를 원한다면 대상자 옆에 호출기를 두고 도움이 필요할 시 요청하도록 알림

주의	화장실 밖에서 기다릴 때 요양보호사는 중간중간 대상자에게 말을 걸어 상태 살핌

배설을 마친 후(대상자 스스로 할 수 없는 경우에는 뒤처리를 해 준 뒤) 휠체어에 앉힘

주의	여성은 항문의 대장균이 침입하지 않도록 여성의 음부는 앞쪽에서 뒤쪽으로 닦음

• 세면대에서 대상자가 손을 씻도록 도움

• 휠체어에서 침상으로 안전하게 이동하도록 보조 (침상에서 휠체어로 이동하는 것이 역순으로 시행)

• 배설물이 이상한 경우 시설장이나 간호사에게 보고

<table>
<tr><td rowspan="9">시설장이나
간호사에게
배설물 상태
를 보고해야
하는 경우</td><td>

- 대상자의 소변이 탁함
- 거품이 많이 생성
- 소변의 색이 진함
- 소변 냄새가 심함
- 소변에 피가 섞여 나오거나 푸른빛 소변이 나옴
- 대변에 피가 섞여 나와 선홍빛이거나 검붉다
- 대변이 심하게 묽거나 대변에 점액질이 섞여 나옴
- 점액 : 대장점액에서 점액을 분비
  대변 속 박테리아로부터 장벽을 보호하고 기름칠을 하듯이 윤활 역할을 하고 배설물을 응고시키는 역할

</td></tr>
</table>

· 화장실 이용 돕기 (휠체어) **순서 정리**

	① 침대 옆에 비스듬히 붙이기(30~45도)
	② 마비 대상자의 팔다리 모으기
	③ 침상 끝으로 이동시키기
	④ 침상 가장자리에 걸터 앉히기
	⑤ 두 발이 바닥에 닿게 하기

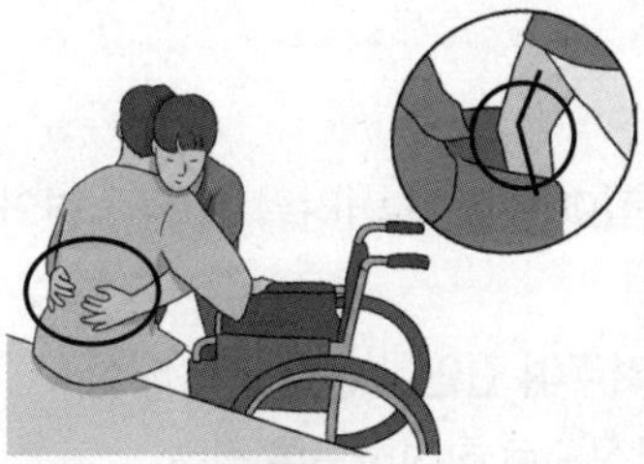	⑥ 감싸안기
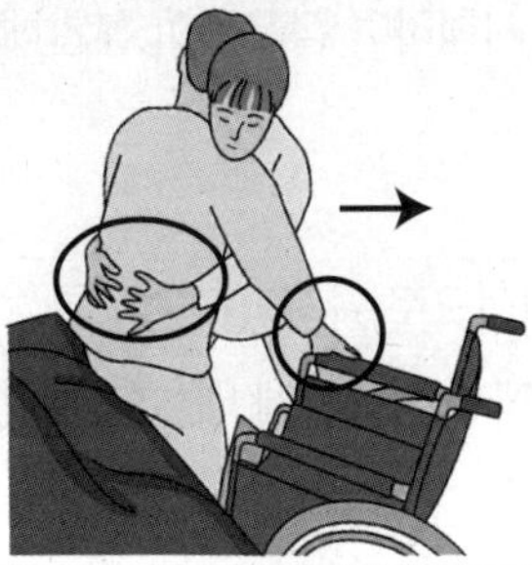	⑦ 일으켜 세우기
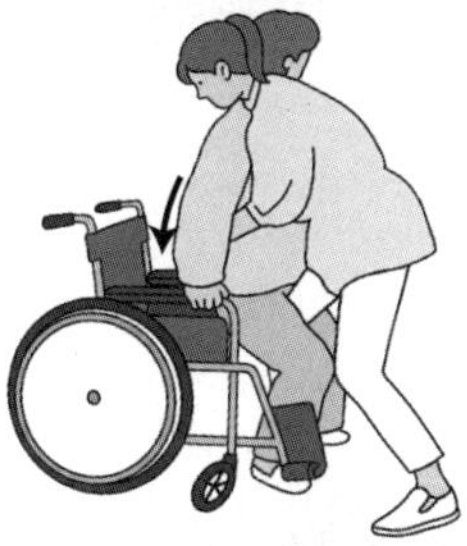	⑧ 몸을 회전시켜 휠체어에 앉히기
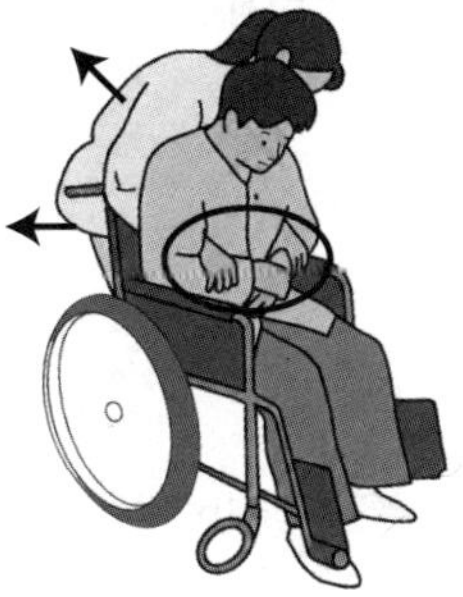	⑨ 휠체어에 깊숙히 앉히기
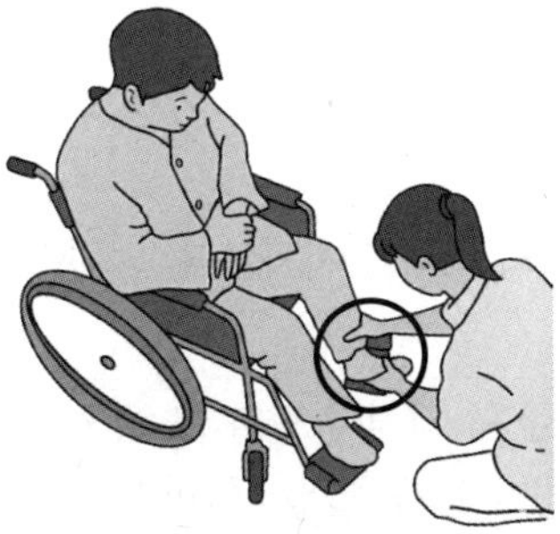	⑩ 발 받침대에 발 올리기

2 침상 배설 돕기

기본원칙	• 대상자가 변의를 호소할 때 즉시 배설할 수 있도록 도와줌 • 요양보호사에게 도움을 요청하기를 꺼리거나 스스로 몸을 움직이는 것이 어려워 요의나 변의를 참고 있을 수도 있으므로 배변시간 간격을 가름해 둠 • **프라이버시 보호를 위해 배변 시 불필요한 노출을 방지하고 가려주며 편안한 상태에서 배설** • **대상자가 스스로 배설할 수 있도록 돕고** 배변, 배뇨 훈련에 적극적으로 참여하도록 격려 • 규칙적으로 식사하고 섬유질도 적절히 섭취하며, 복부 마사지를 시행하여 장운동이 활발해질 수 있게 함
	주의 배변 후 뒤처리할 때에는 앞에서 뒤로 닦아 감염을 예방
	대상자가 참지 못하고 실수하는 경우, 대상자가 부끄러워하거나 심리적으로 위축되지 않도록
돕는 방법	화장실까지 가지 못하거나 침대에서 내려올 수 없는 대상자가 침상에서 편안하게 배설할 수 있도록 돕는 방법
준비물품	[간이변기] 일회용 장갑, 커튼이나 스크린, 간이변기, 방수포, 무릎덮개, 수건, 화장지, 물티슈, 손소독제, 손 씻을 물(혹은 물수건), 휴지통, 방향제
침상 배설 돕기 방법	• 물과 비누로 손을 씻음 • 대상자를 확인하고 절차를 설명한 뒤 커튼이나 스크린을 가림 • 손 소독제로 손을 깨끗이 한 후 일회용 장갑을 착용 • 변기는 따뜻한 물로 데워서 침대 옆이나 의자 위에 놓음 • 배설 시 소리가 나는 것에 부담을 느끼지 않도록 변기 밑에 화장지를 깔고 텔레비전을 켜거나 음악을 틀어놓아 심리적으로 안정된 상태에서 용변을 보게 함 • 방수포를 깔아야 함

	대상자가 협조할 수 있는 경우	• 대상자를 바로 눕힌 상태로 무릎을 세우고 발에 힘을 주게 한 후 엉덩이를 조금 들게 함 • 이때 요양보호사는 한 손으로 대상자의 허리를 지지한 후 엉덩이 밑에 방수포를 깔아야 함
	대상자가 협조할 수 없는 경우	옆으로 돌려 눕힌 후 한쪽(비교적 건강한 쪽)에 방수포를 반 정도 말아서 깔고 다른 쪽으로 돌려 눕힌 후 말아진 방수포를 펼쳐서 깔아줌

	• 허리 아래 부분을 무릎덮개로 늘어뜨려 덮은 후 바지를 내림 • 변기를 대어 줌	
	대상자가 협조할 수 있는 경우	요양보호사가 허리 밑에 한 손을 넣어 대상자가 엉덩이를 들 수 있게 하고 다른 손으로 변기를 밀어 넣은 후 항문이 변기 중앙에 오게 함
	대상자가 협조할 수 없는 경우	옆으로 돌려눕힌 후 엉덩이에 변기를 대고 변기 위로 대상자를 돌려 눕혀 반듯한 자세에서 항문이 변기 중앙에 오게 함
	참고	• 차가운 변기가 피부에 바로 닿을 경우 대상자가 놀랄 수 있으며 피부와 근육이 수축하여 변의가 감소될 수 있음 • 여성의 경우 회음부 앞부분에 화장지를 대어주면 소변이 튀지 않고, 소리가 작게 남
침상 배설 돕기 방법	• 침대를 올려주어 대상자가 배에 힘을 주기 쉬운 자세를 취하게 함 • 변기를 대고 오래 있으면 피부가 손상될 수 있고 허리와 둔부 관절 부위에 무리가 올 수 있으므로 변의가 생길 때 다시 시도 • 대상자가 원하는 경우 대상자 손 가까이에 화장지와 호출 벨을 두고 밖에서 기다림 • 밖에서 기다리면서 중간중간 대상자에게 말을 걸어 상태를 살핌 • 배설이 끝난 것을 확인한 후 방에 들어가 침대 머리를 낮추고 무릎덮개를 걷어냄 • 화장지로 회음부나 항문 주위를 닦음 • 배설물로 인해 피부가 짓무르지 않았는지 등 대상자의 피부 상태를 확인하며 닦음 • 한 손으로 대상자의 허리를 들어 올리고 변기를 제거 • **회음부와 둔부를 따뜻한 수건이나 물티슈로 앞에서 뒤로 잘 닦음** • 물기가 남아 있으면 대상자의 피부가 짓무르거나 피부 손상을 일으킬 수 있으므로, 마른 수건으로 물기를 닦음 • 대상자가 허리를 들지 못하면 누워서 함 • 방수포를 걷어냄 • 일회용 장갑을 벗고 대상자의 손도 배설물로 오염되었을 수 있기 때문에 씻게 함 • 옷과 이불을 정리하고 프라이버시 보호를 이해 사용한 커튼과 스크린을 제거 • 물과 비누로 손을 씻음 • 배설물에 특이사항이 있는 경우 시설장이나 간호사에게 보고	

기본원칙	• 대상자가 변의를 호소할 때 즉시 배설할 수 있게 도움 - 대상자가 변의를 말로 표현하지 못하더라도 대상자의 의도를 파악하여 배설할 수 있게 도움 • 배설시 불필요한 노출을 줄여 프라이버시를 보호하도록 • 대상자가 스스로 배설할 수 있도록 한다. 배변, 배뇨 훈련에도 적극적으로 참여하도록 • 배설이 어려울 때는 미지근한 물을 항문이나 요도에 끼얹어 변의를 자극 • 이동변기는 매번 깨끗이 씻어 배설물이 남아 있거나 냄새가 나지 않게 함		

돕는 방법	이동변기	대상	서거나 앉는 것은 가능하나 화장실까지 걷기는 어려운 어르신
		목적	서거나 앉는 것은 가능하지만 화장실까지 가지 못하는 대상자의 배설을 도울 때 사용
		팁	미지근한 물을 항문이나 요도에 끼얹으면 괄약근과 주변 근육이 이완되면서 변의를 느낄 수 있음

준비 물품	[이동변기] 이동변기, 손소독제, 일회용장갑, 커튼이나 스크린, 미끄럼방지매트, 화장지, 손 씻을 물(혹은 수건), 무릎덮개, 휴지통

이동변기 사용 돕기 방법	• 물과 비누로 손을 씻음
	• 대상자를 확인하고 절차를 설명
	  - 이동변기에 대해 설명하여 거부감을 줄여주고, 대상자가 당황하지 않게 함
	• 커튼이나 스크린 등으로 가려줌
	• 손 소독제로 손을 깨끗이 한 후 일회용 장갑을 착용
	• **침대 높이와 이동변기의 높이가 같도록 맞춤**
	  - 침대에서 이동변기로 이동할 때 넘어지거나 바닥으로 떨어지지 않게 주의
	• 안전을 위해 변기 밑에 미끄럼방지매트를 깔아주어, 대상자가 변기에 앉을 때
	• **변기가 너무 차가우면 피부에 닿았을 때 놀라게 되므로 미리 따뜻한 물(또는 따뜻한 수건)로 데워둠**
	• 침대의 한쪽 난간을 내리고 대상자가 변기 가까이 이동
	• 대상자의 다리를 내려 두 발이 바닥에 닿게 함
	  - 다리가 바닥에 닿지 않으면 불안정하여 넘어질 수 있음

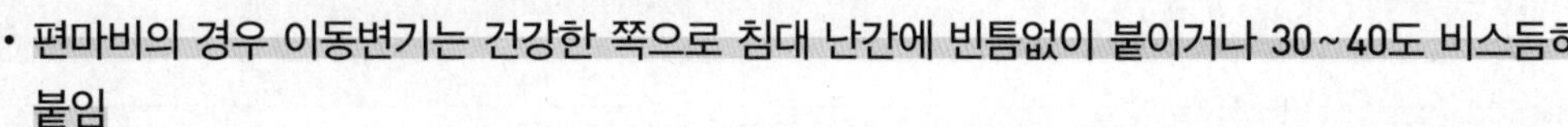

이동변기 사용 돕는 방법	• **편마비의 경우 이동변기는 건강한 쪽으로 침대 난간에 빈틈없이 붙이거나 30~40도 비스듬히 붙임** • 변기에 손잡이가 없는 경우에 요양보호사는 이동변기로부터 먼 발을 대상자 발 사이에 넣고 대상자를 일으켜 대상자 무릎을 이동변기 쪽으로 밀며 대상자의 몸을 회전시켜 변기 앞에 세움

> **참고** 이동변기에 대상자를 앉히는 방법은 휠체어에 앉히는 방법과 같음

- 화장지를 변기 안에 깔아두거나 음악을 틀어주어 배설 시 나는 소리가 들리지 않게 함
- **배설 중에는 하반신을 수건이나 무릎덮개로 덮어줌**
- 요양보호사가 밖에서 기다려주기를 원하면 호출벨을 대상자 손 가까이 두어 배설이 끝나면 즉시 알리게 함
  - 밖에서 기다리면서 대상자가 안에서 문제없이 용변을 보는지 계속 신경을 씀
- 배설 후 뒤처리를 하게 한다. (대상자가 스스로 할 수 없는 경우에는 뒤처리를 해준다.)
  - 대상자가 스스로 용변을 처리할 수 없는 경우, 돕는 방법은 침상 배설 돕기와 동일
- 대상자가 이동변기에서 일어나 침상으로 안전하게 이동할 수 있도록 보조
  (침상에서 이동변기로 이동하는 것의 역순으로 시행함)

> **참고** 움직이기 힘들어하는 대상자의 경우 안아서 옮겨야 하므로 힘이 덜 들도록 침대 난간에 이동변기를 빈틈없이 붙임

- 대상자 손에 남아 있는 잔변물이나 세균이 신체 내 감염을 일으킬 수 있으므로 배설 후에는 물과 비누로 손을 씻게 함
- 이동변기 내에 있는 배설물을 즉시 처리하고 환기
- 일회용 장갑을 벗고 물과 비누로 손을 씻음

스스로 배설 하는 대상자를 지켜보는 방법

- 대상자가 불쾌해하지 않도록 배려하면서 배설 시 불편하지 않은지 살펴봄
- 조급해하지 않고 느긋하게 편안히 배설할 수 있는 환경을 조성
- **배설 도중 혈압이 오르거나 쓰러지는 경우도 있으므로 잘 관찰**
- 옆에서 대기하고 있다가 배설 중 대상자가 요구하는 것이 있으면 도와줌

개인위생	• 피부, 모발, 손톱, 치아, 구강 및 비강, 눈, 귀 회음 및 생식기 등 신체의 위생, 외모 다듬기 활동을 포함 • 개인위생 돕기에는 목욕이나 샤워, 회음부, 구강, 손톱 및 모발 관리 외에도 대소변 처리 등의 서비스를 직접 제공하거나 스스로 하도록 지켜보며 도와주는 것도 포함 • 대상자의 객담이나 상처 배액, 눈이나 귀, 코의 신체 분비물, 대소변 등을 만져야 한다면, 일회용 장갑을 껴서 요양보호사의 손에 직접 닿지 않게 함 • 그 외 상황에서는 요양보호사의 기호에 따라 장갑을 낄 수 있음

1 칫솔질 돕기

칫솔질	음식물 찌꺼기, 플라그 및 세균이 있는 치아를 깨끗이 하고 잇몸을 자극하여 순환을 촉진하고 불쾌한 냄새와 맛으로 않나 불쾌감을 완화 누워있는 상태에서 양치질하는 것을 도와줄 때 옆으로 누운 자세를 하게 해야 사레들리지 않고 안전
일반적 원칙	• 입안에 염증이 있는지 확인하고 상처가 있다면 그 부분을 더 다치지 않도록 주의 • **치료받아야 할 치아가 있는지, 잇몸, 입천장, 혀 안쪽 등이 헐었는지 세심하게 관찰하고 이상이 있으면 시설장이나 간호사에게 보고** • 입안을 닦아낼 때 혀 안쪽이나 목젖을 자극하면 구토나 질식을 일으킬 수 있으므로 **너무 깊숙이 닦지 않음**

2 입 안 헹구기

목적	• 식전 입안 헹구기는 구강 건조를 막고 타액이나 위액 분비를 촉진하여 식욕을 증진 • 식후 입안 헹구기는 구강 내 음식물을 제거하여 구강을 청결하고 음식물로 인한 질식을 예방
주의 사항	• 머리를 높게 하여 물을 삼키지 않게 하고, 머리를 옆으로 돌려 내용물을 뱉어내도록 • 매일 반복하는 일이므로 무리 없이 할 수 있도록 도와주고 습관화 • 컵을 사용하기 어려우면 빨대가 달린 컵을 사용
준비	• 물과 비누로 손을 씻음 • 필요물품을 준비 　- 컵(빨대 달린 컵), 곡반(물받이 그릇), 마른수건, 거즈, 일회용 장갑, 구강청정제, 입술보호제 • 사전에 제공 목적과 효과를 알려 협조와 동의를 구함 • 인사하고 요양보호사 자신을 소개 • 절차를 설명

방법	• 일회용 장갑을 착용 • 대상자의 구강 상태를 확인 • 앉은 자세를 취하게 하고 **목에서 가슴까지 수건을** 대줌 • **미지근한 물로 입안을 적신다. 입안이 깨끗해질 때까지 충분히 헹군 후 물받이 그릇에 뱉게 함** • 필요에 따라 구강청정제를 사용한다. 마른 수건으로 입 주위를 닦음 • 입술이 건조하지 않도록 입술보호제를 발라줌 • 일회용 장갑을 벗고 물과 비누로 손을 씻음
확인	• 구강에 상처나 염증이 생기지 않았는지 살펴봄 • 만족한지 불편한지 없는지 물음

③ 옷 갈아입기 도움

목적	• 자외선이나 추위, 더위 등 외부 자극으로부터 몸을 보호 • 옷을 갈아입는 동작은 관절운동의 기회 • 가족이나 이웃, 타인과의 대인관계에 자신감을 심어줌 • 땀이나 분비물로 더러워진 옷을 갈아입어 청결을 유지하면 기분의 전환, 삶의 의욕을 높일 수 있음

주의
사항
	• 기분 상태, 안색, 통증, 어지러움, 열이 있는지 확인
	• **실내온도는 22~26℃를 유지하고, 겨울에는 요양보호사의 손, 의복의 보온을 유지**
	• 목욕수건 등을 걸쳐서 노출되는 부분을 적게 하여 수치심을 느끼지 않도록 함
	• 상, 하지의 마비 유무, 걷거나 서는 동작, 앉는 자세의 가능성 유무를 감안하여 옷 입고 벗기 도움
	• **편마비나 장애가 있는 경우, 옷을 벗을 때는 건강한 쪽부터 벗고 옷을 입힐 때는 불편한 쪽부터**
	• 옷 선택하기
	  - 상의와 하의가 분리되고 앞여밈이거나 단추가 있는 옷이 좋으며, 없는 경우 신축성이 좋은 옷을 선택
	  - 단추나 지퍼는 매직테이프로 바꾸고, 허리나 소매는 조이지 않는 것을 선택
	  - 옷의 색상, 개인의 생활 리듬을 고려
	• 수급자가 누워만 있는 경우 옷의 구김이 욕창의 원인이 되지 않도록 펴줌

준비	• 물과 비누로 손을 씻음 • 필요물품을 준비한다. 갈아입을 옷(속옷, 잠옷, 일상복 등), 목욕수건 • 사전에 제공 목적과 효과를 알려 협조와 동의를 구함 • 인사하고, 요양보호사 자신을 소개 • 절차를 설명

1) 앉을 수 있는 편마비 대상자 옷 갈아입기

앞이 벌어진 단추 있는 상의 갈아입기	• 바닥이나 의자에 앉아서 단추를 풀고 마비된 쪽 어깨의 옷을 조금 당김 • 건강한 쪽 소매를 당겨서 벗긴다. 마비된 혹은 스스로 벗을 수 있게 도움 **주의** 마비된 팔 잡아당기지 않기 • 옷을 입을 때는 마비된 팔을 먼저 끼우고, 건강한 팔을 마저 끼우도록 함 • 단추를 잠그고, 불편해하지 않도록 옷을 정돈해줌
앞이 막힌 상의 갈아입기	• 옷을 벗길 때는 가슴까지 옷을 걷어 올림 • **건강한 쪽 겨드랑이에 손을 넣어 팔꿈치를 빼고, 소매를 잡아당겨 옷을 벗김** • **건강한 손으로 옷을 잡아 스스로 머리를 빼면, 마비된 손을 펼 수 있게 소매를 당겨줌** • 옷을 입을 때는 마비된 팔을 먼저 끼움 • 옷의 몸통과 목 부분을 움켜잡아 머리를 끼움 • 건강한 팔을 소매에 끼울 때, 팔을 쉽게 집어넣을 수 있도록 도움 • 불편해하지 않도록 옷을 정돈 • 상의를 갈아입은 뒤에는 머리를 정돈

하의 갈아입기	앉은 상태에서 꿈을 좌우로 움직이며 무릎까지 바지를 조금씩 내릴 수 있도록 도움 **주의** 의자에서 미끄러지지 않도록 주시하기 • **스스로 건강한 다리를 올려 바지를 벗도록 돕고 건강한 손으로 마비된 다리를 당겨서 바지를 벗음** • **바지를 입을 때는 먼저 마비된 다리에 바지를 끼울 수 있게 도움** • 건강한 혹은 스스로 입도록 돕고 바지를 한쪽씩 올림 • 고개를 앞으로 숙이고 엉덩이를 들면서 바지를 입음 **주의** 앞으로 고꾸라지지 않도록 주의하기 • 다리 사이에 발을 집어넣고, 팔을 목에 두르도록 함. 허리를 잡고 천천히 일으켜 세움 • 손을 떼지 않은 상태에서 바지를 완전히 올림 • 의자에 다시 앉히고 옷을 정돈

2) 똑바로 누워있어 체위 변경이 필요한 대상자 옷 갈아입기

• 앞이 벌어진 단추 있는 상의 갈아입기

방법	(순서대로 시행) ① 단추를 풀고 불편한 쪽 어깨의 옷을 조금 내림 ② 건강한 쪽의 소매를 당겨 벗기고 불편한 쪽의 등 쪽으로 옷을 말아 넣음 ③ 건강한 쪽이 아래로 가도록 옆으로 눕힌다. 가능하다면 최대한 스스로 하도록 ④ 등 쪽으로 말아 넣은 옷을 뺀 다음 나머지 한 쪽을 벗김

⑤ 갈아입는 옷의 소매를 불편한 쪽부터 끼움

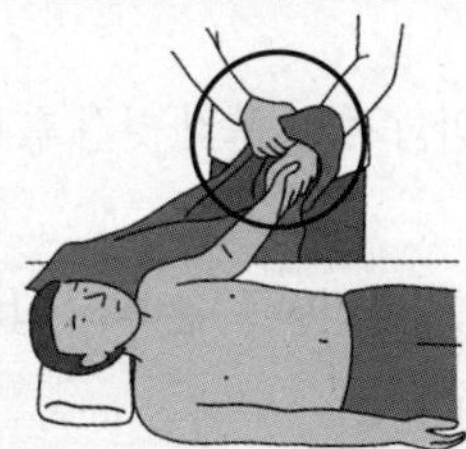

- 상의를 모아 쥔 다음 마비된 손 잡기
- 요양보호사는 대상자의 마비된 쪽에 서서 상의의 한쪽 소매 끝에서 어깨선, 목선까지 모아 쥐고 악수하듯 대상자의 마비측 손을 잡음

⑥ 대상자의 마비된 쪽 손을 모아 쥐고 상의를 어깨 위까지 올려 입히기

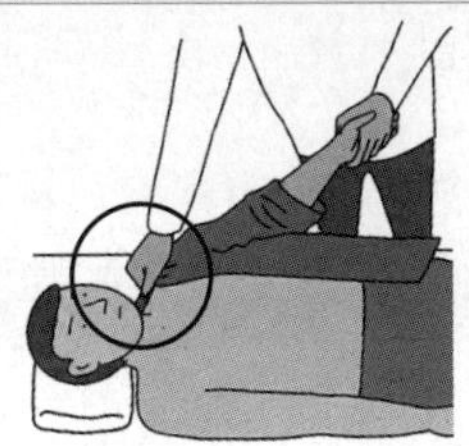

상의를 올려 입히기

⑦ 대상자를 건강한 쪽으로 돌아눕게 하고 등 뒤쪽에 펼쳐져 있는 상의의 소매 부분을 계단식으로 접어놓음

방법

건강한 쪽으로 돌려눕히기

⑧ 마비된 쪽으로 대상자를 눕힌 후 등 아래쪽에 접혀 있는 상의를 펼침

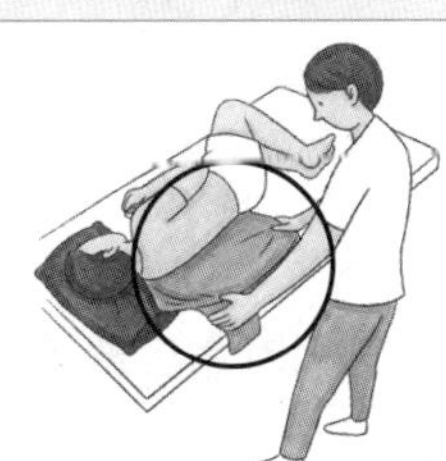

마비된 쪽으로 다시 돌려눕히기

⑨ 요양보호사는 대상자의 건강한 쪽 손을 잡아 팔을 넣을 수 있도록 도움, 옷소매의 단추를 잠금

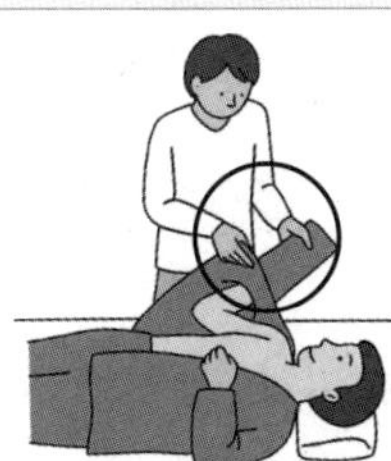

건강한 쪽 상의를 입도록 돕기

• 앞이 막힌 상의 갈아입기

<table>
<tr><td rowspan="9">방법</td><td>① 옷을 벗길 때 가슴까지 옷을 걷어 올림
② 겨드랑이 밑으로 손을 넣어 팔꿈치를 빼고 소매를 잡아당겨 한 쪽씩 벗긴 후 머리 쪽을 벗김
③ 마비된 쪽 어깨 - 팔꿈치 - 손목 순으로 옷을 벗김</td></tr>
<tr><td>④ 옷을 입힐 때는 대상자의 마비된 쪽 손을 잡고 대상자의 마비된 쪽 손부터 상의를 입힘</td></tr>
<tr><td>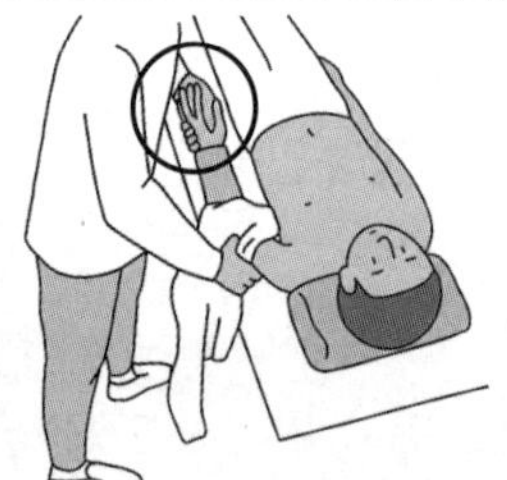　마비된 쪽 손을 잡아 상의 입힘</td></tr>
<tr><td>⑤ 옷의 목 부분을 늘여 머리를 통과시킴</td></tr>
<tr><td>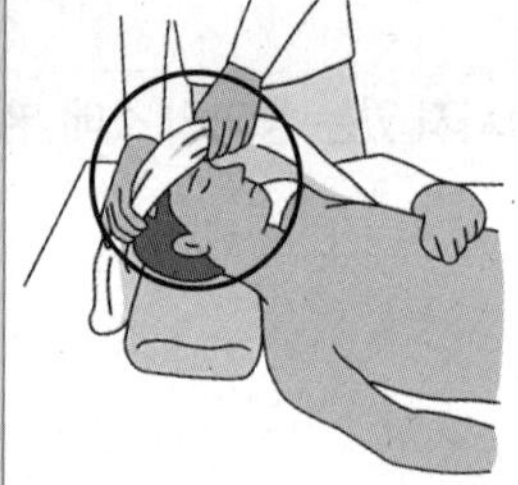　머리 부분을 벌러 머리쪽 입히기</td></tr>
<tr><td>⑥ 남은 한쪽 소매를 건강한 쪽 어깨 위에 놓음</td></tr>
<tr><td>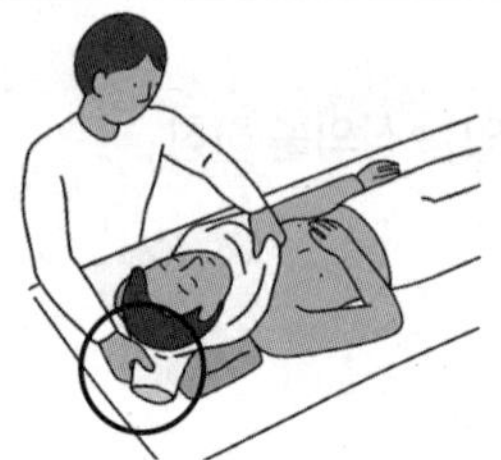　나머지 소매를 건강한 쪽 어깨 위에 놓기</td></tr>
<tr><td>⑦ 건강한 쪽 소매를 통과시킨다. 앞섶을 잡아당겨 소매가 통과하기 쉽도록 함</td></tr>
<tr><td>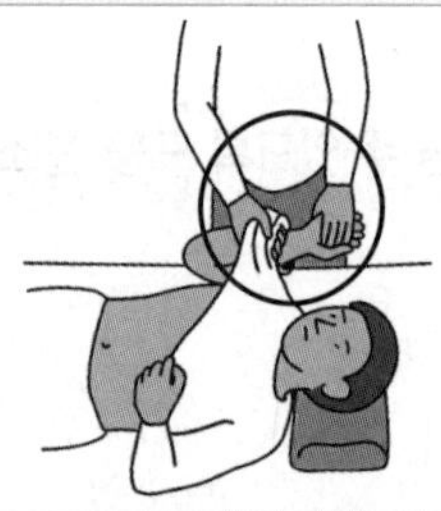　소매에 팔을 넣을 수 있도록 돕기</td></tr>
<tr><td></td><td>⑧ 양 소매를 통과시키고 나중에 머리를 통과시키는 방법도 있음
　(팔이 올라가지 않거나 팔꿈치가 구부러지지 않는 경우)</td></tr>
</table>

기출 오른쪽 편마비 대상자에게 단추가 없는 상의를 입히는 순서로 옳은 것은?

> 가. 오른쪽 팔을 소매에 넣는다.
> 나. 왼쪽 팔을 소매에 넣게 한다.
> 다. 상의의 머리 부분을 크게 벌려 머리 쪽을 입힌다.

① 가 → 나 → 다   ② 가 → 다 → 나

③ 나 → 다 → 가   ④ 다 → 가 → 나

⑤ 다 → 나 → 가

해 대상자의 마비된 오른쪽 손을 잡고 대상자의 마비된 오른쪽 손부터 상의를 입히고 머리 쪽을 입힌 뒤 건강한 쪽인 왼쪽 팔을 스스로 넣을 수 있도록 도와준다.

답 ②

• 하의 갈아입기

방법	
① 바지를 벗길 때에는 바지의 허리부분 양 끝을 잡고, 대퇴부 아래로 내림 무릎이 구부러지면 무릎을 세워 전부를 들게 하고 뒤쪽도 내림	
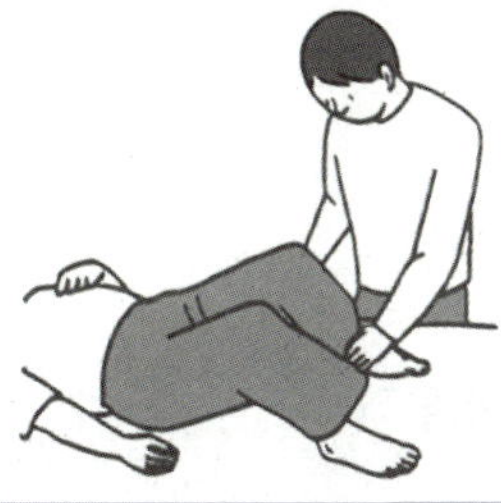	무릎 세우기
스스로 둔부를 들 수 없다면 한 손은 둔부를 들고 한 손은 바지를 좌우로 움직이며 아래로 내림	
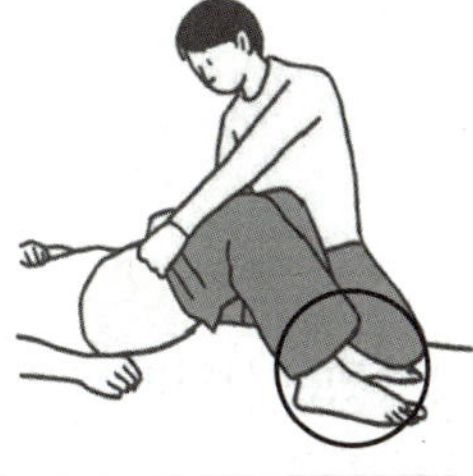	무릎으로 발을 지지하기
② 양측 다리 부분까지 바지를 내림 발뒤꿈치를 지지하여 한 쪽씩 다리를 들면서 바지를 벗김	
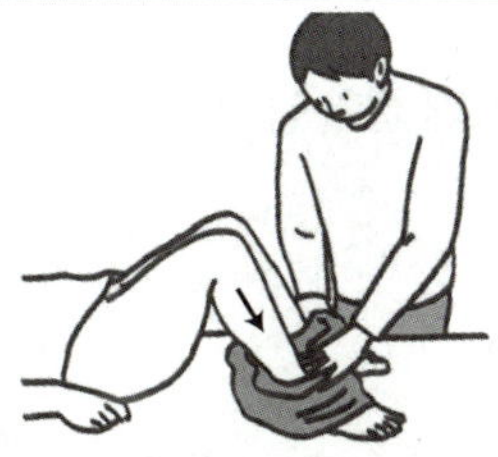	바지 내리기

방법	③ 새 바지에 손을 넣어 한 쪽 다리를 잡아 바지를 올림	
	 마비된 쪽 발에 하의 끼우기	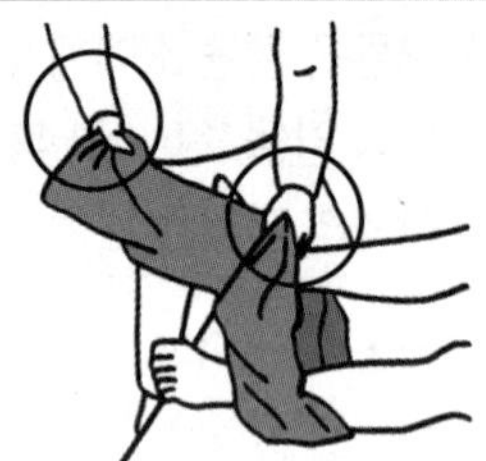 건강한 쪽 발을 바지에 넣도록 돕기

④ 무릎을 구부리고 바지의 허리 부분을 잡아 대퇴부까지 끌어올림

무릎을 세우고 둔부를 들어 바지를 허리까지 올림.

스스로 둔부를 들 수 없다면 돌아눕게 하여 한쪽을 올린 후 다시 반대쪽으로 돌아눕게 한 후 끌어올려 입힘

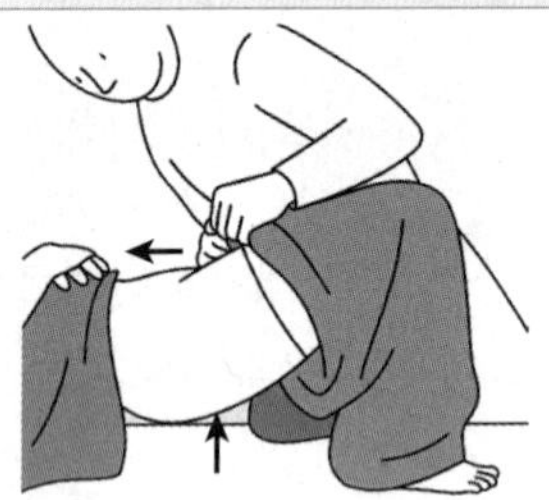

엉덩이를 들게 하여 바지 입히기

- 수액이 있는 경우 상의 입히기

방법	① 단추 있는 옷을 입히는 경우(먼저) 마비된 쪽의 팔을 끼우리
	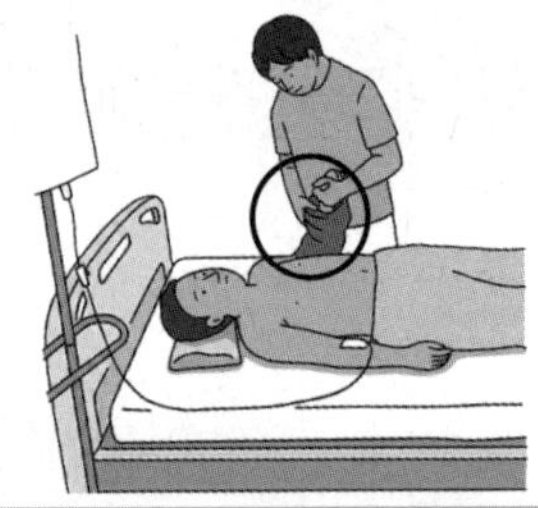　　마비된 쪽 팔에 소매 끼우기

② 대상자를 건강한 쪽으로 돌아눕게 하고 등 뒤쪽에 펼쳐져 있는 상의의 소매 부분을 계단식으로 접어놓음

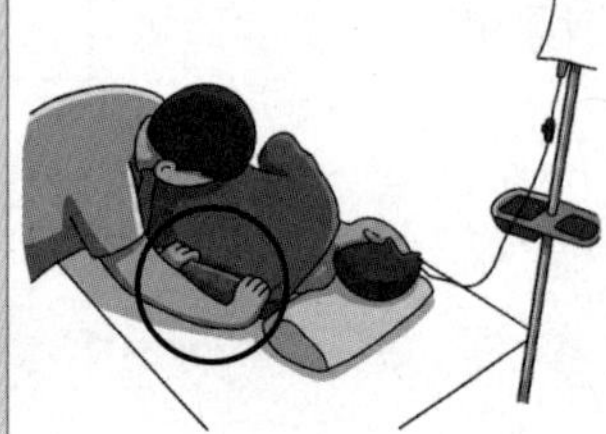

등 뒤쪽에 계단식으로 소매 접어 놓기

방법	**③ 수액은 건강한 팔에 맞음** 바로 누운 자세에서 수액을 먼저 건강한 쪽 소매의 안에 밖으로 빼서 걸어놓음 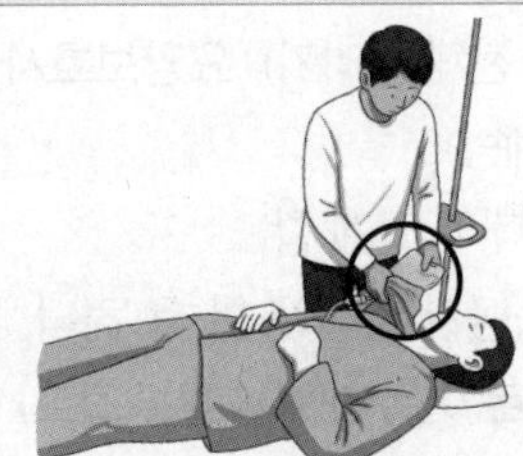수액을 소매 안에서 밖으로 통과시키기 **④ 이후 건강한 쪽 팔을 끼우고 단추를 잠금** 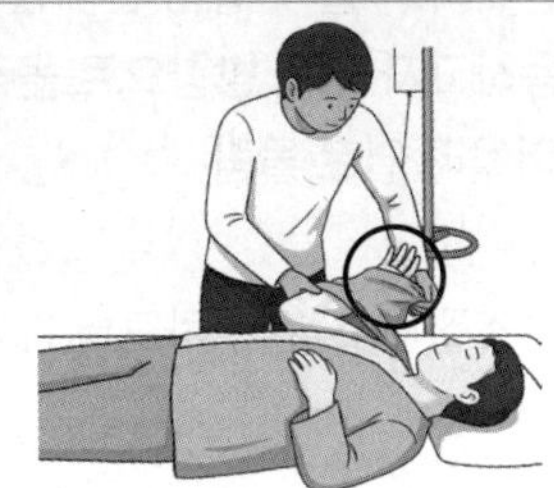건강한 쪽 팔에 소매 끼우기
확인	1 도움 중에 피부의 상처나 관절운동에 이상이 생기지 않았는지 살펴봄 2 만족한지 불편한 점은 없었는지 물음

제4절 체위 변경과 이동

1 방법

1) 침대 위에서의 이동 돕기

목적	필요에 따라 침상 내 이동을 통해 대상자의 잔존기능을 유지시키도록	
	잔존능력	팔 사용 능력/기능(평상시 사용 시 최대 가능 유지, 사용하지 않으면 굳어짐)
		잔존기능을 높이려면 최대한 스스로 활동, 스트레칭을 시켜서 잔존기능 유지 중요함
	침상 내 이동을 통하여 신체기능 및 관절기능이 유지될 수 있도록	
주의사항	• 대상자의 의사에 따라 이동방향을 사전에 확인하고 신호에 따라 실시 • 가능한 수급자의 협조를 통해 이동이 이루어질 수 있도록 • 무리한 이동으로 수급자는 물론, 자신에게 신체적으로 무리가 가는 일이 없도록	

(1) 침대 위 · 아래쪽으로 이동하기 (식사 전 올릴 때)

방법	① 침대를 수평으로 위치(배개를 올려줌) ② 허리 높이로 침대를 올린 뒤(침대 전체 올리기), 요양보호사 쪽의 침대 난간을 내리고, 반대쪽 난간은 올림(낙상 예방) ③ 수급자의 무릎을 세워 발바닥을 침대에 닿게 함 ④ **협조할 수 있는 경우, 침대 머리 쪽 난간을 잡게 한 후 '하나, 둘, 셋' 등의 신호를 하여 같이 이동하고자 하는 방향으로 이동**(대퇴부 부분 잡고) ⑤ **협조할 수 없는 경우**, 침대 양쪽에 한 사람씩 마주서서 한쪽 팔은 머리 밑에 넣어 어깨와 등 밑을, 다른 팔은 둔부와 대퇴부 밑에 넣어 반대편 사람과 손을 잡고 **신호에 맞춰 두 사람이 동시에 이동하고자 하는 방향으로 옮김** **요양보호사 2명 손을 마주잡고 들어올려 위로 올림** ⑥ 몸의 자세를 바르게 유지 ⑦ 수급자의 기호에 맞게 침대높이를 조절하고, 편안하도록 베개 및 쿠션을 정리하고, 침대 난간을 올림 ⑧ 안전을 확인

낙상 예방
(브릿지 운동)
	① 누워서 엉덩이를 들어 올리는 운동은 휴대용 변기 사용과 침대 위에서의 이동 보행 시 신체 안정에 도움이 됨
	② 엉덩이를 들어 올리고, 배와 허리에 힘을 주고 숫자를 세면서 있음(일직선 유지)
	③ 동작은 몇 번으로 나누어 천천히 시행(다리근육 튼튼해짐)
	  - 엉덩이가 바닥에 닿지 않고 일직선으로 올라가야 함
	  - 케겔 운동과 병행

참고	침대 위에서 좌우로 이동하는 방법은 침상 목욕, 머리 감기기 등을 위해 침대 가장자리로 이동할 때도 적용할 수 있음

(2) 침대 오른쪽 또는 왼쪽으로 이동하기 -머리를 감을 때 (샴푸할 때) / 이동할 때

방법	① 허리 높이까지 침대를 올리고 요양보호사 쪽 침대 난간은 내리고, 반대쪽 난간은 올림 ② 수급자를 이동하고자 하는 쪽에 위치(요양보호사 쪽으로 돌린다) ③ 요양보호사는 수급자의 두 팔을 가슴 위로 포갬 ④ **상반신과 하반신을 나누어 이동** ⑤ 한 손은 수급자의 목에서 겨드랑이를 향해 넣어서 받치며, 다른 한 손은 허리 아래에 넣어서 상반신을 이동(상반신 먼저 하반신은 나중에) ⑥ 하반신은 허리와 엉덩이 아래에 손을 깊숙이 넣고 이동 ⑦ 수급자의 머리에 베개를 받쳐 편안한 자세를 하게 함 ⑧ 수급자의 옷 및 침대시트 등 불편한 곳이 있는지 확인 ⑨ 침대의 위치와 높이를 다시 조정하고 침대 난간을 올림 ⑩ 안전을 확인

(3) 옆으로 눕히기 - 욕창 예방

옆으로 돌려 눕히기는 체위 변경 등과 같이 자세를 바꿀 필요가 있을 때 시행

방법	① 요양보호사가 돌려 눕히려고 하는 쪽에 위치 ② 돌려 눕히려고 하는 쪽으로 머리를 돌림 ③ **옆으로 누웠을 때 팔이 몸에 눌리지 않도록 눕히려는 쪽의 손을 위로 올리거나 양손을 가슴에 포개놓음** ④ **무릎을 굽히거나 돌려 눕는 방향과 반대쪽 발을 다른 쪽 발 위에 올림. 올리려는 발도 위에 올림** ⑤ 반대쪽 어깨와 엉덩이에 손을 대고, 옆으로 돌려 눕힘 ⑥ 엉덩이를 움직여 뒤로 이동시키고 어깨를 움직여 편안하게 하여 줌 ⑦ 필요하다면 베개를 등과 필요 부위에 받쳐줌(무릎 사이에 베개) ⑧ 스스로 돌아누울 수 있는 대상자는 스스로 하게 하며, 최소한만 도움 ⑨ 대상자를 움직일 때 요양보호사가 대상자의 앞에서 수행해야 함

• **돌아눕기 정상 반응**

내용	① 시선이 먼저 향하고 얼굴, 어깨, 엉덩이 순으로 돌아눕게 됨 엉덩이를 뒤로 엉덩관절과 무릎관절 모두 굽혀짐 ② 마비된 대상자도 이러한 자세를 취하게 해야 자세가 안정되고 편안 ③ 한꺼번에 많이 이동하려고 하지 말고 조금씩 나누어 이동 ④ 대상자를 끌어당길 경우 피부가 손상되거나 통증을 유발할 수 있으므로 조금씩 들어서 이동

(4) **상체 일으키기** (마비 없는 사람)

방법	① 허리 높이까지 침대를 올리고 요양보호사 쪽의 침대 난간은 내리고, 반대쪽 난간은 올림 ② 수급자의 양 무릎을 구부려 세우고 요양보호사를 힌쪽 손을 수급자의 겨드랑이에서 반대쪽 팔꿈치까지 깊숙이 넣음 ③ 요양보호사는 다른 쪽 손으로 고개를 지지한 상태로 신호를 하며 천천히 일으킴 ④ 수급자의 무릎을 세우고, 양손으로 요양보호사의 어깨를 잡도록 함 ⑤ 요양보호사는 수급자의 등에 손을 넣어 신호를 하며 천천히 일으킴 ⑥ 안전을 확인

• 편마비 대상자인 경우와 하반신마비 대상자인 경우

편마비 대상자인 경우	① 일어나는 것에 대해 설명 ② **요양보호사는 대상자의 건강한 쪽에 위치** ③ 대상자의 마비된 손을 가슴 위에 올려놓음 ④ 대상자의 양쪽 무릎을 굽혀 세운 후 여개와 엉덩이 또는 넙다리를 지지하여 요양보호사 쪽으로 (마비측이 위로 오게) 돌려 눕힘 ⑤ 요양보호사의 팔을 대상자의 목 밑에 깊숙하게 넣어 손바닥으로 등과 어깨를 지지하고, 반대 손은 엉덩이 또는 넙다리를 지지하여 일으켜 앉힘 ⑥ 이때 대상자가 건강한 손으로 침대(바닥)을 짚고 일어날 수 있게 함 대상자의 건강한 손 사용(편마비 대상자 앉히는 동작)
하반신마비 대상자인 경우	다리를 움직이지 못하고 상체 움직임 가능 ① 일어나는 것에 대해 설명 ② 요양보호사는 대상자를 향하여 가까이 위치 ③ 대상자의 양쪽 무릎을 굽혀주거나 편안하게 놓아둠 ④ 대상자가 일어나고자 하는 방향으로 상체를 돌려 손으로 짚고 일어날 수 있도록 어깨를 지지 ⑤ 필요시 요양보호사는 한쪽 팔로 대상자의 어깨 밑을 받쳐줌 ⑥ 대상자가 적당하게 일어났을 때 무릎이 자연스럽게 굽혀질 수 있도록 해줌 ⑦ 하반신마비는 이완성마비인 경우가 많으므로 갑자기 무릎이 꺾여 넘어지는 것을 주의

기출 왼쪽 편마비 대상자를 오른쪽으로 돌려 눕히는 방법으로 옳은 것은?

① 대상자의 양팔을 몸에 평행하게 둔다.

② 대상자의 머리를 잡고 왼쪽으로 돌린다.

③ 오른발을 왼발 위에 올려놓고 몸통을 돌린다.

④ 돌려 눕힌 후 엉덩이를 앞으로 이동시켜 준다.

⑤ 왼쪽 어깨와 엉덩이를 잡고 옆으로 돌려 눕힌다.

해 왼쪽 편마비 대상자를 오른쪽으로 돌려 눕히려면 왼쪽 어깨와 엉덩이를 잡고 옆으로 돌려 눕힘

답 ⑤

- **편마비 대상자인 경우와 하반신마비 대상자인 경우**

내용	
① 대상자에게 설명 ② 요양보호사는 앉히고자 하는 쪽에서 대상자를 향하여 위치 ③ 대상자 가까이 서서 돌려 눕히는 방법에 따라 돌려 눕힘 ④ 대상자의 목 밑으로 팔을 깊숙이 넣고 다른 한 손은 다리를 지지 ⑤ 신체정렬을 유지한 상태에서 어깨 쪽 팔에 힘을 주어 일으켜 앉힘	
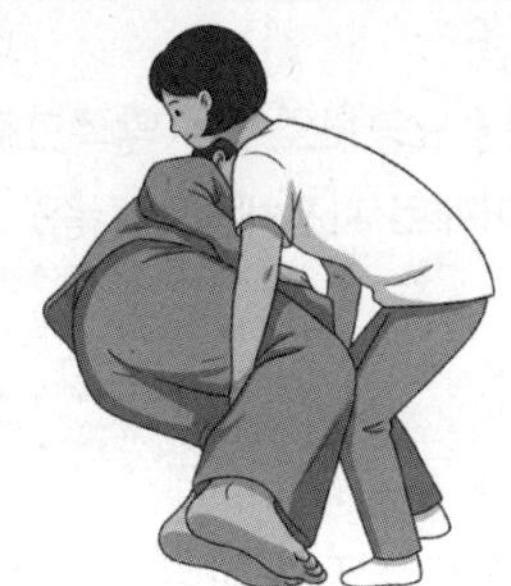	돌려 눕힌 자세에서 목과 어깨, 무릎을 지지
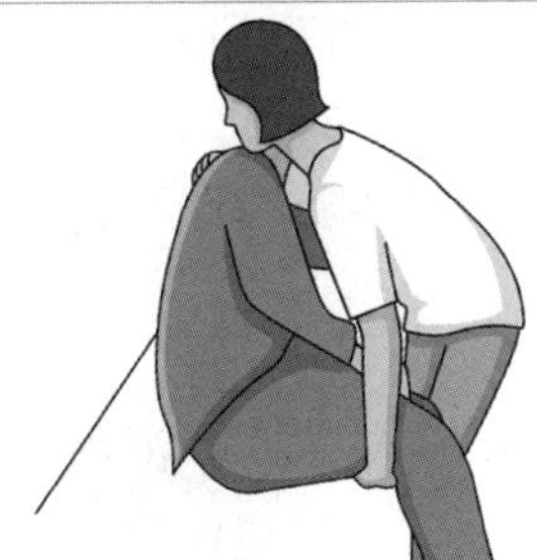	다리를 침대 아래로 내리면서 어깨를 들어 올림
	양쪽 발이 바닥에 닿도록 지지하여 자세가 안정되게

(5) 일으켜 세우기

• 앞에서 보조하는 경우

내용	① 대상자는 침대에 가볍게 걸터앉아 발을 무릎보다 살짝 안쪽으로 옮겨줌 ② 요양보호사는 자신의 무릎으로 대상자의 마비된 쪽 무릎 앞쪽에 대고 지지하여 줌 ③ 양손은 허리를 잡아 지지하고 대상자의 상체를 앞으로 숙이며 천천히 일으켜 세움 ④ 대상자가 좀 더 많은 보조가 필요하다면, 요양보호사의 어깨로 대상자의 가슴 (어깨 앞쪽)을 지지하여 상체를 펴는 데 도움을 줄 수 있음 ⑤ 대상자가 완전하게 양 무릎을 펴고 선 자세를 취하면 요양보호사는 앞쪽으로 넘어지지 않도록 선 자세에서 균형을 잡을 수 있을 때까지 잡아준다. 어깨로 지지해줌(받쳐줌)

• 옆에서 보조하는 경우

내용	① 대상자를 침대 끝에 앉혀 양발을 무릎보다 조금 뒤쪽에 놓음 ② 요양보호사는 대상자의 마비된 쪽 가까이에 서고, 발을 대상자의 마비된 발 바로 뒤에 놓음 ③ 요양보호사는 한 손으로 대상자의 마비된 대퇴부를 지지하고, 다른 한 손은 대상자의 반대쪽 허리를 부축하여 천천히 일으켜 세움 ④ 대상자가 양쪽 무릎을 펴서 일어서면 대퇴부에 있던 손을 대상자의 가슴 부위로 옮겨 대상자가 상체를 펴서 자세가 안정될 수 있게 함 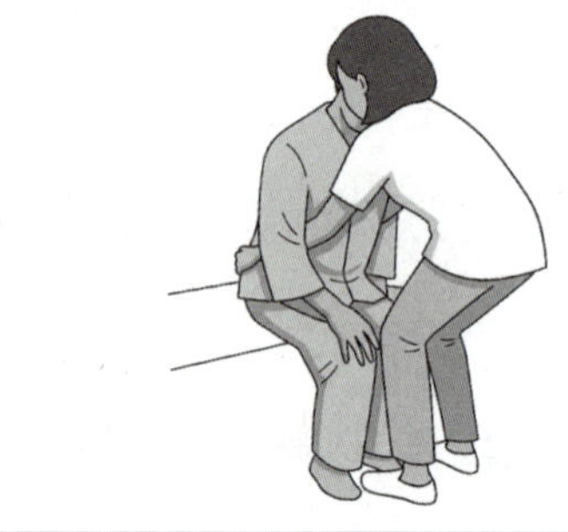 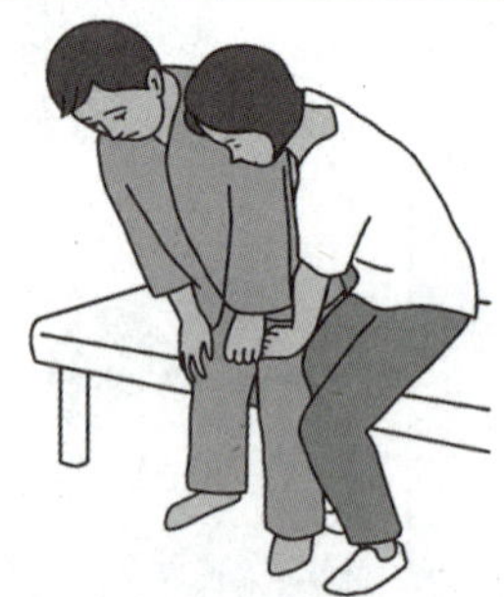 앞에서 보조하기 　　　 옆에서 보조하기
주의	혼자 침대에 걸터앉아 중심을 잡는 것이 힘들어 낙상이 발생할 수 있으므로 특히 조심해야 함

2 침대에서의 체위 변경

목적	① 자세를 바꿈으로 인해 호흡 기능이 원활해지고 폐 확장이 촉진 - 기침, 가래 뱉어냄 = 호흡기 기능 높아짐 ② 자세를 오랫동안 바꾸지 않으면 관절의 움직임이 제한 - 체위 변경을 통해 관절의 움직임을 돕고 변형을 방지 - 골반 틀어짐 방지를 위해 방석을 대줌 ③ 같은 자세로 계속 있게 되면 혈액순환이 되지 않아 몸이 붓고 혈관 내에 혈전이 생길 수 있음 - 체위 변경은 부종과 혈전을 예방(혈액순환 개선 효과) ④ 고정된 자세는 피부욕창과 괴사를 일으킴 - 체위 변경은 혈액순환을 도와 욕창을 예방하고며, 피부괴사를 방지 ⑤ 한 자세로 오랫동안 있으면 불편 - 체위 변경은 허리와 다리의 통증 등 고정된 자세로 인한 불편감을 줄임
주의사항	• 대상자의 몸을 잡고 체위 변경을 할 경우 관절 밑 부분을 지지 • 체위에 따라 들어간 부분이나 다리 사이를 베개나 수건으로 지지해 주면 편안 • 보통 2시간마다 체위를 하며, 욕창이 이미 발생한 경우 더 자주 변경해야 함 - 앉을 때는 1시간마다 변경 → 욕창 - 피부괴사(압력으로)

비법 이렇게 이해하고 암기하세요!

그림과 제시된 설명에도 이해가 가지 않으시면 그림그리며 이해를 돕는 강의,
"간나운서 송아름" 유튜브에서 교재 그대로의 강의를 제공하고 있으니 꼭 교재를 가지고 강의를 들어주세요!

방법	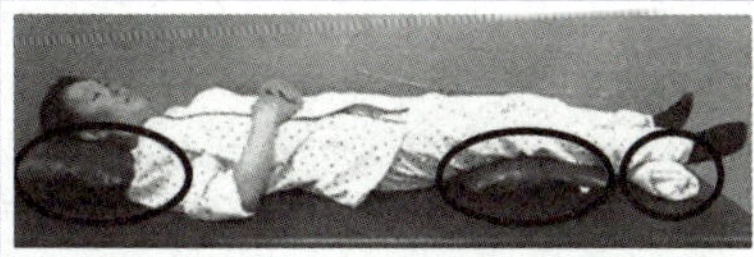 **바로 누운 자세(앙와위)** **휴식하거나 잠을 잘 때 자세** 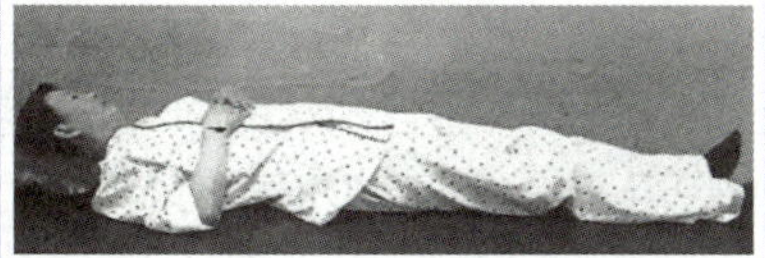 **똑바로 누운 자세**	① 천장을 쳐다보며 똑바로 누운 자세 ② 대상자의 머리 밑에 작은 베개를 받쳐줌 - 척추와 머리가 수평이 되는 정도 높이 ③ 편안함을 위하여 무릎과 발목 밑에 동그랗게 말은 수건이나 작은 베개를 받쳐줄 수 있음. 그러나 고관절(엉덩관절)과 무릎관절의 굽힌 수축을 발생할 수 있으므로 장시간의 사용은 주의해야 함 (2시간이다 체위 변경)

방법		
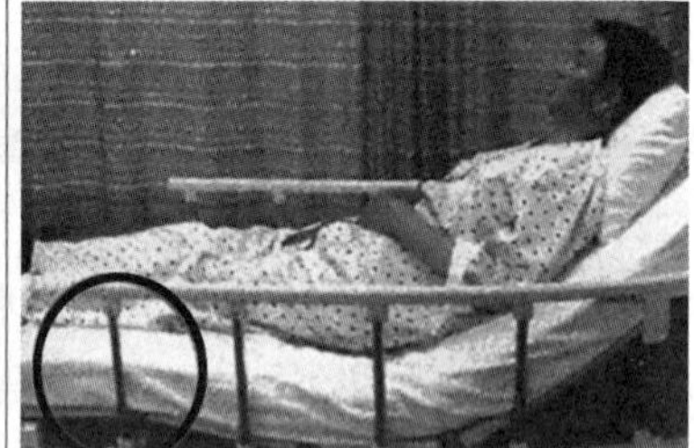		
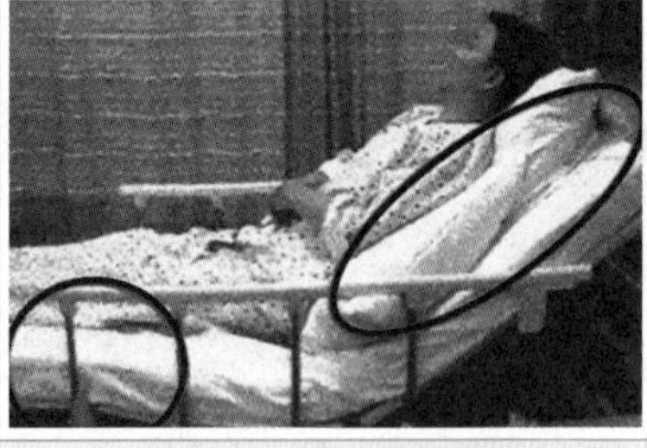 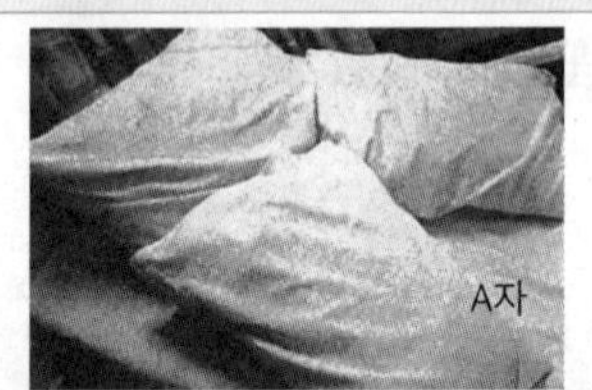 **반 앉은 자세(반좌위)** 숨차거나 얼굴을 씻을 때, 식사 시, 위관 영양할 때 자세	① **천장을 보며 누운 상태에서 침상머리를 45° 정도 올린 자세** ② 등 뒤에 베개 두세 개를 사용하여 A자 형태로 받쳐 자세를 유지하거나, 베개 하나를 사용하여 목과 어깨 밑에 받쳐 바른 자세를 만들어 줌 ③ 다리 폭의 침대를 살짝 올려주면 대상자가 미끄러져 내려가지 않고 편안	
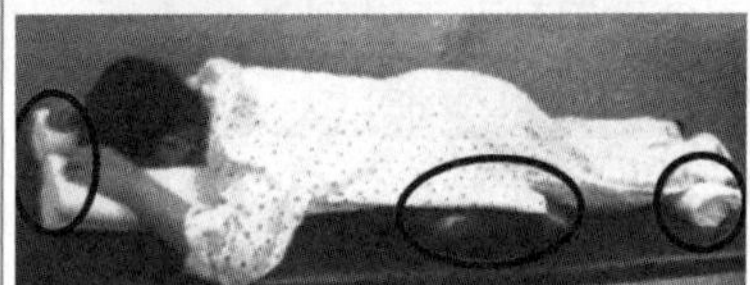  **엎드린 자세(복위)** 등에 상처가 있거나 둔부 근육을 쉬게 해줄 때 자세	① **엎드린 상태에서 머리를 옆으로 돌린 자세**를 하거나, 작은 베개 또는 수건 두 개를 말아서 얼굴 부위에 홈을 만들어 줌 ② 대상자의 아랫배에 낮은 베개를 놓아 허리 앞굽음을 감소시켜 편안한 자세가 됨 ③ 아랫배와 발목 일에 작은 베개 등을 받치면 허리와 넙다리의 긴장을 완화할 수 있음	
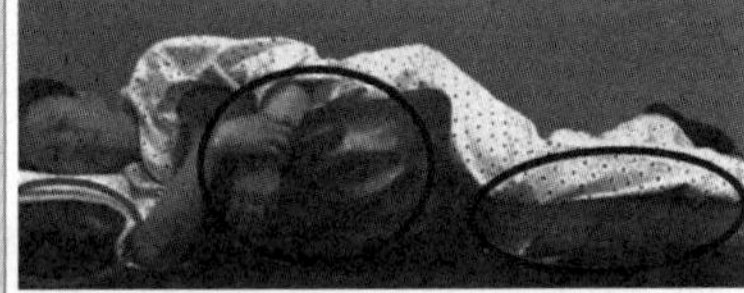 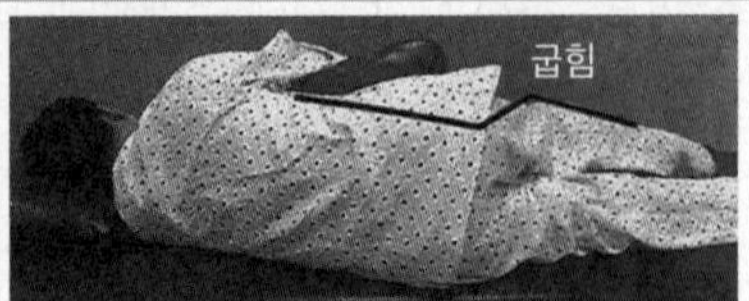 **옆으로 누운 자세(측위)** 둔부의 압력을 피하거나 관장할 때 자세	① 대상자의 머리, 몸통, 엉덩이를 바르게 정렬한 자세로 침대 가운데에 늘림 ② 대상자의 엉덩관절과 무릎관절은 굽힘 자세가 되어야 함 (엉덩이 뒤로 빠짐) ③ 엉덩이를 뒤로 많이 이동시켜 주면 자세는 더욱 편안해짐 ④ 머리 아래 및 위에 있는 다리 밑에 베개를 받쳐줌 ⑤ 대상자의 가슴 앞에 베개를 놓아 위에 있는 팔이 지지되게 함 ⑥ 돌아눕기의 방법과 동일하게 도움	

3 휠체어 이동 돕기

1) 휠체어의 구조와 사용법

접는 법	① 잠금장치를 하고 발 받침대를 올림 ② 시트 가운데를 잡고 들어 올리거나, 손잡이 부분을 잡고 들어올림 ③ 팔걸이를 잡아 접음
펴는 법	① 잠금장치를 하고 팔걸이를 잡아 바깥쪽으로 펼침 ② 시트 양쪽 가장자리를 눌러 완전히 펼침
휠체어	손잡이, 등 받침, 팔걸이, 큰바퀴, 바퀴손잡이, 가드, 잠금장치, 받침쇠, 다리 받침, 발 받침대, 작은 바퀴
순서 정리	잠시 멈춤 – 손잡이 잡고 잠금함(양쪽 모두) – 발 받침 올리기 – 시트 접어 올리기 – 팔걸이 접기

2) 올바른 휠체어 사용법

(1) 휠체어 기본 조작법

잠금장치 사용하기	① (고정 시) 휠체어 옆 손잡이를 바퀴 쪽으로 밀어 잠금 ② (이동 시) 휠체어 옆 손잡이를 바퀴 반대쪽으로 밀어 풀어줌
휠체어 펴기	① 잠금장치를 잠금 ② 팔걸이를 펼침 ③ 시트를 눌러서 펼침
휠체어 접기	① 잠금장치를 잠금 ② 발 받침대를 올림 ③ 시트를 들어올림 ④ 팔걸이를 접음
발판 높낮이 조절하기	① 발판 밑에 있는 볼트를 왼쪽으로 돌려 둠 ② 발 받침대를 좌우로 움직여서 대상자의 다리 길이에 맞춤 ③ 볼트를 오른쪽으로 돌려 조임

(2) 휠체어에서의 올바른 자세

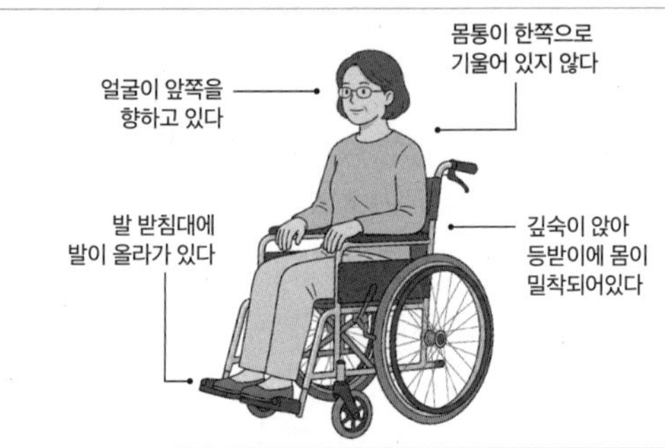

① 얼굴이 앞쪽을 향하고 있음

② 몸통이 한쪽으로 기울어 있지 않음

③ 깊숙이 앉아 등받이에 붙이 밀착되어 있음

④ 발 받침대에 발이 올라가 있음

(3) 휠체어 상황별 조작법

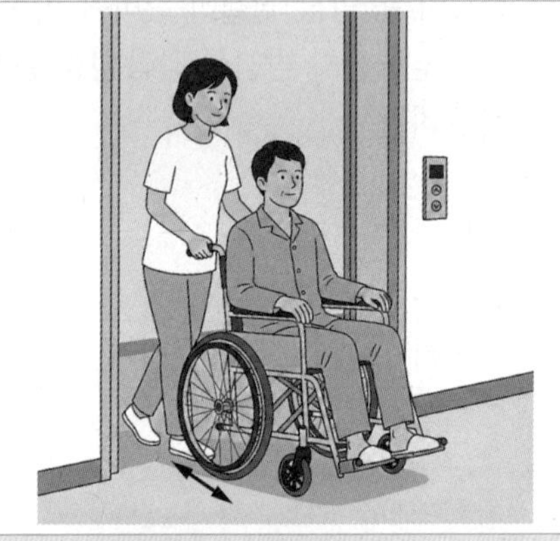

엘리베이터를 타고 내릴 때

① **뒤로 들어가서 앞으로 읽고 나옴**
 - 엘리베이터에서 돌려야 하는 불편함을 피할 수 있음
② 엘리베이터와 복도 통새에 작은 바퀴가 끼지 않도록 주의

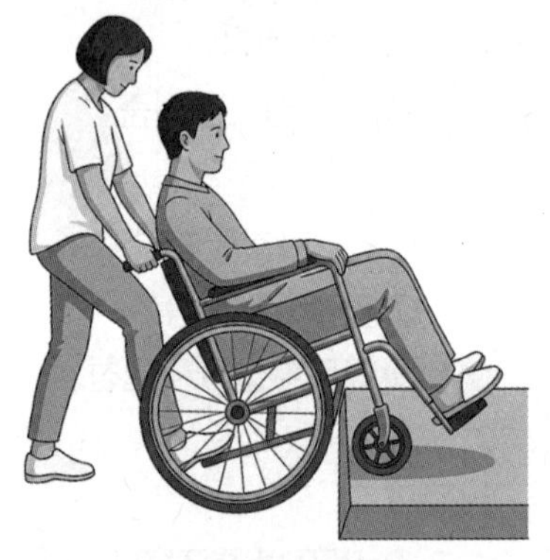

도로 턱이나 문턱을 오를 때

① 양팔에 힘을 주고 휠체어 뒤쪽을 발로 살짝 눌러 조심스럽게 **휠체어를 뒤쪽으로 기울임**
② 앞바퀴를 들어 도로 턱이나 문턱을 오름

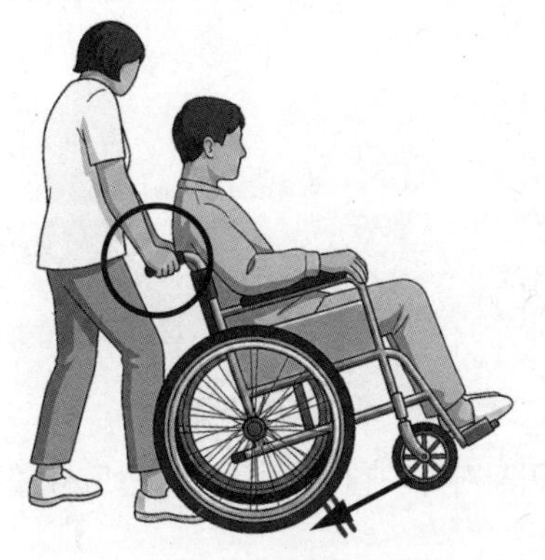

① 도로 턱이나 문턱을 먼저 내려와 뒤에 서서 바퀴를
내려놓음
② **앞바퀴를 들어 올린 상태에서 뒤로 천천히 이동**하면서
앞바퀴를 조심히 내려놓음

도로 턱이나 문턱을 내려갈 때

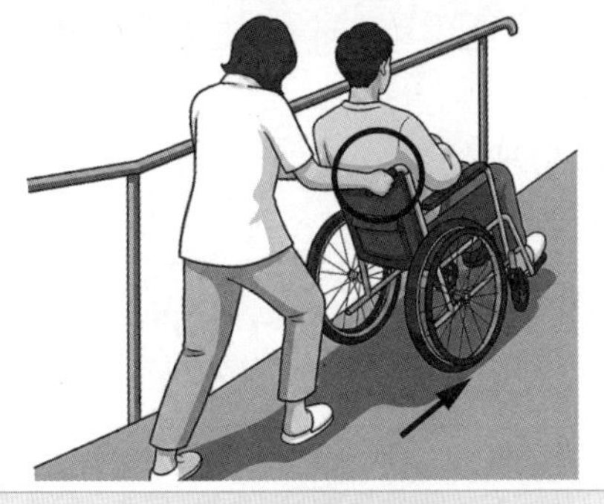

① **자세를 가급적 낮춤**
② 다리에 힘을 주어 휠체어를 밀고 올라감
 - 체중이 많이 나가는 대상자이거나 경사가 큰 경우에는
  지그재그로 밀고 올라가는 방법도 있음

오르막길을 갈 때

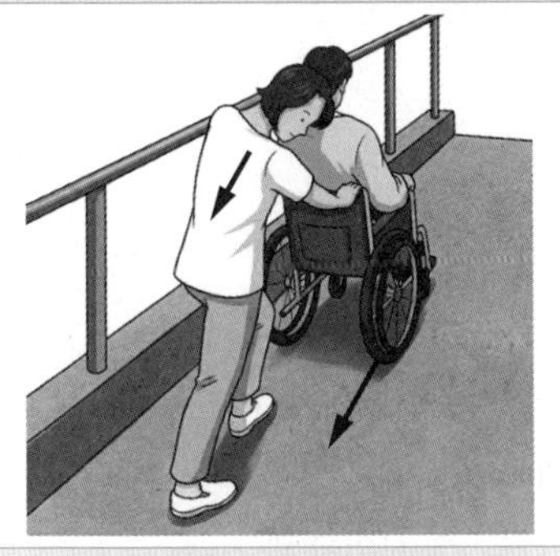

① 몸으로 휠체어를 지지하면서 고개를 뒤로 돌려 방향을 살핌
② **방향을 확인하면서 뒷걸음질로 내려감**
 - 체중이 많이 나가는 대상자이거나 경사가 큰 경우에는
  지그재그로 내려가는 방법도 있음

내리막길을 갈 때

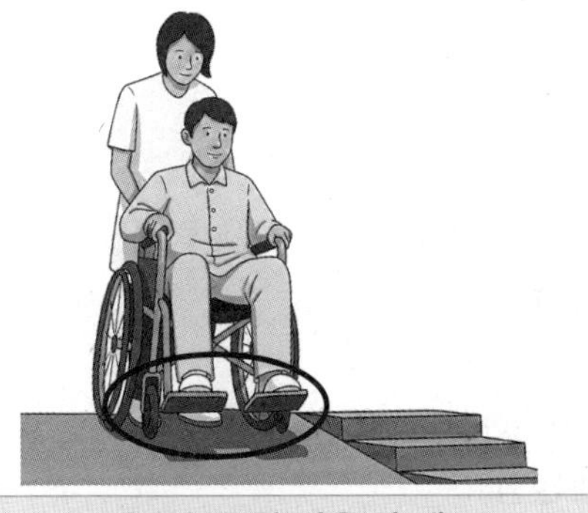

① **앞바퀴를 살짝 들어 올림**
② 휠체어를 약간 뒤로 젖힌 상태에서 이동
 - 앞바퀴가 지면에 닿으면 휠체어를 밀기도 힘들고 대상자
  가 진동을 많이 느낌

울퉁불퉁한 길을 갈 때

기출 휠체어 이동 시 작동법으로 옳은 것은?

① 문턱을 내려갈 때에는 앞바퀴부터 내려간다.

② 문턱을 오를 때에는 뒷바퀴를 들고 올라간다.

③ 내리막길은 휠체어를 돌려 뒷걸음으로 내려간다.

④ 경사가 큰 오르막길은 앞바퀴를 들고 올라간다.

⑤ 엘리베이터를 탈 때는 앞으로, 내릴 때는 뒤로 향한다.

해 내리막길을 앞으로 내려가면 대상자가 앞으로 굴러떨어지거나 다칠 수 있으므로 반드시 휠체어를 돌려 뒷걸음으로 내려가야 한다.

답 ③

4) 준비

준비	① 준비 물품을 확인, 정돈(휠체어, 쿠션(베개), 무릎 덮개) ② 사전에 제공 목적과 효과를 알려 협조와 동의를 구함

비법   이렇게 이해하고 암기하세요!

위의 기출처럼 문제가 출제되거나 그림으로 출제되므로 그림과 함께 개념을 익히셔야 해요.
각각의 상황에 어떻게 해야 하는지 바로 연상이 되시면 아주 쉽게 풀 수 있는 문제에요!

5) 방법

(1) 바닥에서 휠체어로 이동

방법	① 휠체어를 수급자의 건강한 쪽에 비스듬히 놓음 ② 바퀴를 고정하고 발 받침대를 접음 **주의** 휠체어가 뒤집히지 않도록 앞바퀴 정렬하기(반듯하게) ③ 수급자의 건강한 쪽에 무릎을 꿇고 앉음(어깨와 허리 중간에 자리하기) **주의** 너무 밀착하면 몸을 돌릴 공간이 없으므로 주의 ④ 휠체어로 옮겨 앉는다는 것을 설명 ⑤ 마비된 손을 잡아서 배 위에 모아줌 ⑥ 건강한 발을 마비된 발 아래로 넣어 발목을 포개어 줌 ⑦ 어깨와 허벅지에 손을 얹고 건강한 쪽으로 몸을 돌려 눕힌다. 무릎을 구부림 ⑧ 한 손은 머리 아래를 받치고, 다른 손은 등 뒤를 지지 ⑨ 구호에 맞춰 수급자를 일으켜 앉힘 ⑩ 옆으로 쓰러지지 않도록 건강한 손으로 바닥을 지지하게 함 ⑪ 상체에 손을 댄 채 마비된 다리를 펼쳐서 바르게 앉힘 ⑫ 자세가 안정적인지 확인(방바닥에 않은 상태)

⑬ 손을 내밀고 몸을 앞으로 숙인다. 이때 허리와 어깨를 지지

[마비된 어깨와 허리를 받치기]

⑭ 손에 힘을 주고 무릎을 펴면서 천천히 상체를 일으킴, 이때 건강한 손으로 휠체어 팔걸이를 잡아 균형을 유지

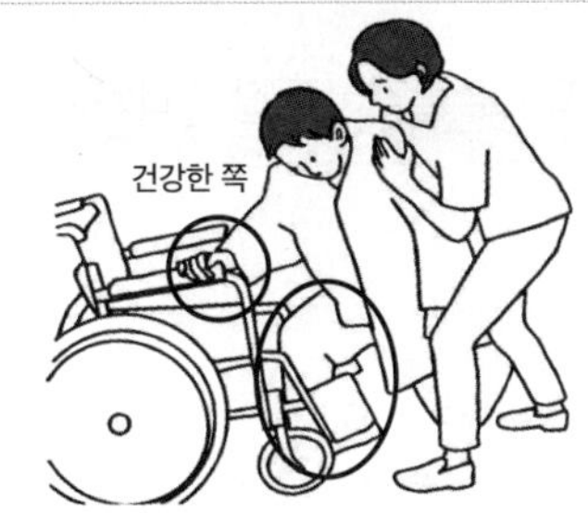

[건강한 쪽 무릎 세우게 하기]

⑮ 다리를 완전히 펴고 바르게 서도록 도움

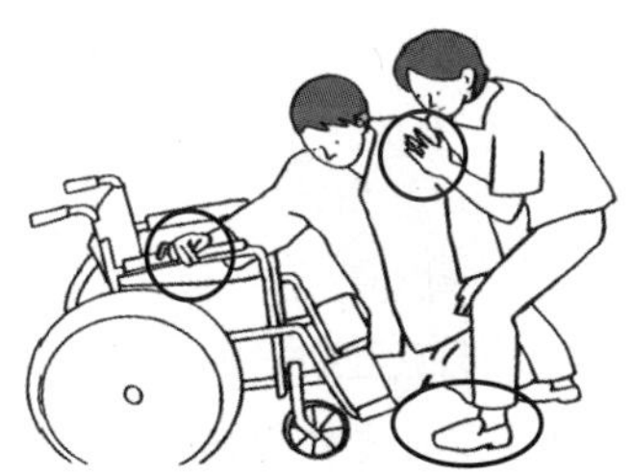

[엉덩이를 들어 허리를 펴게 하기]

⑯ 수급자의 허리를 지지하고, 건강한 다리를 축으로 삼아 몸을 돌려줌

⑰ 천천히 휠체어에 앉힘

[천천히 휠체어에 앉히기]

⑱ 건강한 손으로 휠체어 팔걸이를 붙잡게 하고, 스스로 휠체어 안쪽 깊숙이 앉도록 유도

⑲ 발 받침대를 내리고 발을 올려준 후, 다리가 뒤로 빠지지 않게 다리 받침을 채움

⑳ 자세가 안정적인지 확인

(2) 침대에서 휠체어로 이동

방법		① 휠체어를 수급자의 건강한 쪽에 비스듬히 놓음 ② 바퀴를 고정하고 발 받침대를 접음 ③ 침대에서 휠체어로 옮겨 앉는다는 것을 설명 ④ 침대에 걸터앉았을 때 발이 바닥에 닿을 수 있도록 침대 높이를 조절 ⑤ 이동할 쪽의 침대 난간을 내림 ⑥ 건강한 손으로 마비된 팔을 잡아 배 위에 모아주고, 무릎을 약간 세우게 함
		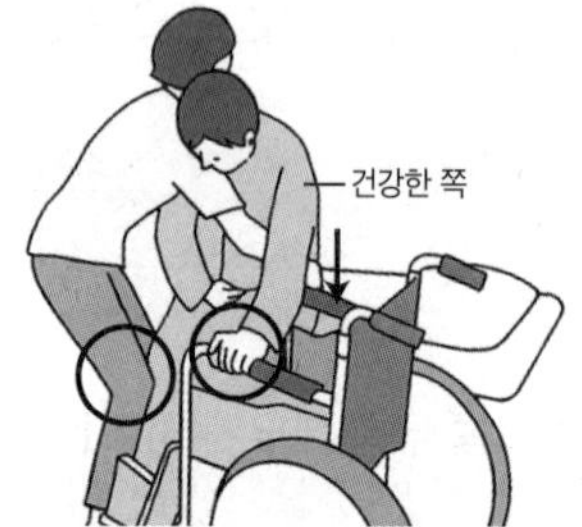 [건강한 손 쪽으로 팔걸이를 잡게 하기]
		⑦ 한 손은 어깨 아래, 다른 손은 허리 아래에 집어넣음 ⑧ 구호에 맞춰 일으킴 ⑨ 상체를 지지한 채로 무릎 밑에 손을 넣음 ⑩ 몸을 돌려서 다리를 침대 아래로 내림
	주의	뒤로 넘어가지 않도록 어깨에서 손 떼지 않기
		⑪ 건강한 손으로 침대 바닥을 지지하도록 함 　이때 발 간격을 충분히 벌리고 자세가 안정적인지 확인(발 간격 충분히 벌리기/마비된 발 지지하기) ⑫ 미끄러지지 않도록 실내화를 신기고 양발이 안정적으로 바닥을 딛고 있는지 확인 ⑬ 다리 사이에 발을 집어넣고, 바지 뒤춤을 잡고 구호에 맞춰 일어섬
		⑭ 건강한 다리를 축으로 삼아 휠체어 쪽으로 몸을 돌림
		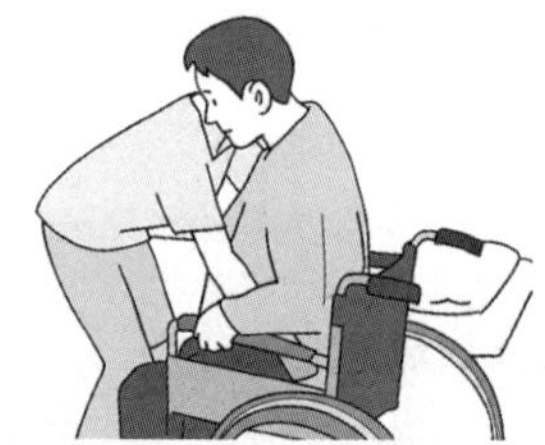 [몸을 회전하면서 휠체어에 앉히기]
		⑮ 천천히 휠체어에 앉힘 ⑯ 양팔을 앞으로 모으도록 유도한다. 건강한 팔로 마비된 팔 모으기 ⑰ 겨드랑이 밑으로 손을 넣어 손목을 단단히 고정 ⑱ 허리를 약간 숙이게 한 뒤, 구호에 맞춰 몸을 끌어올려 깊숙이 앉힘 ⑲ 발 받침대를 내리고 발을 올려준다. 다리가 뒤로 빠지지 않도록 다리받침을 채움 ⑳ 자세가 안정적인지 확인

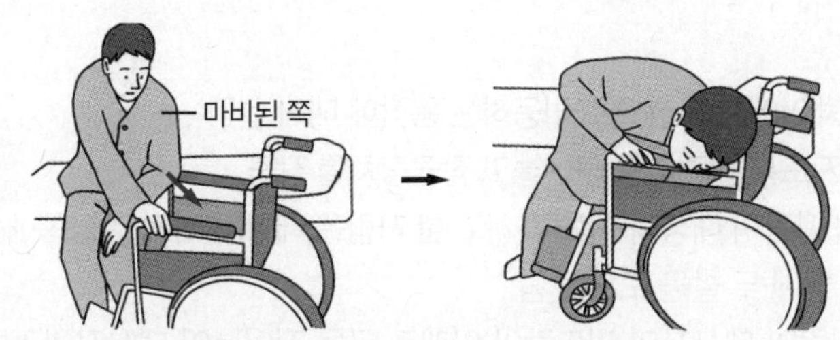

마비된 쪽에 휠체어를 놓으면 넘어져서 부상을 입을 수 있음

주의

(3) 휠체어에서 침대로 이동

침대에서 휠체어로 이동과 반대로 수행

① 한 사람이 대상자를 이동

방법	① 휠체어를 45도 각도로 침대 옆에 놓은 다음 브레이크를 잠금 　－ 이때 휠체어를 건강한 쪽에 놓음
	② 발 받침대를 올린 다음 마주 서서 수급자의 발을 바닥에 붙이고, 　둔부를 휠체어 의자 앞쪽으로 이동 　요양보호사의 무릎으로 수급자의 불편한 옷 무릎을 둘러 일으켜 세움

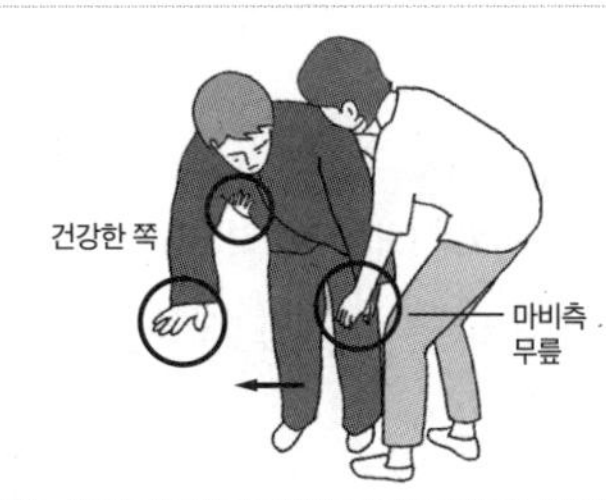

[무릎과 등을 지지하기]

③ 방향을 바꾸어 건강한 쪽 손으로 침대를 잡고, 무릎을 구부려 침대에 걸터앉게 함

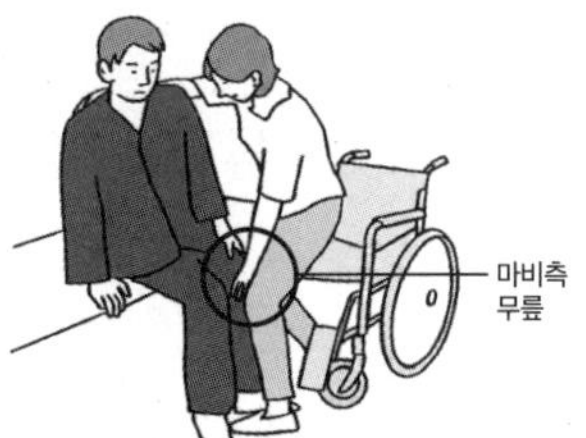

[침상에 앉히기]

④ 안전을 확인

주의

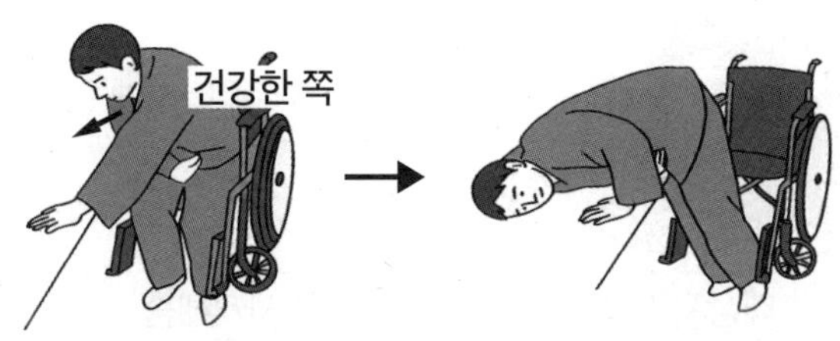

마비된 쪽을 침상으로 붙이면 넘어져 부상을 입거나 침상으로 올라가기 힘들어짐

② 두 사람이 대상자를 이동

방법	① 대상자에게 휠체어에서 침상으로 이동하는 동작에 대해 설명 ② 침상과 평행해지도록 휠체어를 붙여놓고 잠금장치를 잠금 ③ 키가 크고 힘을 사람이 대상자 뒤쪽에 서고 한 사람은 대상자 다리 바깥쪽에 있음 ④ 대상자의 가슴 앞에 두 발을 모으게 함 ⑤ 뒤쪽에 있는 사람이 대상자의 겨드랑이 아래로 팔을 집어넣어 대상자의 팔을 안쪽에서 바깥쪽으로 붙들어야 함 ⑥ 다리 쪽에 있는 사람은 한 손을 대상자의 종아리 아래에, 다른 한 손은 대치 아래에 집어넣어 올바른 신체정렬을 함 ⑦ "하나, 둘, 셋" 하는 구령과 함께 들어 올림

[한 사람은 뒤에서 한 사람은 앞에서 지원하기]

(4) 휠체어에서 바닥으로 이동

방법	① 대상자에게 휠체어에서 바닥으로 이동하는 동작에 대해 설명 ② 휠체어의 잠금장치를 잠그고 발 받침대를 올려 발을 바닥에 내려놓음 ③ 대상자의 마비된 쪽 옆에서 어깨와 몸통을 지지함 ④ 대상자는 건강한 쪽 팔을 뻗어 바닥을 짚게 함

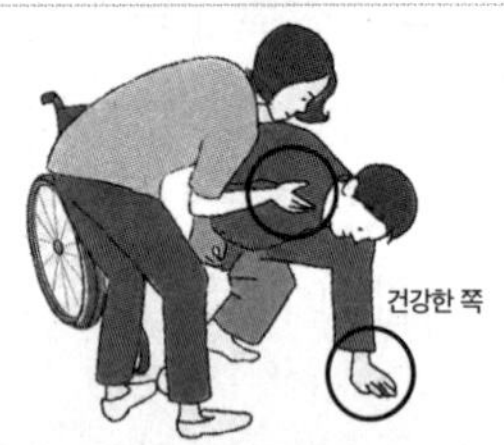

[건강한 쪽 팔을 뻗어 바닥을 짚게 하기]

⑤ 대상자의 건강한 쪽 다리에 힘을 주어 바닥으로 내려앉게 함

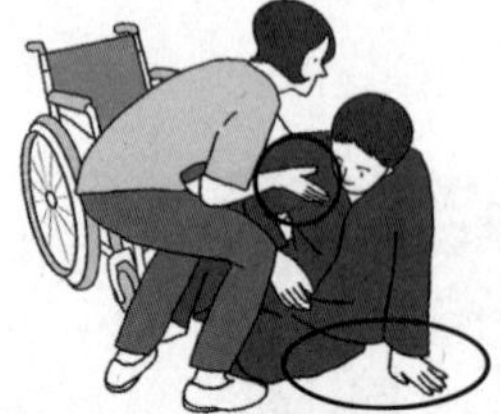

[건강한 쪽 다리에 힘을 주어 내려 앉게 하기]

주의	대상자가 이동하는 동안 상체를 지지해줌

(5) 휠체어에서 이동 변기로 이동

방법	① 대상자에게 이동변기로 이동하는 동작에 대해 설명 ② 휠체어의 잠금장치를 잠그고 대상자의 건강한 쪽에 이동변기를 휠체어와 약 30~45도로 비스듬히 놓음 ③ 휠체어의 발 받침대를 올리고 발을 바닥에 내려놓아 대상자의 발이 바닥을 지지하게 함 ④ 대상자의 앞에 서서 대상자의 무릎과 허리를 지지 ⑤ 대상자의 건강한 쪽 손으로 변기의 먼 쪽 손잡이를 잡게 함

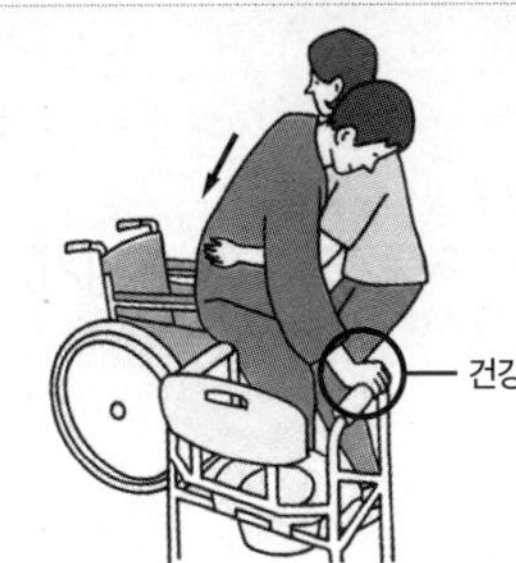

[건강한 쪽 손으로 변기 손잡이를 잡게 하기]

⑥ 대상자를 일으킨 다음 건강한 다리에 힘을 주게 하여 엉덩이를 이동시켜 앉힘

(6) 휠체어에서 자동차로 이동

방법	① 대상자에게 휠체어에서 자동차로 이동하는 동작에 대해 설명 ② 자동차의 뒷문을 열고 휠체어를 자동차와 평행하게 놓거나 약간 비스듬히 놓음
	주의 이때 요양보호사 본인이 안정된 자세를 취할 수 있도록 공간을 확보

③ 휠체어 잠금장치를 잠그고 발 받침대를 올린 후 대상자의 두 발이 바닥을 지지하도록 내려놓음
④ 자신의 무릎을 대상자의 마비된 쪽 무릎에 대어 지지
⑤ 대상자에게 건강한 쪽 손으로 자동차 손잡이를 잡게 함
⑥ 허리를 살짝 굽혀 두 발을 중심축으로 하여 대상자를 일으킨 다음 대상자의 엉덩이부터 자동차 시트에 앉힘

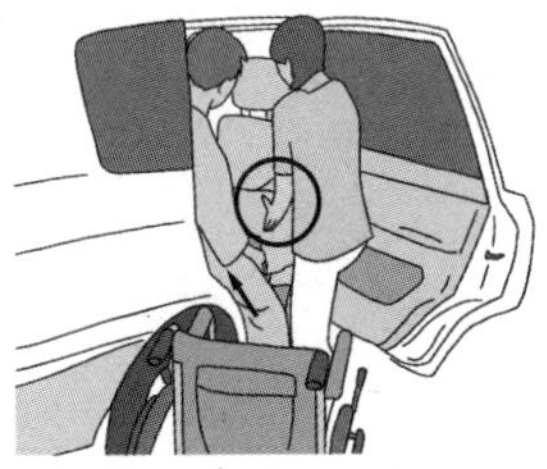

[엉덩이부터 자동차 시트에 앉히기]

⑦ 대상자의 다리를 한 쪽씩 올려놓고 대상자의 엉덩이 또는 상체를 좌우로 이동시켜 자동차 시트에 깊숙이 앉힘
⑧ 안전벨트를 채우고 휠체어를 접어 자동차 트렁크에 실음

주의 대상자와 동승하는 경우 반드시 대상자 옆자리에 앉아 도움

(7) 자동차에서 휠체어로 옮기기

방법	① 상자에게 자동차에서 휠체어로 이동하는 동작에 대해 설명 ② 휠체어를 안전하게 놓을 수 있도록 충분한 주차 공간을 두고 주차 ③ 휠체어를 트렁크에서 꺼내 펼친 후 대상자가 있는 문으로 다가가 자동차와 평행하거나 조금 비스듬하게 놓음 ④ 휠체어의 잠금장치를 잠그고 자동차 문을 열어 안전벨트를 줌 ⑤ 한쪽 발로 대상자의 어깨를 지지하면서 대상자 다리부터 밖으로 내림 [다리부터 자동차 밖으로 내리기] ⑥ 대상자의 두 발이 바닥을 지지하게 함 ⑦ 자신의 무릎으로 대상자의 마비된 쪽 무릎에 대어 지지하면서 일으켜 휠체어로 돌려 앉힘

4 보행 돕기 (이동 도움)

1) 편마비 대상자가 걷는 경우

편마비인 경우	① 마비된 다리를 건강한 다리와 같은 방향으로 구부려 줌 ② 건강한 손으로 바닥을 짚도록 하고 다리를 세워줌 ③ 한 손은 겨드랑이 아래에, 다른 손은 허리를 잡고 수급자를 지지 ④ 손을 앞으로 내밀면서 엉덩이를 들어줌 ⑤ 바닥에 손을 떼고 건강한 쪽 무릎을 펴면, 천천히 상체를 일으켜줌
주의	수급자에게서 손 떼지 않기
	⑥ 상체를 완전히 펴고 바르게 서도록 해줌 ⑦ 마비된 발을 끌어당겨 어깨 넓이 정도가 되도록 함 ⑧ 자세가 안정적인지 확인 ⑨ 수급자의 팔을 어깨에 두르도록 함 ⑩ 허리를 지지해주고 어깨에 걸쳐진 손을 잡음 ⑪ 요양보호사가 먼저 발을 내딛고, 마비된 다리를 내밀도록 힘 ⑫ 수급자가 건강한 다리를 내딛을 때 반대편 발을 내밀어 보조를 맞춤
주의	요양보호사가 지팡이 역할 하기

2) 계단 오르내리기

목적			① 안전하게 계단을 오르내리도록 도와 스스로 기동이 가능하게 하고, 근골격계 기능을 강화 ② 계단 오르내리기를 통하여 인자 및 신체기능을 유지하고, 실내외에서 가능한 일상생활을 할 수 있도록 유도
주의 사항			① 혼자서 일어나는데 무리가 없는 상태에서 걷기를 시도 ② 보행 초기에는 보행차, 지팡이 등을 이용하여 걷고, 점차 혼자서 걷도록 함 ② 지팡이 끝의 고무가 닳지 않았는지, 손잡이가 안전한지 등을 확인 ④ 되도록 미끄럼방지 양말과 신발을 신음 ⑤ 가능한 스스로 걷도록 격려하고, 불가피한 경우에만 지지해 줌
준비			① 준비 물품을 확인, 정돈한다. – 지팡이(필요시) ② 사전에 제공 목적과 효과를 알려 협조와 동의를 구함
방법	올라갈 때	지팡이가 없는 경우	① 편마비일 경우 건강한 손으로 계단 손잡이를 잡음 ② 건강한 다리부터 계단을 얻음 ③ 건강한 꼭 다리에 체중을 실어 불편한 쪽 다리를 계단으로 올림
		지팡이가 있는 경우	① 건강한 쪽 손으로 잡고 있는 지팡이를 계단 앞쪽으로 내밀어 지지 ② 건강한 꼭 다리를 올림 ③ 지팡이와 건강한 쪽 다리에 체중을 실어 불편한 쪽 다리를 올림
	내려갈 때	지팡이가 없는 경우	① 편마비일 경우 건강한 쪽 손으로 계단 손잡이를 잡음 ② 불편한 쪽 다리부터 계단 아래로 내린 후 건강한 쪽 다리를 내림
		지팡이가 있는 경우	① 건강한 쪽 손으로 잡고 있는 지팡이를 계단 아래로 내림 ② 불편한 쪽 다리부터 계단 아래로 내린 후 건강한 쪽 다리를 내림

3) **보행보조차**(일반 보행기 사용)

목적	• 보행보조차를 사용하여 스스로 거동을 가능하게 하고 근골격계 기능을 강화 • 보행보조차 사용을 통해 인지 및 신체 기능을 유지하고, 실내외에서 가능한 일상생활을 할 수 있도록 유도	
주의 사항	**보행보조차 선택**	신체 기능 및 사용 공간, 체형에 맞는 것을 선택하고 지팡이 끝의 고무, 보행 보조차 다리의 고무가 같은 닳은 정도 보행보조차의 바퀴와 잠금 장치를 확인
	보조 물품	미끄럼방지 양말, 신발
	요양보호사의 위치	수급자 가까이에서 지지한다. 불편한 옷에서 옮기
준비	• 준비 물품을 확인, 정돈 – 보행보조차(필요시), 미끄럼방지 양말, 미끄럼방지 신발, 적절한 복장 보행 벨트(필요시) • 사전에 제공 목적과 효과를 알려 협조와 동의를 구함	
방법	**필요 물품을 준비한다.**	① 보행 보조차의 손잡이, 고무받침이 닿지 않았는지를 확인 ② 미끄럼방지 양말과 신발을 신도록 ③ 팔꿈치가 약 30도로 구부러지도록 보행보조차의 손잡이를 엉덩이 높이로 조절
	이동하기	**다리가 모두 약한 경우** ① 보행보조차를 앞으로 한 걸음 정도 옮김 ② 보행보조차 쪽으로 오른발을 옮김 ③ 왼발을 오른발이 나간 지점까지 옮김
		한쪽 다리만 약한 경우 ① 약한 다리와 보행보조차를 함께 앞으로 한 걸음 정도 옮김 ② 일단 체중을 보행보조차와 손상된 다리 쪽에 실으면서 건강한 다리를 앞으로 옮김 ③ 수급자의 뒤에 비스듬히 서서 속도를 맞춰 걸음 ④ 침대로 돌아와 놓는 것을 도움 ⑤ 혼자 보행보조차를 사용할 수 있다면 손이 닿는 곳에 보행보조차를 둠

[보행보조차 사용]

기출 왼쪽 편마비 대상자가 그림과 같이 계단을 올라가고자 할 때 이동순서로 옳은 것은?

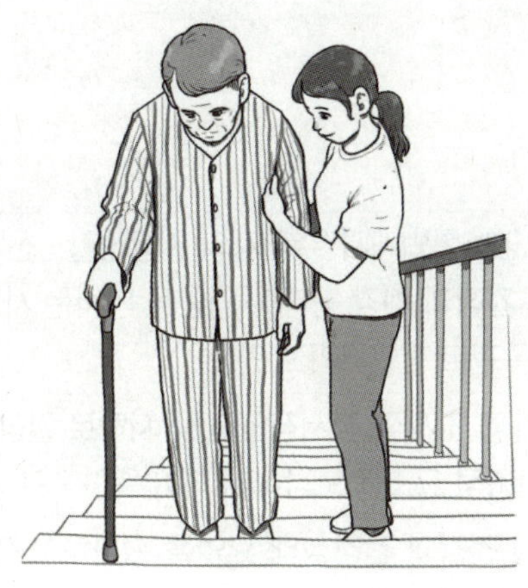

① 왼쪽 다리 → 지팡이 → 오른쪽 다리

③ 오른쪽 다리 → 지팡이 → 왼쪽 다리

⑤ 지팡이 → 왼쪽 다리 → 오른쪽 다리

② 지팡이 → 오른쪽 다리 → 왼쪽 다리

④ 오른쪽 다리 → 왼쪽 다리 → 지팡이

해 편마비 대상자가 지팡이를 이용해 계단을 올라갈 경우 지팡이부터 올라가고 건강한 다리로 힘을 준 상태로 마비된 다리를 올린다.

답 ②

비법 이렇게 이해하고 암기하세요!

올라갈 때는 힘드니까 지팡이부터 올라가고(지팡이로 도약) → 건강한 다리 → 마비된 다리
"올라갈 때는 힘드니까 마비된 다리는 마지막으로!" 암기하세요!

1 복지용구

1) 복지용구 정의

복지용구	노인장기요양보험법에서 '수급자의 일상생활·신체활동 지원된 서비스, 정책 등이 해당된다. 복지용구는 건강과 건강 상태에 영향을 미치는 사회적 요인에 해당 및 인지기능의 유지 향상에 필요한 용구'로 정의내리고 있음
복지용구 목적	노인이 신체적, 인지적, 정서적인 기능 저하로 일상생활 활동이 제약을 받게 되면 복지 용구를 제공하여 환경적 요소를 보강하게 되어 독립적인 생활이 가능하게 됨
훈련 필요성	반드시 개별 건강과 건강상태 요인을 평가하고 맞춤형으로 적절한 복지용구가 제공되어야 되며, 이를 자신의 일상생활에서 반복 사용하여 습관화할 수 있는 훈련이 필요하게 됨

2 노인장기요양보험 복지용구

1) 복지용구 종류

복지용구 종류	복지용구 급여방식은 구입방식과 대여방식으로 구분되어 있음	
	구입방식 (10종)	수급자가 '구입품목'에 대해 본인부담금을 부담하고 구입
	대여방식 (6종)	수급자가 '대여품목'을 일정기간 대여하고 당해 제품의 대여 가격에서 본인부담금을 부담
	구입 + 대여 (2종)	구입 또는 대여 가능한 품목

· 복지용구 급여 범위 및 급여 기준 표

	품목명	
구입품목 (10종)	① 이동 변기 ② 의자 ③ 성인용 보행기 ④ 안전 손잡이 ⑤ 미끄럼 방지용품(미끄럼방지 매트 미끄럼방지액, 미끄럼방지 양말)	⑥ 간이변기(간이 대변기 소변기) ⑦ 지팡이 ⑧ 욕창예방 방석 ⑨ 자세변환용구 ⑩ 요실금팬티
대여품목 (6종)	① 수동 휠체어 ② 전동침대 ③ 수동침대	④ 이동 욕조 ⑤ 목욕 리프트 ⑥ 배회감지기
구입 또는 대여품목 2종	① 욕창예방 매트리스 ② 경사로(실내용, 실외용)	

(1) 수동휠체어

수동 휠체어	앞면 85cm 64cm 측면 90cm • 이동하거나 걷기가 힘든 대상자들을 앉은 상태에서 이동시켜 주는 보조장비 • 휠체어는 이동성을 제공해 주고, 사회공동체에 참여할 수 있게 함	
선정 시 고려사항	장기간 휠체어를 사용하는 대상자에게 안전성과 편안함은 중요한 요소이므로, 다음 사항을 고려하여 선택해야 함	
	① 표면이 거칠고 딱딱한 쿠션은 욕창을 유발할 수 있음 ② 불안정한 휠체어는 뒤집어지거나 대상자가 낙상할 위험이 있고 손상을 초래 ③ 휠체어 표면의 날카로운 부분에 다쳐 감염되어 상처가 막화될 수 있으므로 날카로운 부분이 없어야 함 ④ 휠체어의 안장 양쪽 끝이나 바퀴부위에 대상자의 옷이나 손가락이 낄 염려가 없어야 함	

사용 시 주의 사항		
잠금장치 사용	휠체어 움직이지 않는 때	① 평평한 지면에 두며 잠금장치를 항상 잠가 둠 ② 대상자가 내리고 탈 때, 잠금장치가 잠겨 있는지 반드시 확인하는 습관을 익힘 ③ 잠금장치가 잠겨있지 않은 상태에서 타고 내리면 미끄러져 다칠 위험이 큼 ④ 잠금장치는 보통 3단으로 나뉘어 있음. 2단 잠금장치는 경사로를 내려갈 때, 미끄러운 바닥을 이동할 때 사용
	보관	① 비를 맞으면 녹이 슬거나 휠체어 수명이 단축되므로 비를 맞지 않게 함 ② 타이어 뒷바퀴 공기압이 너무 낮으면 잘 굴러가지 않고 잠금장치 기능이 약해지며, 증기압이 너무 높으면 진동 흡수가 잘 되지 않음. 그러므로 적정 공기압을 유지 ③ 각종 볼트가 헐겁지 않은지 수시로 점검 ④ 접은 상태에서 보관

실기	① 잠금장치를 고정할 수 있으며, 잠금장치의 안전성을 위해 조작할 수 있음 ② 이용자의 신체 계측에 근거하여 적절하게 휠체어를 조작할 수 있음 ③ 휠체어 발판의 높낮이를 조절할 수 있음 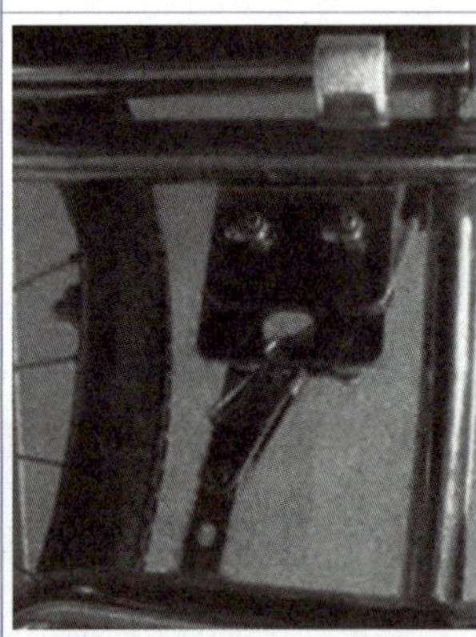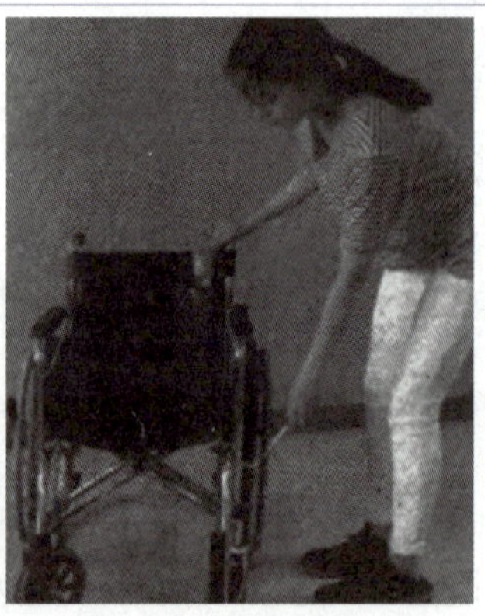 잠금장치가 고정되지 않을 때는 타이어 공기압을 확인하고 공기압이 정상이라면 휠체어 뒷주머니에 있는 스패너로 잠금장치 고정 볼트를 조절한 후 고정하여 줌 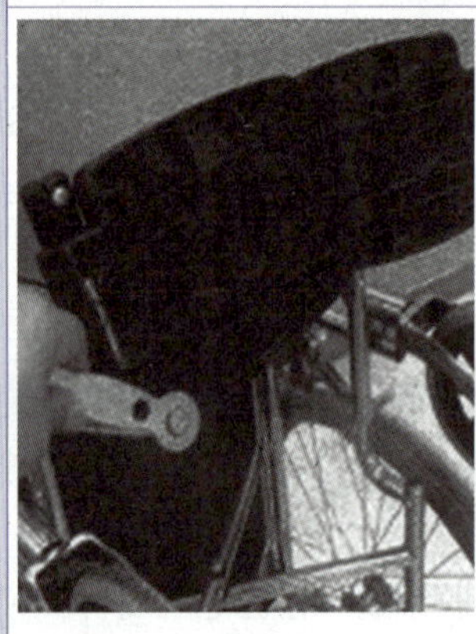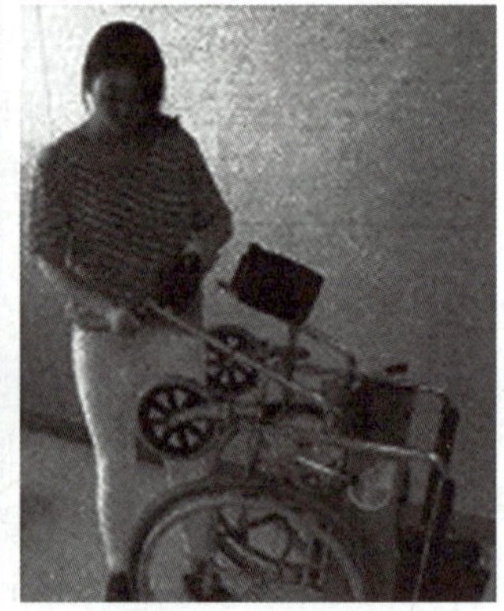 • 휠체어를 뒤로 눕히고 휠체어 뒷주머니에 있는 스패너로 볼트를 왼쪽으로 2~3바퀴 돌려 발판을 좌우로 돌려 움직여 길이를 조직 • 조절되었다면 볼트를 오른쪽으로 힘줘 돌려 조여줌
휠체어 관리법	• **휠체어를 사용하지 않을 때는 반드시 잠금장치를 잠가둠** • 휠체어 타이어의 적정 공기압은 엄지손가락으로 힘껏 눌렀을 때 0.5cm 정도 들어가는 상태 • 타이어 공기압은 잠금장치 작동과 밀접한 관계가 있으므로 항상 적당한 공기압을 유지
소독 방법	• 소독용 알코올을 적신 천으로 깨끗하게 닦아 청결한 상태를 유지 • 바퀴, 구동장치, 다리 지지대, 발판 등은 **청결한 물에서 닦거나 물걸레질 가동 부분은 말린 후에 윤활 처리**

휠체어를 이용하는 대상자가 확률적으로 많기 때문에 잘 사용하면 좋은 복지용구가 되지만 그렇지 않을 경우 큰 사고로 이어지므로 사용 시 주의사항, 관리법, 소독법 암기하셔야 해요!

(2) 성인용 보행기

성인용 보행기	거동이 불편한 대상자가 보행 보조기로 몸을 지지하여 스스로 걸을 수 있도록 도움을 줌으로써 대상자의 건강을 유지·증진하고 자립을 촉진
선정 시 고려 사항	• 체중을 지탱할 수 있는 안전한 구조여야 함 • 키에 맞춰 높이를 조절할 수 있어야 함 • 손잡이는 미끄럼방지를 위한 재질이어야 함 • 바퀴가 부착된 보행보조기에는 몸 앞 또는 좌우에 잡을 수 있는 손잡이가 있어야 함 • **바퀴가 부착된 보행보조기에는 잠금장치가 있어야 함** • 의자 기능이 추가된 보행보조기는 탈부착형 수납공간을 갖추고, 바퀴의 회전 각도를 조절할 수 있는 기능이 있어야 함

성인용 보행기 종류	일반 보행기	• 대체로 안정성이 높음(다리의 힘이 없고, 편마비 없는 어르신) • 팔과 손을 이용하므로 다리의 체중부하 없이 이동할 수 있음 • 느린 걸음으로 걸어야 함
	보행보조차 (실버카)	• 다른 보행기에 비해 빠르게 걸을 수 있음(앞뒤 바퀴 있음) • 쉴 수 있는 의자와 간단한 물건을 담을 수 있는 바구니가 있음 • 잠금장치 손잡이가 있다. (중요) 손잡이 잠금장치 있음 • **가장 불안정한 보행기, 보행기에 기댈 필요가 없는 균형감각이 있는 대상자에게 적합** • 손과 팔 지지대는 체중 지지 기능이 거의 없음 – 유모차처럼 밀고가는 구조, 힘을 주어 기대면 안 됨 • **잠시 휴식할 때 앉을 곳이 필요한 대상자에게 적합** (가다가 앉을 분에게 필요한 보행기)
	보행차	 • 보행자는 체중을 자작하고 균형을 잡아주기 때문에 지팡이보다 안정적으로 걸을 수 있음 • **뒤로 잘 넘어지는 사람이나 뇌졸중으로 반신바비가 된 사람은 오히려 사용하지 않거나 사용에 신중해야 함** • 지팡이로 걷는 연습을 하기 바로 전 단계에서도 사용

보행기 사고	① 보행기가 갑자기 꺾이며 넘어지는 사고가 있으므로 각 부분이 잘 고정되어 있는지 반드시 확인 ② 대상자의 보행이 불안정할 때는 도움을 주는 사람이 항상 손을 뻗으면 닿을 수 있는 위치에 있어야 함

(3) 지팡이

사용 목적	보행용 복지용구에서 지팡이는 신체와 체중 지지, 균형 보조, 보행 패턴의 교정, 보행속도와 지구력 양상을 목적으로 사용
안전성	지팡이는 측면으로의 안정성이 낮고 손 관절을 자력으로 고정할 필요가 있기 때문에 체중의 20~30% 정도 밖에 지지할 수 없음. 그 이상의 부하가 가해질 경우 두 곳 이상의 지지점을 가지고 있어 측면에 안정성이 있는 것으로 선택해야 함

지팡이 선정 시 고려 사항	• 지팡이를 사용하는 쪽 발의 새끼발가락으로부터 바깥쪽 15cm 지점에 지팡이로 바닥을 깊은 상태에서 팔꿈치를 20~30° 정도 구부린 높이가 좋음 • 강도 면에서 상체 지지와 균형 보조의 목적도 추가되므로 표준적인 조정보다 굽힌 자세의 짧은 길이로 조정 • 지팡이는 조금만 짧거나 길어도 걷기가 매우 불편하면 길이를 적절하게 맞출 필요가 있음 • 길이는 바닥면에서 신체의 큰돌기(greater trochanter)까지 길이로 맞추면 됨 • 등이 굽어있는 등 대상자의 자세에 문제가 있다면 걷는 자세나 사용법을 치료사에게 상담 • 길이 조절 구조에는 버턴식, 록크너트식, 스냅록크식이 있음	
	버턴식	장기간 사용으로 고정된 구멍이 커져 지팡이를 짚을 때 소음이 발생할 수 있음
	록크너트식	소음이 잘 만나지만 단단히 잠궈두지 않으면 풀리기 쉬움
	스냅록크식	한번 길이를 바꾸면 헐거워지지도 않고 소음도 발생하지 않음

지팡이의 종류	**형태별 분류**	한발, 네발 등 발의 개수와 T자형, 접이형	
	기능별 분류	캐나디안 팔꿈치 신전목발, 겨드랑목발	
	한발 지팡이		① 작고 간단하고 가벼움 ② 다른 보조도구와 비교하여 균형감각 등을 향상하는 데 좋음 ③ 지팡이 중 안정성은 가장 떨어짐
	네발 지팡이		① 대상자가 설 수 있어야 함 ② 일반 지팡이보다 기저면이 넓어 손이나 팔을 이용해서 체중을 지지하는 데에 도움을 줄 수 있음

사용 시 주의 사항	• 지팡이 바닥 끝고무의 닳은 정도를 수시로 확인해야 함(고무가 닳으면 미끄러져 넘어질 수 있음) • 지팡이 높이를 조절하여 대상자가 바른 자세로 이동하게 함 • 지팡이 높이 조절용 버튼과 고정 볼트가 잘 고정되어 있는지 확인하여야 함

| 실기 | 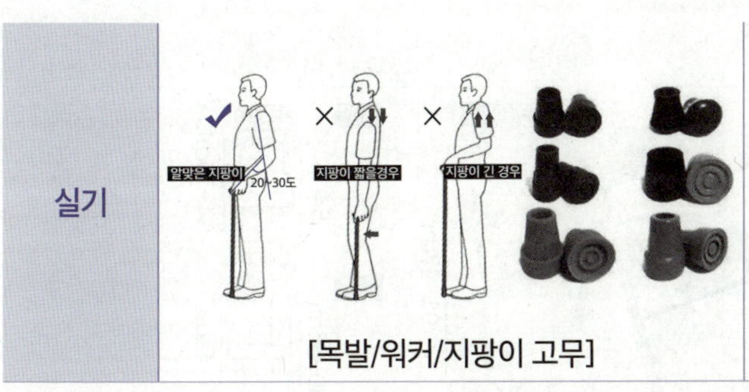
[목발/워커/지팡이 고무] | • 지팡이 사용자의 키에 맞추어 적절한 높이를 조절
• 특히 신체적 변형이 온 사람의 특성에 맞추어 적절한 길이 조절이 필요
• 지팡이는 미끄럼에 매우 취약하므로 끝부분의 고무의 마모를 점검하고 적절한 시기에 교체해줘야 함 |

(4) 안전 손잡이

안전 손잡이	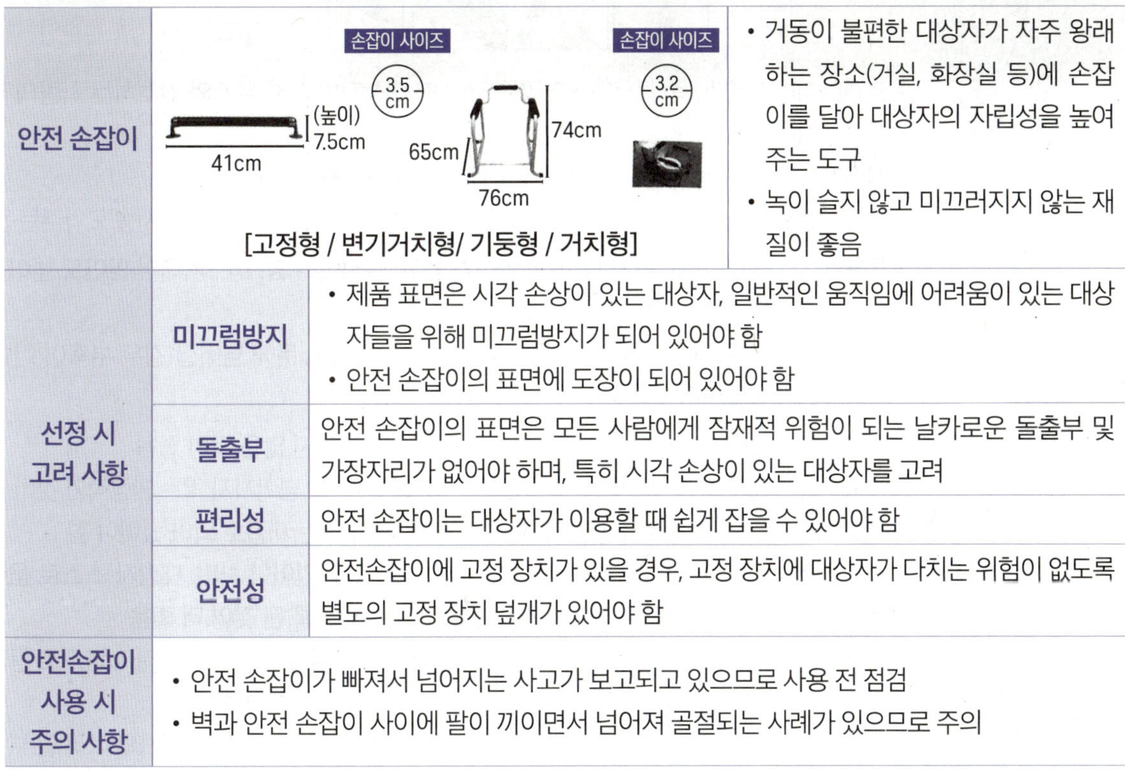 [고정형 / 변기거치형/ 기둥형 / 거치형]	• 거동이 불편한 대상자가 자주 왕래하는 장소(거실, 화장실 등)에 손잡이를 달아 대상자의 자립성을 높여주는 도구 • 녹이 슬지 않고 미끄러지지 않는 재질이 좋음
선정 시 고려 사항	**미끄럼방지**	• 제품 표면은 시각 손상이 있는 대상자, 일반적인 움직임에 어려움이 있는 대상자들을 위해 미끄럼방지가 되어 있어야 함 • 안전 손잡이의 표면에 도장이 되어 있어야 함
	돌출부	안전 손잡이의 표면은 모든 사람에게 잠재적 위험이 되는 날카로운 돌출부 및 가장자리가 없어야 하며, 특히 시각 손상이 있는 대상자를 고려
	편리성	안전 손잡이는 대상자가 이용할 때 쉽게 잡을 수 있어야 함
	안전성	안전손잡이에 고정 장치가 있을 경우, 고정 장치에 대상자가 다치는 위험이 없도록 별도의 고정 장치 덮개가 있어야 함
안전손잡이 사용 시 주의 사항		• 안전 손잡이가 빠져서 넘어지는 사고가 보고되고 있으므로 사용 전 점검 • 벽과 안전 손잡이 사이에 팔이 끼이면서 넘어져 골절되는 사례가 있으므로 주의

(5) 경사로

경사로	휠체어를 이용하는 대상자의 이동성을 확보하고, 안전사고를 미연에 예방하기 위해 사용되며, 대상자의 정신적, 신체적 부담을 감소시켜 줌  [실외경사로]　　　　[실내경사로]

(6) 목욕 의자

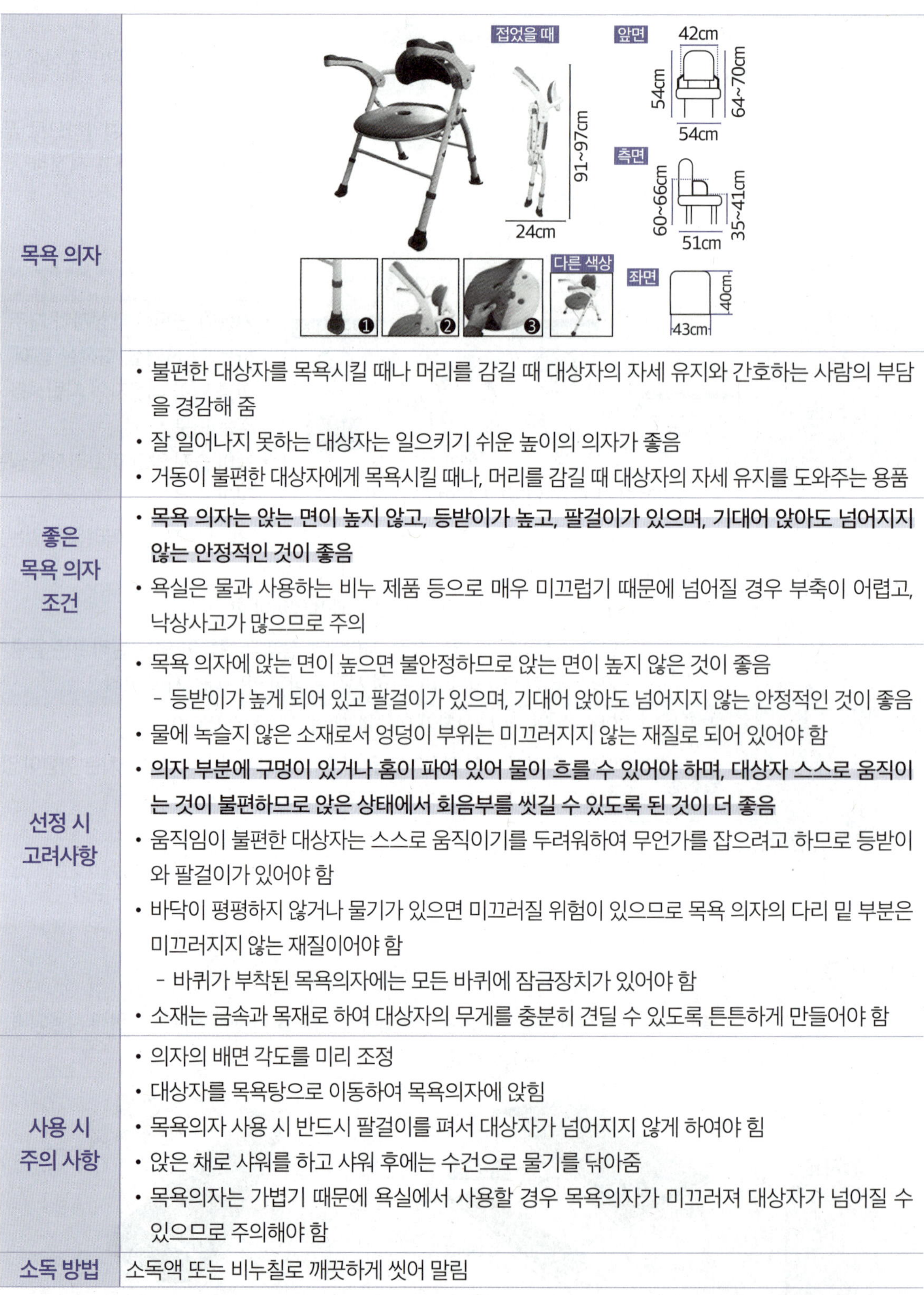

목욕 의자	• 불편한 대상자를 목욕시킬 때나 머리를 감길 때 대상자의 자세 유지와 간호하는 사람의 부담을 경감해 줌 • 잘 일어나지 못하는 대상자는 일으키기 쉬운 높이의 의자가 좋음 • 거동이 불편한 대상자에게 목욕시킬 때나, 머리를 감길 때 대상자의 자세 유지를 도와주는 용품
좋은 목욕 의자 조건	• **목욕 의자는 앉는 면이 높지 않고, 등받이가 높고, 팔걸이가 있으며, 기대어 앉아도 넘어지지 않는 안정적인 것이 좋음** • 욕실은 물과 사용하는 비누 제품 등으로 매우 미끄럽기 때문에 넘어질 경우 부축이 어렵고, 낙상사고가 많으므로 주의
선정 시 고려사항	• 목욕 의자에 앉는 면이 높으면 불안정하므로 앉는 면이 높지 않은 것이 좋음 – 등받이가 높게 되어 있고 팔걸이가 있으며, 기대어 앉아도 넘어지지 않는 안정적인 것이 좋음 • 물에 녹슬지 않은 소재로서 엉덩이 부위는 미끄러지지 않는 재질로 되어 있어야 함 • **의자 부분에 구멍이 있거나 홈이 파여 있어 물이 흐를 수 있어야 하며, 대상자 스스로 움직이는 것이 불편하므로 앉은 상태에서 회음부를 씻길 수 있도록 된 것이 더 좋음** • 움직임이 불편한 대상자는 스스로 움직이기를 두려워하여 무언가를 잡으려고 하므로 등받이와 팔걸이가 있어야 함 • 바닥이 평평하지 않거나 물기가 있으면 미끄러질 위험이 있으므로 목욕 의자의 다리 밑 부분은 미끄러지지 않는 재질이어야 함 – 바퀴가 부착된 목욕의자에는 모든 바퀴에 잠금장치가 있어야 함 • 소재는 금속과 목재로 하여 대상자의 무게를 충분히 견딜 수 있도록 튼튼하게 만들어야 함
사용 시 주의 사항	• 의자의 배면 각도를 미리 조정 • 대상자를 목욕탕으로 이동하여 목욕의자에 앉힘 • 목욕의자 사용 시 반드시 팔걸이를 펴서 대상자가 넘어지지 않게 하여야 힘 • 앉은 채로 샤워를 하고 샤워 후에는 수건으로 물기를 닦아줌 • 목욕의자는 가볍기 때문에 욕실에서 사용할 경우 목욕의자가 미끄러져 대상자가 넘어질 수 있으므로 주의해야 함
소독 방법	소독액 또는 비누칠로 깨끗하게 씻어 말림

(7) 목욕리프트

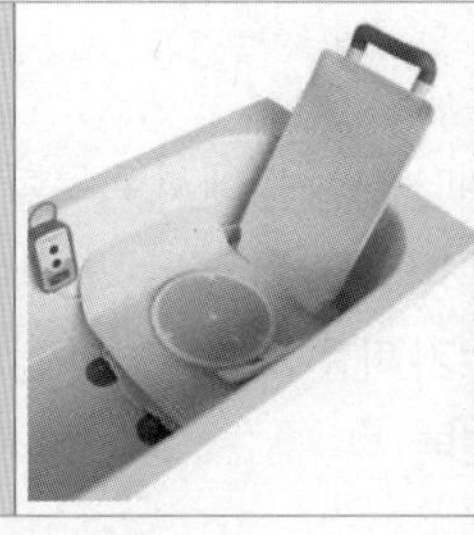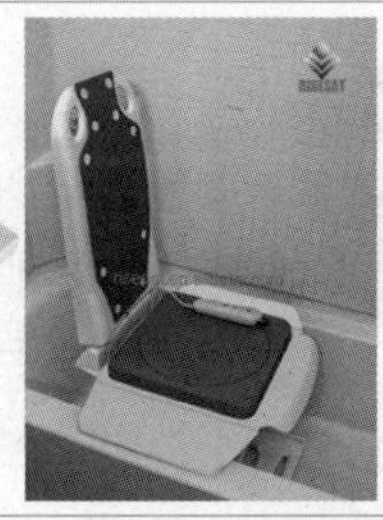

옮기기	노인의 신체 기능 요양보호사의 능력 생활환경 복지용구 4가지 요소를 자세하게 검사하여 최종적으로 옮기기 방법을 결정

• **옮기기 원칙 : 안전하고 요양보호사와 이용자에게도 쾌적해야 한다는 것**

무리하게 들지 않는다.	• 들어서 옮기는 동작은 이용자와 요양보호사 모두에게 위험한 동작 • 끌어 올리는 옮기기 동작에 의해 이용자의 늑골 골절을 일으키거나 대퇴골 골절을 일으키는 경우가 있었음 • 돌봄자인 요양보호사는 요통이나 손목 통증 발생이 빈번하였음
본인과 요양보호사에게 있어 쾌적할 것	옮기기라는 것은 휠체어로 갈아타고 외출하거나 의자에 앉아서 TV를 보는 것 같이 본인이 원하는 동작을 하기 위한 것 **재활의 목적** | 안전하고 쾌적하게 옮기기가 이루어지는 것이 기본 • 신체기능 유지 목적으로 옮기기 동작을 반복적으로 요양보호사가 실시하는 것은 적절하지 않음 • 이용자 본인에게 쾌적한 옮기기 동작과 요양보호사에게 부담되지 않는 옮기기 동작을 해야만 함
리프트 옮기기 고려	• 지지가 없으면 혼자서 앉을 수 없는 상태가 되면 리프트 옮기기를 고려 • 리프트로 올리는 방법은 가장 안전한 방법 　이런 상태에서 사람이 들어서 옮기는 것이 더 위험할 수 있음 • **리프트를 적용하는데 있어서 본인의 신체기능, 요양보호사의 능력, 옮기기 장소, 생활 환경에 대하여 고려**되어야 가능 • 리프트의 종류는 다양하므로 위의 내용들이 종합적으로 고려 • 목욕리프트의 높낮이를 조절하여 안전하고 편리하게 목욕시킬 수 있으며 **특히 다리가 불편한 대상자가 목욕할 때 편리**
선정 시 고려사항	• **물속에서 사용되므로 녹이 슬지 않는 재질**이어야 함 • 편안한 자세로 **목욕할 수 있도록 등받이 각도가 조절**되어야 함 • 높낮이가 자동으로 조정되어야 함 • 대상자의 무게를 지탱할 수 있어야 함 • 사용 시에 인체 및 주위에 유해함이 없고 안전한 구조여야 함 • 충전용 배터리 사용하는 것

(8) 이동욕조

이동욕조		• 침대 위나 거실 등에서 목욕할 때 사용 • 상품에 따라 크기, 급수와 배수 방법이 조금씩 다르기 때문에 사용할 공간의 크기를 고려하여 선택

선정 시 고려 사항		• 날카로운 돌출부 및 가장자리가 없어야 하며, 변형, 흠, 결손, 잔금 등이 없어야 함
		   – 인체에 접촉하는 면은 매끄럽고 사용상 해로운 결점이 없어야 함
		• 조작이 간편해야 하며, 사용 중 쉽게 풀리지 않는 구조이어야 함
		   – **공기주입 및 조립은 간단하고, 팽창한 상태에서 변형이나 흠이 없어야 함**

사용 시 주의 사항		• 평평하고 이물질 없는 장소에서 사용 • 욕조를 잡고 일어나거나 앉지 않음 • 한 번에 한 사람만 사용 • 강한 물리적 압력이 가해지거나 송곳, 날카로운 도구가 닿지 않게 함 • **응급상황 발생 시에는 배수밸브를 얻어 즉시 물을 뺌**
소독 방법		• 사용한 후에는 세제 또는 소독제를 사용하여 흐르는 물로 깨끗이 씻어 말림

(9) 욕창예방 방석

욕창예방 방석	• 오랫동안 앉아있거나 휠체어를 이용할 신체 압력을 분산하여 욕창을 예방하기 위한 특수방석 • 신체 압력을 분산할 수 있도록 여러 개 공기방으로 구성 • 통풍이 잘 되고 세탁이 용이한 것을 선택

(10) 욕창 예방 매트리스

욕창예방 매트리스	□구입 ■대여 [욕창예방 메트리스] 펌프	• 매트리스의 교대 부양을 통해 압력을 분산하여 욕창 예방 • 압력을 분산하고 통풍을 원활하게 하여 욕창을 예방하기 위해 사용 • 모터에서 만들어진 공기를 정해진 간격으로 매트리스에 전달하여 매트리스의 교대 부양을 통해 압력을 분산 • **욕창예방매트리스는 보온성, 통기성, 탄력성, 흡습성 등이 뛰어나야 함** • 예방뿐만 아니라 일으켜 세우기 체위 변환 등 간호하는 사람의 부담도 고려해서 선택해야 함
	선정 시 고려 사항	• 모터와 매트리스는 호스로 연결되고, 욕창예방 매트리스를 감싼 보호 덮개가 있어야 함 • 욕창예방 매트리스의 정상 동작을 확인하기 위해 손을 대상자의 등과 엉덩이 밑에 넣어 매트리스가 대상자를 부양하는지 확인 • 공기가 일정 간격으로 교대 주입되었다가 배기되는지 확인
욕창예방 매트리스	사용 시 주의 사항	• 요양보호사가 대상자를 움직이기 위하여 욕창예방 매트리스 위에 올라갈 때, 낙상할 수가 있으므로 주의 • **날카로운 물건이나 열에 닿으면, 매트리스가 터져서 공기압이 새어 나오므로 조심해야 함** • 욕창예방 매트리스는 24시간 사용하는 기구로 사용 중에는 대상자 이외의 다른 사람이 매트리스에 올라가지 않음 • 욕창예방매트리스는 열을 발산하는 제품(찜질기) 등과 함께 사용하지 않음 • **하루에 한 번은 기구의 정상 동작을 확인**
	소독 방법	• 매트리스 셀은 공기를 빼고 흐르는 물로 씻고 말림 • 매트리스 커버는 흐르는 물로 씻거나 세탁해서 말림

(11) 침대

선정 시 고려 사항	• **프레임은 견고해야 하며 녹이 나지 않아야 함** • 등 부위 또는 다리 부분이 높낮이를 조절할 수 있어야 함 • 낙상 방지를 위해 침대난간이 부착되어야 함 • 침대는 고정장치가 달린 바퀴, 수액병 거치대, 매트리스, 식탁을 갖추고 있어야 함 - **크랭크 손잡이는 침대의 다리판 쪽에 위치해야 하며, 사용하지 않을 경우에는 안전을 위하여 안으로 들어가는 수납 방식이어야 함**

사용 시 주의 사항	사용 전 준비 사항	• 바퀴가 구르지 않도록 잠금장치는 항상 잠궈줘야 함 • 대상자가 침대에서 떨어지지 않도록 침대 난간을 세워 고정 • 등판, 다리판의 상승 및 하강 시 깔거나 덮고 있는 이불이 끼지 않도록 정리	
	조작 방법 및 순서	등판, 다리만 각도 조절	크랭크 손잡이를 펴서 오른쪽으로 회전시키면 등판, 다리판이 올라가고, 왼쪽으로 회전시키면 내려감
		침대 난간	올리거나 내릴 경우 잘 고정되었는지 대상자의 신체 부위가 끼이지 않았는지 확인
		바퀴	침대 이동 및 고정 시 필요하며, 개별 잠금장치가 있어 페달을 발로 밟아서 고정하거나 해제

(12) 배회감지기

치매 증상이 있거나 배회 또는 길 말을 등 문제 행동을 보이는 대상자의 실종을 미연에 방지하는 장치

배회감지기 종류	위성항법장치형 (GPS) 배회감지기	위치추적 서비스로 치매증상의 대상자의 위치를 컴퓨터나 핸드폰으로 가족이나 보호자에게 알려주는 장치
	매트형 배회감지기	침대 또는 바닥에 설치하여 대상자가 영역을 벗어날 경우 가족이나 보호자에게 소리 또는 빛, 문자 등으로 알림을 보내어 사전에 대상자의 움직임을 확인하게 하는 장치

사용 시 주의 사항	• 항상 전원 및 작동 상태를 확인하고 관리해야 함 • 매트형은 밟거나 센서를 통과할 때 작동이 잘 되는지 수시로 점검해야 함 • 매트형은 매트가 밀리거나 매트에 걸려서 넘어질 수 있으므로 주의해야 함 • GPS형은 분실의 위험이 있고, 물에 젖으면 오작동 될 수 있으므로 주의해야 함

배회감지기 사진	[목걸이형 배회감지기]	[손목밴드형 배회감지기]

11 가사 및 일상생활 지원

일상생활 기본원칙	• 대상자의 질환 및 특성을 이해하고, 대상자의 욕구를 충분히 파악하여 지원 • 대상자의 생활방식과 가치관을 존중하며 요양보호사의 방식을 따르도록 강요해서는 안 됨 • 대상자와 신뢰 관계를 형성하고, 대상자의 안전을 최우선하여 배려 • **대상자의 잔존능력을 파악하여 스스로 할 수 있는 것은 최대한 스스로 하도록 격려하고 스스로 할 수 없는 것은 요양보호사가 지원** • 서비스에 대해서는 요양보호사의 판단으로 결정하지 않으며 반드시 대상자에게 충분히 설명하고 동의를 얻음 • 인지능력이 없는 대상자에게는 요양보호사의 판단에 따라 수행할 수 있으나, 가급적 보호자에게 설명하고 동의를 얻음 • 물품은 대상자의 동의를 얻어 사용하고, 함부로 옮기거나 버리지 않음 • 서비스 제공에 대해 상세하게 기록 • 모든 자원은 계획성 있게 필요한 만큼만 사용하고 환경오염을 최소화하기 위해 일회용품 사용을 가급적 자제

제2절   식품 위생관리

식중독		식중독균이나 유독, 유해한 물질로 오염된 식품 또는 물의 섭취로 인해 설사, 구토, 복통 등의 증상을 유발하는 질환
식중독 예방		• 장기요양 대상자는 질환 및 노화, 약물 복용의 영향으로 면역력이 저하되어 있어 식중독에 취약 • 대상자를 위한 식사관리 시 식품, 식기와 주방환경 위생을 철저히 관리하여 식중독을 예방
식중독 예방 6대 수칙		• 식사관리 시 식중* 독 예방을 위해 식품의약품안전처에서 제시한 여섯 가지 수칙
	손 씻기	• 흐르는 물에 비누로 30초 이상 씻기 • 조리 시 손을 통해 식중독균은 다른 식품과 주방기기로 전해질 수 있음 • 손은 30초 이상 비누 등 세정제를 이용하여 손가락, 손등까지 깨끗이 씻고 흐르는 물로 헹굼 • **조리 전 뿐만 아니라 조리 중에도 식품이 바뀔 때, 음식물쓰레기를 만진 후 등 필요할 때마다 손을 씻음**
	참고	손 씻기는 가장 손쉽고 경제적이며 효과적인 감염병 예방법 손 씻기로 감염성 질환의 70%를 예방할 수 있음

식중독 예방 6대 수칙	익혀먹기		• 육류 중심 온도 75도(어패류는 85도) 1분 이상 익히기 • 육류, 가금류, 생선류, 달걀 등은 중심 온도가 75℃에서 1분 이상 익히기 • 조개류 등 어패류는 중심 온도가 85℃에서 1분 이상 되도록 익히기 • 냉장고에 보관했던 죽이나 미음 등도 먹기 전에 반드시 완전히 가열 (75℃, 1분 이상)
	끓여먹기		물은 끓여서 마시기
	세척, 소독하기		• 식재료, 조리기구는 깨끗이 세척, 소독하기 • 채소와 과일은 물에 최소 1~2분 담근 후 흐르는 물에 3회 이상 씻기 - 과일 이용할 경우 세척제 용액에 5분 이상 담그지 않고, 깨끗한 물로 30초 이상 헹구기 • 한 식품에 오염되어 있던 식중독 세균은 기구를 통해 다른 식품으로 옮겨질 수 있으므로 식기 및 도마, 칼 등 조리기구와 조리대 표면 등을 사용 후 깨끗이 세척하고 소독
	구분 사용하기		• 날음식과 조리음식 구분, 칼과 도마 구분 사용 • **칼, 도마 등 조리기구는 육류용, 어류용, 채소·과일용, 조리음식용으로 구분하여 따로 사용**
		도마와 칼 구분 사용	• 어류용, 육류용, 채소·과일용으로 구분하여 사용 • 도마와 칼이 1개만 있는 경우 (채소, 과일-육류-생선류-닭고기)
			날 음식에는 다양한 식중독균이 존재할 수 있으므로 식품 조리 및 보관 중 조리된 음식과 분리
		참고	• 식중독은 원인물질에 따라 미생물 식중독(세균성, 바이러스성, 원충성), 자연독 식중독, 화학적 식중독으로 구분 • 세균성 식중독이 전체 식중독의 70% 이상을 차지
	보관온도 지키기		• **냉장식품은 5도 이하, 냉동식품 -18도 이하** • **냉장고는 5℃ 이하. 냉동고는 -18℃ 이하로 유지** • 식중독 세균은 상온에서 빠르게 증식하므로, 조리음식, 신선식품(육류, 어패류, 달걀류, 가금류 등)은 냉장고 또는 냉동고에 보관 • 조리한 식품을 실온에 2시간 이상 방치하지 않음 • 냉장고 온도에서도 일부 미생물은 증식할 수 있으므로 식품을 장기간 보관하지 않음

제3절   의복 및 침상 청결관리

1 의복 관리

의복	• 체온 조절이나 신체 청결을 유지하는 데 중요한 역할을 함 • 선호하는 의복을 입어 자기 자신의 개성이나 의식을 표현하기도 함 • 대상자의 건강수준에 맞는 의복을 입어 더 쾌적하고 건강하게 생활하도록 도움
기본원칙	• 속옷은 매일 갈아입는 것이 좋음 • 더러워진 의류는 옷감의 종류 및 세탁 방법에 따라 애벌빨래하여 세탁물 주머니에 넣고 세탁 • 얼룩이나 더러움이 심한 것은 즉시 세탁 • 세탁 시에는 충분히 헹굼 • 새로 구입한 의류는 한 번 세탁한 후 입고, 감염이 의심되는 대상자의 의류는 다른 사람의 의류와 구분하여 세탁 • **의류를 버릴 때에는 대상자에게 반드시 동의를 구함** • 평소에 늘 입는 옷은 바로 찾을 수 있게 수납하고, 대상자에게 장소를 명확히 알려주고 꺼내기 쉽도록 서랍 앞쪽에 정리 • **단추가 떨어졌거나 옷이 뜯긴 자리가 없는지 점검하고, 필요한 경우에는 수선해 두고 모직물에는 방충제를 넣음** • 더러워진 의류를 방치하면 악취가 나고, 흡수성과 보온성이 저하되며, 발진과 가려움 원인이 됨
의복의 선택 및 관리	**노인의 의복과 신발을 선택 주의사항** • **가볍고 느슨하며 보온성이 좋아야 함** • 입고 벗는 것이 쉬워야 함 • 노인의 체형에 맞는 디자인이어야 함 • 움직이는 데 불편하지 않고, 장식은 과도하지 않아야 함 • **외출 시 특히 저녁때는 교통사고를 방지하기 위해 부분적이라도 밝은색이 들어간 옷이 좋음** • 신발은 굽이 낮고, 쪽이 춥지 않으며, 뒤가 막혀있는 것으로 미끄럼방지 처리되어야 함 • 양말도 미끄럼방지 처리가 되어 있어야 함

8 속옷의 조건	• 입어서 기분이 좋은 것 • 갈아입기 쉬울 것	• 피부를 자극하지 않는 재질일 것 • 흡습성이 좋은 소재일 것

기출   의복관리에 대한 설명으로 옳지 않은 것은?

① 의복은 가볍고 느슨하며 보온성이 좋아야 한다.

② 의류를 버릴때는 반드시 대상자에게 동의를 구해야 한다.

③ 속옷은 매일 갈아입는 것이 좋다.

④ 평소에 늘 입는 옷은 바로 찾을 수 있게 수납해야 한다.

⑤ 모직물에는 방향제를 뿌린다.

해   모집물에는 방충제를 넣어야 한다.

답   ⑤

② 침상 청결 관리

침상 청결 관리	질환 및 장애로 침상에 오래 머무르는 대상자의 침상 주변을 말끔하게 정리 정돈하여 위생적이고 쾌적한 생활을 도움	
기본원칙	• 침상을 정돈할 때는 반드시 대상자의 동의를 구함 • 대상자가 넘어지지 않도록 전기 코드 등 발에 걸리는 물건을 치움 • 대상자에게 필요한 물품이나 요양보호에 필요한 물품은 손이 닿는 위치에 두고, 잘 치워둠 • 물건을 찾기 쉽게 정리하고 용기에 들어있는 물건의 이름을 적어두어 찾기 쉽게 함	
침구선택 및 정리	이불	• **따뜻하고, 가볍고, 부드러우며 보습성이 있는 것을 선택** • 이불 커버는 감촉이 좋은 **면제품이 좋음** • 햇볕에 말리면 자외선에 의한 살균 효과 - 이불을 걷을 때는 가볍게 두드려 솜을 펴줌 • 이불을 건조시키면 면이 팽창하여 보온성이 증가 • **건조시간은 오전 10시~오후 2시가 좋고 양모, 오리털 이불은 그늘에서 말림** • 담요나 이불 등은 적어도 한 달에 한 번씩은 세탁 교체
	요 (매트리스)	• 단단하고, 탄력성과 지지력이 뛰어나며 습기를 배출할 수 있는 것이 적합 • 너무 푹신하면 자세가 나빠지고 피로해지기 쉬움 • 땀이 흘러 눅눅해지거나 전기장판 등으로 인해 따뜻한 온도가 직접적으로 닿아서 각종 유해한 세균이나 집진드기가 발생하기 쉬움 - **최소한 한 달에 한 번씩은 말림**
	리넨류 (시트, 베개커버)	• 시트는 주름이 생기지 않고 한 장으로 요(매트리스)를 덮을 수 있는 크기가 적합 • **시트의 소재는 튼튼하고 흡습성이 좋은 옅은 색의 면이 좋음** • 시트는 길이, 폭 모두 요(매트리스) 밑에 접어 넣을 수 있는 크기를 사용 • 소재가 두렵고 풀을 먹이거나 재봉선이 있는 것은 욕창의 원인이 되므로 피함 • 와상 대상자는 침구를 반듯하고 팽팽하게 펴주고, 3~5일에 한 번은 세탁하여 햇볕에 말림 • 더러워진 시트는 수시로 교환하고, 교환 중에는 먼지가 발생하므로 환기

	베개	• **습기를 흡수하지 않고, 열에 강하며 촉감이 좋은 재질을 사용**
		• 깃털이나 솜처럼 너무 푹신한 베개는 머리와 목이 파묻혀 경추의 곡선을 유지하는 도움이 안 되고, 목침이나 돌처럼 딱딱한 베개는 목 근육과 골격에 무리를 주고 혈액순환에 방해
		  - 적당히 형태가 유지되는 베개를 선택
		• **메밀껍질이나 식물의 종자로 만들어진 베개가 좋음**
		• 베개는 2~3개 정도를 준비하면 체위 변경 시 신체 지지하는 데에 이용
		• **베개는 척주와 머리가 수평이 되는 높이가 좋음**
		  - 폭은 어깨 폭에 20~30cm를 더하고, 딱딱한 정도는 기호에 따라 조정
		• **감염대상자는 모포와 베개에 커버를 씌워 커버만 매일 교환**

기본 원칙		• 세탁 방법은 대상자의 습관과 결정을 존중하여 선택 • 세탁표시에 따른 세탁방법에 따라 세탁 • 세탁물의 상태를 확인하여 수선이 필요한 경우는 수선 후 세탁 • **세탁물을 통해 실금이나 하혈 등 건강상태를 확인하고 이상이 있는 경우는 시설장 또는 관리책임자에게 보고** • 세탁 시간은 섬유의 종류나 오염의 정도에 따라 조절 - **의류의 손상을 피하기 위해 오염이 심할 때에는 불리거나 부분 세탁을 병행** • 세탁물은 옷감의 종류와 색상, 세탁방법에 따라 분류하여 세탁하고 손질 • 세탁방법과 세탁물에 따라 알맞은 세제를 선택하고 적당량만 사용
세탁 방법	불리기	제품에 오염이 심한 경우는 분해 효소나 바이오 세정 성분이 들어있는 세제나 고형비누로 가볍게 문지른 후에 불림
	애벌 빨래	• 본 세탁 전에 오염 물질을 어느 정도 미리 세탁하는 애벌세탁 코스로 본 세탁만 하는 것보다 더 깨끗하게 세탁 • **심하게 오염된 빨래나 와이셔츠 소매 및 목 부분의 찌든 때 등 오염 부분에 가루세제나 얼룩제거제를 묻혀 살살 비벼 줌**

세탁 방법	애벌 빨래	얼룩 제거하는 기본적인 방법

주의할 점은 얼룩의 종류와 성질을 정확하게 파악하고 알맞게 처리하는 일

• 얼룩이 묻었을 때 비비는 것은 좋지 않음
　잘못 비비면 얼룩의 범위를 넓게 퍼지고 옷감의 손상이 일어남
• 얼룩이 생긴 즉시 빨리 처리하면 옷감이 상하지 않음
　- 다른 결과 (오염)이 생기지 않는지 주의
• 간단한 방법으로 얼룩을 빼보고 안되면 마지막 수단으로 약품을 사용
• 얼룩을 뺄 때는 얼룩 밑에 무명천을 2~3장 깔고 위에서부터 얼룩 제거제를 묻힌 천이나 브러시로 두드려 얼룩이 밑에 받친 천에 배어들게 함
• 약제를 사용해 얼룩을 뺀 후 깨끗한 헝겊으로 반복하여 두드림
• 얼룩을 뺀 후에는 얼룩 땐 부분을 다른 곳과 같게 하려면 얼룩을 뺀 주위에 분무기로 물을 뿌려 둠

• 의복과 옷감에 생긴 얼룩을 제거하는 방법

커피	식초의 주방세제를 1:1 비율로 섞어서 칫솔로 얼룩 부분을 실실 문질러 제거한 후 충분히 헹구거나 탄산수에 10분 정도 담가둔 후 세탁
땀	• 재빨리 처리하는 것이 좋음 • 땀이 묻은 부위를 두 장의 수건 사이에 끼우고 두드려 땀이 수건으로 옮겨 가게 한 다음 세제로 세탁 • **겨드랑이와 같이 얼룩이 심한 부위는 온수에 과탄산소다와 주방세제를 1:1로 넣어 2~3시간 담가둔 후 헹굼**

립스틱	클렌징폼으로 얼룩 부분을 살살 문질러 따뜻한 물로 헹구거나, 립스틱 자국 위에 버터를 살짝 묻혀 톡톡 두드린 후 화장솜에 아세톤을 묻혀서 버터와 얼룩을 지운 후 중성세제로 세탁
파운데이션	• 알코올이 함유된 화장수 또는 스킨을 화장솜에 적셔 얼룩을 톡톡 두드려 줌 • 비눗물로 씻으면 얼룩이 번져서 깨끗하게 지워지지 않기 때문에 반드시 알코올이 함유된 화장수로 지움
튀김기름	얼룩이 묻은 부위에 주방용 세제를 몇 방울 떨어뜨리고 비벼서 제거
혈액이나 체액	찬물로 닦고 더운물로 헹굼

- **세탁**

반드시 세탁표시에 따라 세탁

<표 4-3> 물세탁 기호

	기호	주요 내용
본 세탁	95℃	• 95도 물로 세탁 • 삶을 수 있음 • 세탁기, 손세탁 가능 • 세제 종류 제한 없음
	약 40℃	• 40도 물로 세탁 • 세탁기로 약하게 세탁, 약하게 손세탁 가능 • 세제 종류 제한 없음
	약 30℃ 중성	• 30도 물로 세탁 • 세탁기로 약하게 세탁, 약하게 손세탁 가능 • 중성세제 사용
	손세탁 약 30℃ 중성	• 30도 물로 손세탁 • 약하게 손세탁 가능 • 세탁기 사용 불가 • 중성세제 가능
		물세탁 안됨

기출 <보기>에서 제시한 세탁표시에 대한 내용으로 옳은 것은?

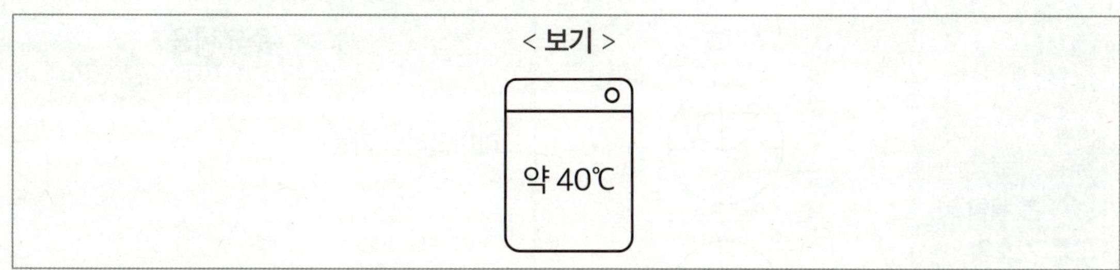

① 손세탁은 안된다.　　　　② 40도 온도로 강하게 세탁해야 한다.

③ 40도 온도로 중성세제를 이용한다.　　　　④ 세탁기 사용이 불가능하다.

⑤ 40도 물로 세탁해야 한다.

해 세제 종류에는 제한이 없고, 약하게 세탁하거나 약하게 손세탁이 가능하다.

답 ⑤

본 세탁 기호와 표시	반드시 세탁표시에 따라 세탁

<표 4-4> 염소표백 기호

기호	주요 내용
염소 표백 / 염소 표백(X)	① 염소계 표백제로 표백할 수 있음 ② 염소계 표백제로 표백할 수 없음
산소 표백 / 산소 표백(X)	③ 산소계 표백제로 표백할 수 있음 ④ 산소계 표백제로 표백할 수 없음
염소 산소 표백 / 염소 산소 표백(X)	⑤ 염소계, 산소계 표백제로 표백할 수 있음 ⑥ 염소계, 산소계 표백제로 표백할 수 없음

<표 4-5> 드라이클리닝 표시

기호	주요 내용
본 세탁 기호와 표시	
드라이	드라이클리닝 가능
드라이 석유계	석유계 용제로 드라이클리닝 가능
드라이 (X표시)	드라이클리닝 불가함

본 세탁 기호와 표시

• 삶기

삶기	• 면직물 속옷이나 행주, 걸레 등을 삶으면, 때도 잘 빠지고 살균 효과도 있음 • 세탁하고 나서 합성세제나 비눗물에 세탁물이 반쯤 잠길 정도로 넣고 삶음 • 삶을 때는 뚜껑을 덮고 세탁물이 직접 공기층에 노출되지 않게 함 • 삶는 제품의 종류가 다르거나 삶는 도중 색이 빠질 우려가 있는 의류는 비닐봉투에 각각 넣어 묶은 후 다른 제품과 함께 용기에 넣어 삶으며, 삶는 동안 비닐봉투가 용기 바닥이나 옆에 닿지 않게 함 • **뚜껑을 열고 삶으면 옷감이 상할 수 있으므로 반드시 뚜껑을 덮고 삶아야 함**

제5절 탈수하기

탈수 시간	의류에 따라 조절해야 하며, 지나친 탈수는 주름이나 의류손상의 원인이 되므로 소재나 의류에 따라 탈수 시간을 선택

<표> 탈수 표시

기호	주요 내용
약하게	손으로 약하게 짬, 세탁기에서는 단시간에 짜야 함
(X표시)	짜면 안 됨

• 헹구기

헹구기	• 시간과 물을 절약하기 위해 헹구기 전에 세탁물의 비눗기를 먼저 탈수하는 것이 중요 • 2~3회 행구며, 마지막 행궁에서 섬유유연제로 헹구면 감촉이 부드럽게 됨 **• 냄새가 심한 세탁물은 헹군 다음 봉산수에 담가두었다가 헹구지 않고 탈수하여 말리면 냄새가 없어짐**

• 건조하기

건조하기	• 탈수가 끝나면 주름을 펴서 형태를 바로잡아 곧바로 말리는 것이 중요 • 또한 세탁물 건조 시에는 품질표시에 제시된 건조방법에 따라 말림	
	흰색 면직물	햇볕에 건조하는 것이 살균효과가 있음
	합성섬유 의류, 색상 무늬가 있는 의류	햇볕에 말리면 변색될 수 있으므로 그늘에서 말림
	니트류(스웨터 등)	통기성이 좋은 곳에서 채반 등에 펴서 말림
	청바지류	• 주머니 부분이 잘 마르고 색이 바래지 않게 뒤집어서 말림 • 이때 지퍼는 열어둠

<표> 건조 표시

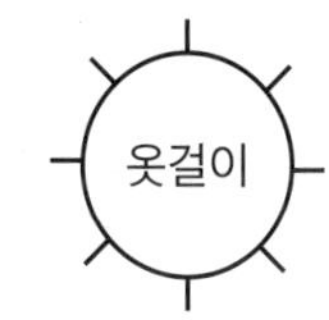 	• 햇볕에 건조 • 옷걸이에 걸어서 건조
 	• 그늘에서 건조 • 옷걸이에 걸어서 건조
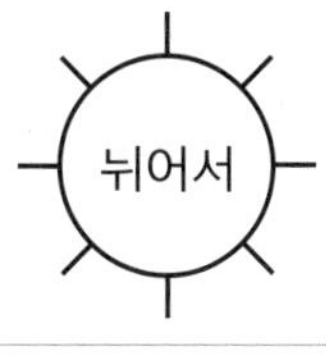 	• 햇볕에 건조 • 뉘어서 건조
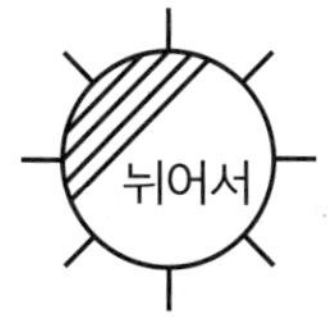 	• 30도 물로 손세탁　• 세탁기 사용 불가 • 약하게 손세탁 가능　• 중성세제 가능

제품별로 적절한 건조방법에 따라 건조해야 외복의 수명과 기능성을 유지

의복 정리	• 건조가 끝난 의복류는 계절 및 용도별로 분류해 놓으면 편리 • 사용 빈도가 적은 의복은 수납해 두는 것이 좋음 • 수납장소를 기록해 두거나 곁에서 봐도 알기 쉽게 해둠 • 옷장에는 내의나 수건을 정리하여 이름표를 붙여둠 • 매일 사용하는 의복류나 물건은 바퀴가 있는 끌차에 정돈해 두어 침대 옆에 두면 편리

다림질

• 다림질 표시기호를 따라야 함
• 다리미가 앞으로 나갈 때는 뒤에 힘을 주고 뒤로 보낼 때는 앞에 힘을 줌
• 다림질 후 습기가 남아 있으면 구김, 변형되므로 완전히 말림
• 수분이 필요한 다림질에는 먼저 분무기로 전체적으로 고르게 물을 뿌림
• 풀 먹인 천이나 스프레이식 풀을 사용하여 다림질할 때는 천을 깔고 다림

<표> 다림질 표시기호

기호	설명
180~210℃	**180~210도** 180 - 210도로 다림질
80~120℃	**80~120℃** 원단 위에 천을 덮고 80~120도 다림질
(다림질 금지 기호)	다림질할 수 없음

보관하기

• 의복은 해충의 피해나 곰팡이에 의해 손상되고 보관 중 변질, 변색될 수 있으므로 2시간 이상 직사광선을 쏘임
• **오랜 보관이나 장마로 인해 의류나 침구가 눅눅해졌으면 건조하고 맑게 갠 날 바람이 잘 통하는 그늘에서 바람을 쏘임**
• 맑은 날이라도 비가 막 그친 후에는 지면에서 습기가 올라오므로 바람을 쏘이는 데에는 적합하지 않음
• 양복장이나 서랍장에 방습제를 넣으면 습기 차는 것을 방지할 수 있음
• **방습제는 실리카겔이나 염화칼슘을 주로 사용**
  - 실리카겔은 흡습하면 분홍색으로 바뀌고 다시 건조시키면 청색으로 변하므로 말려 재사용
  - 염화칼슘은 의류용으로 시판
• 모섬유나 견섬유와 같이 흡습성이 큰 천연섬유는 높은 온도와 습도에서 해충의 피해를 받기 쉬우므로 보관할 때는 방충제를 넣어 둠
• 방충제에는 장뇌, 나프탈렌, 파라디클로로벤젠 등이 있는데, 종류가 다른 방충제를 함께 넣으면 화학변화를 일으켜 옷감이 변색, 변질되므로 한 가지씩만 사용
• **방충제는 공기보다 무거우므로 보관용기의 위쪽 구석에 넣어둠**
• 방충제의 포장지를 벗긴 다음 천이나 신문지에 싸서 넣음

12 치매 요양보호

• 치매 단계에 따른 가족부양 특성과 부담 변화

조기증상	치매 증상의 점진적 진행
진단	치매 증상 수용 노력 단계
전신행동증상	부적응 단계
도움 요청	지지 자원 물색 단계
실금	부양 위기 단계
병원 입원	병원 수용 단계
시설 입원	부양 고비 단계
섭식 곤란	인공 섭식 고려, 치매 말기 단계
사별과 애도	성실 단계

• 치매 가족이 느끼는 부담 종류

치매 가족이 느끼는 부담 종류	• 정서적 부담 • 신체적 부담 • 가족관계의 부정적 변화 • 시간적 제약 • 사회활동의 제한 경제적 부담	
정서적 부담	분노	• 가족이 처음 치매 진단을 받을 때 이를 받아들이기 어렵고 주어진 현실에 분노를 느끼기도 함 • 대상자를 돌보는 일로 인해 피곤할 때 또는 다른 가족들이 도움을 주지 않는 경우, 화를 내는 경우가 많고 화를 내고 나서는 자신을 자책
	무기력감	치매 대상자가 나아질 것 같지 않은 허무한 생각으로 인해 치매 대상자의 증상에 효과적으로 대처하지 못하게 됨
	죄책감	• 대상자에게 화를 냈다든지, 충분히 잘해주지 못하고 있다고 느낄 때 또는 과거에 대상자에게 잘못한 일을 되새기면서 죄책감 • 이러한 죄책감으로 인해 대상자의 치료나 대상자를 위한 의사결정을 내려야 하는 상황에서 잘못된 결정을 내릴 수 있음
	우울	슬픔, 낙담, 무기력, 의욕 저하 등이 복합적으로 나타날 수 있으며 심한 경우 불안, 신경 쇠약, 불면, 식욕 저하, 심지어 자살로까지 연결
	소외감	치매 대상자를 돌보는 일로 인해 사회적 관계와 접촉이 줄어들고 친구나 의지할 만한 사람이 점차 줄어들어 사회적 소외감을 경험
	불안감	치매 대상자의 상태나 대상자를 돌보는 역할, 재정적 상태 등에 대한 확실한 정보가 없는 경우 가족은 불안을 경험

• 치매환자의 전형적 행동

(1) 반복적 질문이나 행동

기본 원칙	• **치매 대상자의 주의를 환기(전환 요법)** • 반복적인 행동이 해가 되지 않으면 무리하게 중단시키지 말고 그냥 놔두어도 됨 • 치매 대상자가 심리적 안정과 자신감을 갖도록 도와줌 • 질문에 답을 해주는 것보다 치매 대상자를 다독거리며 안심시켜 주는 것이 중요 • **반복되는 행동을 억지로 고치려고 하지 않음**
돕는 방법	반복 질문이나 반복 행동에 대한 관심을 다른 곳으로 돌림 • 크게 손뼉을 치는 등 관심을 바꾸는 소음을 냄 • **치매 대상자가 좋아하는 음식을 줌** • 좋아하는 노래를 함께 부름 • 과거의 경험 또는 고향과 관련된 이야기를 나눔 • 콩 고르기, 나물 다듬기, 빨래개기 등 단순하게 할 수 있는 일거리를 제공(소일거리)
반복적 행동 예시	• 서랍 안의 물건을 꺼내어 헝클어 놓는 것을 반복 • 휴지를 찾아다니며 주머니에 모음 • 짐을 싸다가 다시 풀어 놓기를 반복

(2) 음식섭취 관련 행동심리증상

기본 원칙	• 치매 대상자의 식사 시간과 식사량을 점검 • 체중을 측정하여 평상시 체중과 비교 • 치매 대상자의 영양실조와 비만을 예방 • **화를 내거나 대립하지 않음** 　- 치매 대상자가 아무 때나 밥을 달라고 하는 경우. "방금 드셨는데 무슨 말씀이세요?"라며 대상자의 말을 부정하면 혼란스러워하므로 "지금 준비하고 있으니까 조금만 기다리세요" • 서두르지 않고 천천히 먹게 함 • 장기적인 식사거부는 시설장이나 간호사 등에게 보고
치매 대상자의 음식 섭취 관련 행동심리증상	• 계속 같은 종류의 음식만 먹음 • 밥을 먹고도 계속 식사를 요구 • 단추, 종이, 비닐봉투, 변, 비누, 샴푸, 틀니, 세제 등을 입에 넣고 우물거림

돕는 방법	• 그릇의 크기를 조정하여 식사량을 조정(먹고 또 먹는 타입) • 치매 대상자가 좋아하는 대체식품을 이용 • 식사하는 방법을 자세히 가르쳐 줌 • 식사 도구를 사용하지 못할 경우 손으로 집어 먹을 수 있는 식사를 만들어 줌 • 음식을 잘게 썰어 목리 막히지 않게 하고, 치매 말기에는 음식을 으깨거나 갈아서 걸죽하게 만들어 줌 • 위험한 물건을 먹지 못하도록 치움 • **치매 대상자가 위험한 물건을 빼앗기지 않으려고 하는 경우, 치매 대상자가 좋아하는 다른 간식과 교환** • 금방 식사한 것을 알 수 있도록 먹고 난 식기를 그대로 두거나 매 식사 후 달력에 표시
음식섭취 관련 행동 심리증상 나타나는 이유	• 과식하거나 배고픔을 호소 • 시간개념의 삼실로 인하여 식사한 것을 잊었거나 심리적인 불인감 때문일 수 있음 • 손에 만져지는 것은 무엇이든 먹으려고 하는 이식증상을 보임 • 음식물인지 아닌지 구별하지 못하기 때문에 입에 넣을 수 있음

(3) 수면장애

수면장애	치매 대상자는 시간 감각이 없어 낮과 밤이 바뀔 수 있으며, 외부 환경이 불편하거나 안정감이 없을 때 잠을 못 이룬다. 또한 신체적 질병을 앓거나 심리적으로 불안하고 걱정이 많을 때도 수면장애가 심해짐
기본 원칙	• 치매 대상자의 수면 상태를 관찰 • 치매 대상자에게 알맞은 하루 일정을 만들어 규칙적으로 생활 • 하루 일과 안에 휴식 시간과 가능하면 집 밖에서이 운동을 포함시킴 • 수면에 좋은 환경
돕는 방법	• **낮에 좁게 되면 밤에 수면장애가 심해지므로 산책과 같은 야외활동을 통해 신선한 공기를 접하며 운동하도록 도움** • 밤낮이 바뀌어 낮에 꾸벅꾸벅 조는 경우 말을 걸어 자극을 줌 • 소음을 최대한 없애고 적정 실내온도를 유지 • 오후와 저녁에는 커피나 술과 같은 음료를 주지 않음 • 잠에서 깨어나 외출하려고 하면 요양보호사가 함께 동행
치매 대상자의 수면장애 예시	• 2-3일간 잠을 자지 않고, 2-3일 뒤에 계속 취침 • 밤에 일어나서 돌아다니다가 낮에 취침

(4) 배회 (불안한 마음이 원인)

배회	• 아무런 계획도 목적지도 없이 돌아다니는 행위로 대다수의 치매 대상자에게서 나타남 • 배회로 인해 낙상이나 신체적 손상을 입을 수 있으므로 주의 깊은 관찰과 관리가 필요 (안전한 익숙한 환경을 제공함)
기본 원칙	• 치매 대상자가 초조한 표정으로 집 안을 이리저리 돌아다니는 경우, 곧 밖으로 나가려고 하는 것임을 염두에 둠 • 신체적 손상을 방지하기 위해 안전한 환경을 제공 • **규칙적으로 시간과 장소를 알려주어 현실감을 유지하게 함** • 치매 대상자가 활기차게 활동하며 바쁘게 생활하게 함 • 안전한 환경을 조성하며 소음을 차단 • 배회 가능성이 있는 치매 대상자는 관련 기관에 미리 협조를 구함

돕는 방법	• 낙상 방지를 위해 안전한 주변 환경을 조성
	• **치매 대상자의 신체적 욕구를 우선적으로 해결**
	• 단순한 일거리를 주어 배회 증상을 줄임
	• 집 안에서 배회하는 경우 배회코스를 만들어 둠
	• **치매 대상자가 신분증을 소지하도록 함**
	   – **실종될 경우를 대비해 곧바로 찾을 수 있게 연락처를 적어둠**
	   – **필요하다면 주소, 전화번호가 적힌 이름표를 대상자의 옷에 꿰매어 줌**
	• 배회 예방을 위해 현관이나 출입문에 뿔을 달아 놓아 대상자가 출입하는 것을 관찰
	• 창문 등 출입이 가능한 모든 곳의 문을 잠금
	• 텔레비전이나 라디오를 크게 틀어놓지 않으며, 집 안을 어둡게 하지 않음
	   – 소음은 치매 대상자로 하여금 그들에게 포위당했다는 느낌이 들게 할 수 있음
	   – 침대 옆에 매달려 있거나 부주의하게 내던져진 옷가지는 착각과 환각을 일으킬 수 있음
	• 낮 시간에 단순한 일거리를 주어 에너지를 소모하게 하여 야간배회 증상을 줄임
	• 집 청소, 산책, 목욕 등 건설적인 일을 주며, 밖에 나가거나 쇼핑을 하는 것은 활력소가 되며 수면의 질도 향상
	• **고향이나 가족에 대한 대화를 나누어 관심을 다른 곳으로 돌림으로써 정서 불안에 의한 배회를 줄여줌**
	• 상실감이나 욕구와 관련된 배회일 때는 치매 대상자 주변을 친숙한 것으로 채워주고 가족과 다과 등을 함께 하는 시간을 갖음

"치매환자, 말 안들어서 때렸다(요양보호사 인터뷰)"

치매환자의 특성에 대하여 공부를 하고 자격을 얻어 요양보호사 활동을 하고 있지만 현실에서는 이를 제대로 적용하지 못하여 노인학대로 이어지고 있다.

기출 치매환자의 배회에 대한 설명으로 옳지 않은 것은?

① 치매환자의 신체적 욕구를 먼저 해결해 준다.

② 낮 시간에 단순한 일거리를 주어 에너지를 소모하게 하여 야간배회를 줄일 수 있다.

③ 집안에서 배회하는 경우 배회코스를 만들어준다.

④ 치매환자의 배회는 치료가 필요하다.

⑤ 정서 불안에 의한 배회를 줄여주기 위해 노력해야 한다.

해 배회는 불안에서 오기 때문에 불안한 원인 및 요소를 없애주면 된다.

답 ④

(5) 의심, 망상, 환각

의심, 망상, 환각		• 치매 대상자는 흔히 자신의 물건을 누가 훔쳐 갔다고 의심하여 화를 내거나, 훔쳐 가지 못하도록 감추어 둠 • 가까운 주변 사람이나 가족이 자신을 죽이려 한다고 의심하기도 함 • 망상 또한 치매 대상자에게 자주 발생하는 증상으로 사실에 근거를 두지 않는 잘못된 고정된 믿음. 주로 발생하는 망상은 피해망상으로 그중 다른 사람이 자신의 물건을 훔쳐 갔다는 도둑망상이 흔함 • 치매 대상자를 돌보는 사람이 주로 의심의 대상이 됨 • 보이지 않는 사물이나 사람을 보거나 없는 사람과 대화를 나누는 환각 증상을 보일 수 있음
	환각	• 실제로 존재하지 않는데 존재하는 것처럼 느끼는 것 • 주위에 아무도 없는데 소리를 듣거나, 음식이 없는데도 고기를 굽는 냄새를 맡거나, 있지도 않은 물체를 잡으려 함
기본 원칙		• **치매 대상자의 감정을 이해하고 수용** • **치매 대상자가 보고 들은 것에 대해 아니라고 부정하거나 다투지 않음** • 치매 대상자 앞에서 다른 사람들에게 치매 대상자의 의심이나 행동. 치매 대상자가 잃어버렸다고 의심하는 물건을 이야기하지 않음 • **조롱하는 말투를 사용하지 않으며, 특히 귓속말을 하지 않도록 주의** • 잃어버렸다거나 훔쳐 갔다고 주장하는 물건을 찾은 경우, 치매 대상자를 비난하거나 훈계하지 않음. 물건을 발견했을 때도 아무 일도 아닌 것처럼 행동하는 것이 중요 • 규칙적으로 시간과 장소를 알려주어 현실감을 유지 • 치매 대상자가 다른 것에 신경을 쓰도록 계속 관심을 돌림 • **치매 대상자에게 하는 모든 행위에 대해 간단히 설명해 줌** • **요양보호사가 치매 대상자에게 도움을 주려고 한다는 확신을 갖게 함**
돕는 방법		• 잃어버린 물건에 대한 의심을 부정하거나 설득하지 말고 함께 찾아봄 • 동일한 물건을 자주 잃어버렸다고 하는 경우, 같은 물관을 준비해 두면 다가 싫어해졌다고 주장 할 때 대상자가 물건을 찾도록 도와줌 • **치매 대상자가 물건을 두는 장소를 파악해 놓음** • 도둑망상으로 치매 대상자가 방을 지킨다며 방 안에만 있기를 고집하면 위험하지 않은 범위 내에서 허용 • **치매 대상자가 좋아하는 노래를 함께 부르거나 좋아하는 음악을 틀어놓음** • 망상이 심한 경우 시설장이나 간호사 등에게 알림

(6) 파괴적 행동

파괴적 행동	• 무의미한 사건으로 보이는 것에 대해 자신뿐만 아니라 주위 사람에게 정서적으로 난폭한 반응을 보이는 것 • 치매 대상자는 일상적으로 해왔던 일을 기억하지 못하고 현재 감정 상태에만 반응 • 특히 여러 가지를 동시에 생각하여 수행하지 못하는 것에 대해 스스로 분노를 느껴 파괴적 행동을 할 수 있음. 파괴적 행동은 치매 대상자와 요양보호사 모두를 지치게 함
	파괴적 행동 예시 울고, 분통을 터뜨리고, 욕설하고, 지나치게 안절부절못하고, 때리거나 물고, 침을 뱉고, 주먹으로 치고, 꼬집는 등의 신체적 폭력
치매 대상자의 파괴적 행동의 특징	• 난폭한 행동이 자주 일어나지 않음 • 난폭한 행동이 오래 지속되지 않음 • 일반적으로 초기에 분노로 시작하며 에너지가 소모되면 지쳐서 파괴적 행동을 중지 • 치매 대상자의 난폭한 행동은 질병 초기에 나타나서 수개월 내에 사라짐
기본 원칙	• 파괴적 행동반응을 유발하는 사건을 사전에 예방 • 규칙적인 일상생활을 하도록 활동을 구성하여 대상자가 자신의 활동을 예측 • 치매 대상자의 수준에 맞는 의사 결정권을 줌 • 이해하지 못한 말은 다른 형태로 설명하지 말고 같은 말로 반복 • **천천히 치매 대상자의 관심 변화를 유도** • 행동이 진정된 후에는 왜 그랬는지 질문하거나 이상행동에 대해 상기시키지 않음 • **치매 대상자가 활동에 참여하고 있는 중이면, 활동을 중지시키고 가능한 한 다른 자극을 주지 않음** • 모든 신체 언어는 위협적으로 느끼지 않게 함 • 불필요한 신체적 구속은 피한다. 억제대 사용 • **파괴적 행동은 고집스러움이나 심술을 부리려는 의도가 아니라 치매에 의한 증상임을 이해하여야 함**
돕는 방법	• 이상행동 반응을 보이면 질문하거나 일을 시키는 등의 자극을 주지 말고 조용한 장소에서 쉬게 함 • 온화하게 이야기하고, 치매 대상자가 당황하고 흥분되어 있음을 이해한다는 표현 • 갑자기 움직여 대상자가 놀라게 하지 말고 천천히 안정된 태도로 움직임 • 일상적인 생활에 대하여 자상하게 반복하여 설명하고 신체적인 요양 보호기술을 적용할 때마다 도와주는 행동을 말로 표현 • 치매 대상자가 끊임없이 난폭한 발작을 하지 않는 한 신체적 구속은 사용하지 않음 • **구속이 불가피한 경우 신체의 일부만 구속하며 구속한 후에는 공격적인 행동이 사라질 때까지 접촉을 줄임** • 보호자의 동의, 의사의 처방, 서면 처방이 있으면 24시간 이내 신체보호대 사용 가능함

(7) 석양증후군

석양증후군	• **치매 대상자가 해질녘이 되면 혼란해지고 불안정하게 의심 및 우울 증상을 보이는 것** • 석양증후군은 대상자의 생활에 변화가 생긴 후 더 자주 발생하고, 주의집중 기간이 더욱 짧아지며, 현실이 자신을 고통 속에 처하게 만든다고 생각하여 더욱 충동적으로 행동
기본 원칙	• **해질녘에는 요양보호사가 충분한 시간을 가지고 치매 대상자와 함께 있음** • 치매 대상자가 좋아하는 소일거리를 주거나 애완동물과 함께 즐거운 시간을 갖게 함 • 낮 시간 동안 움직이거나 활동하게 함 • 신체적 제한은 치매 대상자가 소리를 지르거나, 몸부림치거나, 화내고, 고집부리는 행동을 더욱 악화시키므로 하지 않음
돕는 방법	• 치매 대상자는 인형, 애완동물, 익숙한 소리를 듣거나 좋아하는 일을 하는 것에서 위안을 받을 수 있으므로 이를 도움 • 요양보호사는 치매 대상자를 관찰할 수 있는 곳에서 활동하게 하고, 친구가 되어 줌 • 대상자를 밖으로 데려가 산책을 함 – 맑은 공기는 정신을 맑게 하고 치매 대상자의 들뜬 마음을 가라앉힘 • 따뜻한 음료수, 등 마사지, 음악듣기 등이 잠드는 데 도움이 됨 • **텔레비전을 켜놓거나 조명을 밝게 하는 것이 도움**이 됨

(8) 부적절한 성적 행동 (단호하게 말함)

부적절한 성적 행동	• 일반적으로 치매 대상자는 치매가 진행되면서 성에 대한 흥미를 잃어버리는 경우가 많으므로, 부적절한 성행위가 드물게 나타남 • 일부 치매 대상자는 자위행위, 사람들 앞에서 옷 벗기, 성기 노출 등의 성적 행동을 하기도 함
기본 원칙	• 치매 대상자는 보통 성 자체에는 관심이 없다는 것을 인식 • 부적절한 성적 행동관련 요인을 관찰 • **때때로 행동교정이 도움이 됨** • **노출증을 감소시키기 위해 적절한 제한과 보상을 사용** • 이상한 성행위가 복용 중인 약물 때문에 유발될 수 있음을 이해
돕는 방법	• 의복으로 인한 불편감이나 대소변을 보고 싶은 욕구가 있는지 확인하고 도와줌 • 옷을 벗거나 성기를 노출한 경우, 당황하지 말고 옷을 입혀줌 • **치매 대상자가 성적으로 부적절한 행동을 할 때, 좋아하는 물건이나 활동을 통해 관심을 전환하도록 유도** • 치매 대상자가 성적으로 부적절한 행동을 보이면 공공장소에 가는 것을 삼가고, 방문객을 제한하여 사고를 예방 • 심한 경우 시설장이나 간호사 등에게 알리고 상의

기출 치매 환자와의 대화 시 가장 중요한 점은 무엇인가?

① 환자가 혼자 해결할 수 있도록 유도한다.　　② 짧고 명확한 문장을 사용한다.

③ 질문을 자주 바꾼다.　　④ 지나치게 설명을 길게 한다.

⑤ 감정을 무시하고 대화한다.

해 설명을 길게 하거나 감정은 존중하지 않으면 치매환자도 다 느낀다. 주의하며 대화를 해야 한다.

답 ②

기출 요양보호사가 치매 환자에게 적합한 지원은 무엇인가?

① 신체 치료　　② 재활 훈련

③ 일상적인 신체 활동 보조　　④ 병원 치료

⑤ 약물 처방

해 치료 및 처방은 의사직무, 재활 훈련은 의사와 물리치료사의 직무이다.

답 ③

기출 요양보호사가 치매 환자에게 제공할 수 있는 신체 활동은 무엇인가?

① 대소변을 자주 참게 한다.

② 환자에게 복잡한 운동을 시킨다.

③ 신체 활동을 지나치게 제한한다.

④ 환자의 신체 능력에 맞는 운동을 제공한다.

⑤ 신체 활동을 선혀 하지 않게 유도한다.

해 대소변을 자주 참게 하면 불안감이 높아지고 단순한 운동을 시켜야 한다.

답 ④

기출 요양보호사가 치매 환자를 돌볼 때 유의해야 할 사항은?

① 환자의 감정을 무시하고 강제로 행동을 유도한다.

② 반복되는 질문에 짜증을 낸다.

③ 짧고 간결한 문장으로 의사소통을 한다.

④ 환자가 혼란스러워할 때 지나치게 설명을 한다.

⑤ 환자의 상태를 자주 바꿔서 대한다.

해 감정을 존중하고 반복되는 질문에도 지속적으로 대답을 해준다. 치매 환자는 변화에 민감하다.

답 ③

13 임종 요양보호

• 임종 적응 단계

임종기 요양보호	죽음을 앞둔 사람들의 정서와 행동변화를 이해하고 지원하는 총체적 과정을 뜻함	
임종	• 사망 또는 죽음, 생명의 정지 또는 생체 기능의 영구적인 정지를 뜻함 • 경고 없이 갑작스럽게 발생하기도 하고 충분히 예측 가능한 사건으로 맞이하게 되기도 함 • 회생 가능성이 없고, 치료에도 불구하고 회복되지 않으며, 급속도로 증상이 악화되어 사망이 임박한 상태	
임종기 적응 5단계	부정	• 부정의 단계에 있는 사람들은 **자신의 죽음을 받아들이지 않음** • 아무런 일이 일어나지 않은 듯 행동하며, 죽음에 대한 어떠한 이야기도 꺼내는 것 자체를 거부 • 치명적인 말기질환을 알게 된 경우, 충격적으로 반응하며 이를 사실로 받아들이려 하지 않을 수 있음 • 때때로 다시 회복할 수 있다는 비현실적인 믿음을 가질 수도 있음 • "아니야. 나는 믿을 수 없어"라는 표현을 자주하기도 함
	분노	• 분노의 단계에 있는 사람들은 **자신이 죽음을 앞두고 있음을 이해한 이후 종종 자신의 감정을 반항과 화로 표출** • '나는 아니야 왜 하필이면 나야' 혹은 '왜 지금이야' 등을 말하고 어디에서 누구에게나 불만스러운 면을 찾으려 함 • 목소리를 높여 불평을 하면서 주위로부터 관심을 끌려고 하기도 함 • 분노는 심리학적으로 건강한 반응에 속함 • 때때로 돌봄을 제공하는 사람에게 화를 낼 수 있음 　- 이 경우 요양보호사는 이것이 정상적인 심리 반응임을 이해해야 함
	타협	• 타협의 단계에 있는 사람들은 **자신이 아무리 죽음을 부정해도 피할 수 없는 상황임을 이해하게 됨** • "그래, 내게 이런 일이 벌어졌어, 하지만" 으로 말하며, 삶이 연장되기를 희망 • 의료진, 돌봄제공자 또는 신에게 무언가 자신의 계획을 설명하면서 회복을 위한 현실적 또는 비현실적 노력을 기울임 • 이 시기에 요양보호사와 가족들은 지킬 수 없는 약속을 하지 않도록 주의

임종기 적응 5단계	우울	• 우울의 단계에 있는 사람들은 증상의 악화와 체력의 소진을 경험하면서 **정서적으로 깊은 슬픔에 빠지게 됨** • 자신의 근심과 슬픔을 더 이상 말로 표현하지 않고 조용히 울기도 함 • 사람들과 떨어진 채 고립을 선택하고 최소한의 행동(말하기, 먹기, 움직이기 등)을 하지 않기도 한다. 이 시기에 신체적 정서적 지원을 충분히 제공하는 것이 중요 • 대상자는 자기와 함께 느끼고 슬퍼하고 자기 곁에 있어 줄 사람을 필요로 함 • 때때로 성급하게 위로하기보다는 잘 들어주고 이해해주는 것이 보다 중요
	수용	• 수용의 단계는 임종 전까지 찾아올 수도 있지만 그렇지 않는 경우도 흔함 • **어떠한 사람들은 평화로운 마음속에서 마지막 정리의 시간을 보내기도 함** • 여기에는 재산 관리, 상속 관련 상담, 사랑하는 사람들과 함께하는 마지막 시간을 보내는 것이 포함 됨. 가족들과 함께 종교적 예식을 준비하는 경우도 있음 • 오랜 투병을 통해 고통을 받았던 사람들일수록 죽음을 긍정적인 사건으로 인식하기도 함

제2절   임종 대상자 지원 및 가족 요양보호

• 임종 징후

임종 징후	• 몇 가지 신체적 변화들이 동시에 발생할 경우 임종이 임박했음을 짐작할 수 있음 • 흔히 활력징후(혈압, 맥박, 호흡수, 체온)와 피부색이 변화하며, 계속 자는듯한 의식변화 동반 • 이와 함께 시력. 미각, 촉각 등 감각 저하
	• 시력감소 • 초점이 흐려진 눈동자 • 말이 어눌해심 • 촉각의 감소 • 움직임이 약해지고, 근육의 긴장이 감소함 • 체온의 상승 또는 저하 • 혈압 감소 • 맥박이 약해지고, 빨라지거나 느려짐 • 숨을 가쁘고 깊게 몰아쉬며 가래가 끓다가 점차 숨을 깊고 천천히 쉼 • 가슴에서 돌 구르는 것 같은 가래 끓는 소리가 들림 • 차갑고 창백한 피부 • 혈액순환 부전에 의한 피부반점 • 식은땀을 흘림 • 실금 또는 실변 • 의식저하

 <보기>와 같은 대상자의 임종 적응 단계로 옳은 것은?

< 보기 >

대상자 : 왜 하필이면 나한테 이런 일이 일어나는 거야? 신은 나를 버렸어!

---

① 부정　　　　　　　　　　② 분노
③ 수용　　　　　　　　　　④ 우울
⑤ 타협

해 분노 단계에서는 종종 자신의 감정을 반항과 분노로 표출하며 어디에서나 누구에게나 불만스러운 점을 찾으려고 한다.

답 ②

• 신체·정신적 변화에 대한 요양보호

감각기능의 저하	• 임종 단계에서 시력은 유지되지 못할 수 있으므로, 조명의 밝기를 눈부시지 않게 낮춤 • 청력은 마지막까지 유지되는 편이므로 정상 톤으로 말하도록 함 • 대상자에게 지금 무슨 일이 일어나고 있으며, 어떠한 돌봄을 제공하겠다고 이야기를 들려주도록 함. 물론 대답을 기대할 필요는 없음 • "지금은 약 드신 시간입니다"와 같이 부드러우면서도 분명한 어조로 말하는 것이 좋음 • 가족들에게 너무 번잡스럽지 않은 범위에서 계속해서 일상의 이야기를 나누도록 격려 • 때때로 대상자의 몸짓(바디랭귀지)이 의미하는 바를 잘 이해할 수 있어야 함 • **신체적 접촉은 매우 중요** • 특별한 말을 전달하지 않더라도 **대상자의 손을 잡고 조용히 곁에 있어 주는 것은 대상자에게 깊은 편안함을 줌**
구강과 코 주변 관리	• 구강관리를 자주 실시 • 만일 무의식 상태라면 최소 두 시간 간격으로 실시 • 입술과 콧구멍은 건조하여 상처가 나기 쉬운 부위 • 필요시 윤활제(바셀린, 립밤 등)을 바르도록 함
피부관리	• 점차 근력이 약화되면서 대소변을 조절하지 못하고 실금 또는 실변을 하게 됨 • 침상과 피부를 청결하게 유지하기 위해 침상 홑이불 아래에는 방수포를 깔고 필요 시 기저귀를 착용하도록 함 • 피부는 항상 깨끗하고 건조하게 유지 • 침구류는 주름이 없는 제품을 사용하고 주기적으로 변경을 실시하여 욕창을 예방 • **때때로 대상자의 손과 발이 점차 싸늘해지면서 피부 전체가 하얗게 또는 파랗게 변화할 수 있음** • **혈액순환의 저하로 담요를 덮어서 따뜻하게 해주는 것은 도움이 됨** • 보온을 위한 전기기구는 사용하지 않음

통증 조절	• 임종기에 상당한 통증을 호소할 수 있음 – 이 경우 가족들에게 연락하여 의사의 처방에 따라 통증 조절을 위한 약물 처방이 이루어질 수 있도록 함
호흡 조절	• 때때로 호흡수와 깊이가 불규칙하고 무호흡과 깊고 빠른 호흡이 그대로 나타날 수 있음 • **임종이 임박했음을 나타내는 신호일 수 있으므로, 신속하게 가족들에게 연락하도록 함** • 필요시 **연하게 가습기를 켜둠**
소화기능 변화	• 음식이나 수분을 섭취하는데 어려움이 많아짐 • 대상자의 몸이 소화보다는 다른 기능을 하는데에 에너지를 소모하려고 하기 때문 • **억지로 먹이려고 하지 말아야 함** • 식욕부진, 울렁거림 또는 구토가 심한 경우, 작은 얼음조각이나 주스 얼린 것 등을 입안에 넣어주는 것은 도움이 될 수 있음
신장 기능의 변화	• 수분 섭취가 줄어들고, 혈액순환이 충분하지 않으므로 소변량이 점차 줄어들게 됨 • 평소보다 현저하게 소변량이 줄어들 경우, 임종이 임박했음을 나타내는 신호일 수 있음 • 가족들에게 관련 사실을 전달하도록 함
환경관리	• 대상자는 이 시기에 시간, 장소, 자기 주위에 있는 사람이 누구인가에 대해 혼돈을 느낌 • 평소에 좋아하는 물건이나 사진 등을 머리맡에 두어 친숙함을 느낄 수 있도록 함 • **평소에 좋아하는 음악을 들어두는 것도 좋음** • 주기적으로 환기를 시킴으로 답답하지 않도록 함 • 방 밖으로 잠시 나갈 경우, 언제까지 돌아오겠다고 이야기하여 혼자서 너무 불안하지 않도록 함
정서적 영적 지원	• 임종을 앞둔 대상자는 죽음과 앞으로 일어날 일들에 대해 두려움을 가질 수 있음 • 잘 듣는 것은 가장 중요한 상담 기술 • 대상자가 이야기를 시작하면 주의를 집중해서 경청 • 어떠한 이야기를 했너라노 이를 기록하고 가족들에게 전달 • 어느 누구도 언제 그리고 어떻게 죽음에 이르는지 말해줄 수 없음 • 대상자가 질문을 할 경우, 있는 그대로의 사실만을 확신있게 전달하도록 함 • 가장 확실한 사실은 지금 당신이 대상자의 곁에 있다는 것 • **대상자가 만나고 싶어하는 사람이 있 을 표현한다면 요양보호사는 가족들에게 이 사실을 알리고 정서적으로 고립되지 않도록 도움** • 때때로 종교지도자와 만남을 통한 영성 지원을 요청할 수 있음 • 가족들과 상의하여 관련된 면담을 안내하도록 함 • 이때 결코 자신(요양보호사)의 종교적 신념을 대상자에게 강요해서는 안됨

1 품위있는 삶과 죽음의 권리

치료를 거부할 권리	• 치료를 받을지 종료할지에 대한 근본적인 결정 권한은 근본적으로 대상자에게 있음 • 만일 대상자가 의사결정을 내릴 수 있는 신체적 또는 인지적 역량이 부족한 상황이라면, 가족들에 의해 대상자의 기본적인 의향이 판단될 것 • 어떠한 결정을 내리든지 요양보호사는 이에 대한 판단을 내려서는 안됨
원하는 사람을 만날 수 있는 권리	• 임종이 임박한 상황에서 마지막으로 누구를 만날지는 대상자의 삶을 정리하는데 중요한 영향 • 사랑하는 사람과 작별 인사를 나누는 것은 대상자가 좋은 죽음을 구성하는 매우 중요한 요소 • 비록 곁에 누가 있는지를 인지하지 못하거나 대화를 나눌 수 없는 의학적 상태에 있다고 하더라도 **한 공간에서 마지막 시간을 함께 보내는 경험은 존중되어야 함**
사생활을 침해받지 않을 권리	• 개인의 프라이버시를 존중하는 것은 인간의 기본권으로 임종을 앞둔 환자에게도 동일하게 보장되어야 함 • 대상자의 사적 비밀을 누설하지 않아야 할 뿐만 아니라 명예와 신용을 낮출 수 있는 잠재적 행동을 해서는 안됨

② 사전연명의료의향서 작성

사전연명 의료의향서 작성	• 요양보호사는 향후 대상자의 의사결정능력이 상실되었을 경우를 대비하여 무의미한 연명의료의 중단 또는 호스피스·완화의료에 대한 이용 의향을 **미리 서면으로 작성하도록 권유할 수 있음** • **대한민국에 거주하는 19세 이상의 사람은 누구나 사전연명의료의향서를 작성할 수 있음** • **등록기관을 통해 작성** 등록된 사전연명의료의향서만이 법적 효력을 인정받을 수 있음 • 구체적인 등록기관의 연락처는 국민건강보험공단지사를 통해 안내받도록 함 • 연명의료 중단에 대한 의향을 서면으로 표시했더라도 언제든지 그 내용을 변경하거나 철회하는 것은 가능 • 문서로 작성하는 그 자체보다는 평소에 대상자가 가족들과 어떻게 임종을 준비하고 있는지를 이야기하는 것이 중요 • **사전연명의료의향서의 법적 효력을 말기 환자 또는 임종 과정에 있는 환자에 한하여 적용** • 사전연명의료의향서를 작성했다는 이유만으로 일반적인 진료 과정에서 최선의 치료를 받지 못하는 것은 아님 • 「**사전연명의료의향서**」를 작성했더라도 이 문서가 모든 의료 기관에게 자동으로 연동되는 것은 아님 • 무의미한 연명의료의 중단 또는 호스피스·완화의료 이용을 원할 경우, 환자의 가족들은 이 사실을 의료진에게 별도로 전달해야만 함 • 국립연명의료관리기관 홈페이지에 접속하면 가족에 한하여 연명의료에 관한 대상자의 결정 내용을 열람할 수 있음
연명 의료	• **임종 과정에 있는 환자에게 하는 심폐소생술, 혈액 투석, 항암제 투여, 인공호흡기 착용 등 치료 효과 없이 임종 과정의 기간만을 연장하는 의학적 시술을 뜻함** • 사전연명의료의향서에 연명의료를 중단한다고 명시해도 통증 완화를 위한 의료 행위와 영양분, 물, 산소의 단순 공급은 보류하거나 중단할 수 없음 • **연명의료 중단은** 회복 불가능한 말기 환자가 무의미한 치료를 중단하고 자연적인 죽음을 받아들인다는 점에서 **존엄사, 소극적 안락사와 유사함** • 말기 환자가 고통을 이겨낼 방법이 없을 경우에 한해 의사 도움을 받아 죽도록 하는 안락사와는 다름
말기 환자 임종 과정에 있는 환자	• 적극적인 치료에도 불구하고 근원적인 회복 가능성이 거의 없고, 증상이 악화되어 수개월 이내에 사망할 것으로 예상되는 환자를 뜻함 • 말기환자를 어떻게 규정할 것인가는 매우 신중한 판단을 요구 • **현재 연명의료결정법 제2조에 따르면 2명 이상의 의사**(담당의사 1인과 해당 분야 전문의 1인)**가 동일한 진단과 소견서를 작성**해야 함 • 단, 호스피스전문 기관에서는 담당의사 1인의 판단으로 갈음할 수 있음

③ **호스피스 완화의료 이용**

	• 치료가 어려운 말기 질환을 가진 환자와 가족을 대상으로 통증 및 신체적, 심리적, 사회적, 영적 고통을 완화하여 삶의 질을 향상시키는 전문적인 의료서비스 • 현재 국내에서 제공되는 호스피스 완화의료 서비스는 크게 입원형, 가정형, 자문형으로 구분	
호스피스 완화의료	입원형	• 별도의 독립된 병동이나 시설에서 소정의 훈련과정을 이수한 전문인력(의사, 간호사, 사회복지사, 자원분 사자 등)에 의해 임종 관리 서비스가 제공 • 입원형의 경우 암 질환에 한하여 이용 가능
	가정형	자택으로 의사, 간호사 또는 사회복지사의 가정방문을 통해 관련된 서비스가 제공
	자문형	외래진료를 보듯이 환자가 방문하는 형태
	연명의료결정법에 규정된 암, 후천성면역결핍증, 만성 폐쇄성 호흡기 질환, 만성 간경화 환자만이 이용할 수 있음	

기출 말기환자가 사전연명의료의향서에 대해 물어볼 때 요양보호사의 반응으로 옳은 것은?

① "가족의 동의가 있어야 작성할 수 있어요."

② "제가 대신 작성하려면 인감도장이 필요합니다."

③ "의사가 반드시 작성해야 해요."

④ "대한민국 거주 19세 이상은 누구나 작성이 가능합니다."

⑤ "한번 작성하면 철회할 수 없어요."

해 19세 이상이면 본인이 결정하여 등록기관을 통해 작성 및 등록해야 한다.

답 ④

 응급상황 대처 및 감염관리 

제1절 위험 및 위기대응

1 의학적 위기상황에 대한 대처법

위기 상황		위기 상황은 흔히 사고 또는 갑작스러운 질병의 결과로 초래
	의학적 위기상황	심근경색증, 뇌졸중, 저혈당, 호흡곤란, 질식은 대상자의 질병 악화
	사고에 따른 위기상황	낙상, 골절, 화상, 출혈, 약물중독, 교통사고
	요양보호사 대처	• 요양보호사는 항상 침착하고, 신속하게 행동해야 함 • 명확한 의사소통을 실시하여 적절한 도움을 요청해야 함
일반적 위기상황 대처방법	상황을 판단하라	• 가장 먼저 어떠한 일이 일어났는지를 파악해야 함 • 사고에 따른 위기 상황이 발생했다면, 우선 자기 자신 또한 위험에 노출되었는지를 판단하도록 함 • 만일 그렇지 않다면 위기 상황을 인지한 현재의 시간과 발생한 상황들을 잘 기억해 두어야 함
	대상자를 살펴보라	• 사고 또는 질병이 발생한 대상자에게 무슨 일이 일어났는지 물어봄 • 대상자가 평소와 달리 대답하지 못한다면 의식을 잃은 상태일 수도 있음 • 의식을 잃었다는 것은 정신이 명료하지 못하고 주변에 발생한 일들을 인지하지 못하는 상태를 뜻함 • 대상자를 가볍게 두드리고 괜찮은지 다시 한번 물어보면서 의식상태를 확인. 이때 큰 소리로 이름을 불러야 할 수도 있음 • 여전히 반응이 없다면 의학적 위기상황으로 판단해야 함 • 신속하고 올바른 방법으로 도움을 요청하도록 함
	응급 처치를 실시하라	① 대상자가 대답 또는 무언가 말을 한다면 호흡과 맥박을 확인하도록 함 ② 무슨 일이 있었는지를 계속 물어보면서 정확한 상황을 파악하도록 함 ③ 다음의 위기 징후들이 있는지를 판단 **위기징후** ① 상당한 출혈　　④ 피부색의 변화 ② 의식의 변화　　⑤ 신체 일부가 부풀어 오름 ③ 호흡 불안정　　⑥ 심한 통증 ④ 이상징후가 하나 이상 관찰되면 전문적인 치료가 필요하다고 판단 ⑤ **신속하게 119에 신고하고 구급대원이 도착할 때까지 상황별 응급처치를** 실시하도록 함 ⑥ 만일 몇 분 정도의 시간적 여유가 있다면, 응급처치를 실시하기 전에 기관장과 가족에게 연락하도록 함

	응급 처치를 실시하라	⑦ **연락이 되지 않거나 기다릴 시간이 없다고 판단될 경우, 곧바로 응급처치를 실시할 수 있음**
		⑧ 이때 응급처지란 당황하는 환자 곁에서 손을 잡고 안심을 시키는 행동을 포함
		⑨ 침착하고 자신감 있는 태도로 "제가 어떻게 도움을 드리면 좋을까요?"라고 질문
		⑩ 환자를 안심시키면서도 상황에 따른 적절한 대처방법을 찾는데 도움이 될 수 있음
일반적 위기상황 대처방법	가족과 기관장에 보고하라	① 묻는 말에 대상자가 명료하게 대답하고, 호흡이나 맥박이 정상적이며, 뚜렷한 위기 징후가 관찰되지 않는 상황이라면 반드시 119에 신고할 필요는 없음
		② 낙상, 화상, 열상 등의 경미한 사고로 판단된다면, 가족 또는 기관장에게 보고하는 것만으로 충분
		③ 기관의 방침에 따라 가족에게 연락은 기관장(수퍼바이저)에게 연락할 수 있음
		④ 상황이 종료되었다면 사무실에 돌아와서 위기 상황에 대한 기록문서를 작성하도록 함
		⑤ 장기요양기관에 따라 요양보호의 명칭이 조금씩 다르지만 <상태기록지> 또는 <사고보고서>를 작성
		⑥ 가급적 자세히 사실만을 기록하는 것이 중요 '0000년 00월 00일 00시 00분경에 갑작스러운 흉통으로 방바닥이 쓰러져 있는 것을 발견하였고, 이에 OO조치를 하였음'이라고 작성
		⑦ 기록문서는 위기상황에 대해 나와 기관을 보호하기 위한 조치사항
119 신고 방법		① 근무 시간 중에 의학적 위기 상황 시, 신고가고민이 되는 상황이라면 신고하는 것이 원칙
		② 119구급대원은 신고를 받은 후 통상 15분 현장에 도착
		③ 요양보호사가 혼자 있다면 직접 119에 신고하도록 함
		④ 가족 또는 다른 사람과 있다면 119에 신고할 것을 요청하도록 함
		⑤ 후자의 경우 요양보호사는 대상자 곁에서 상황의 변화를 면밀하게 살피도록 함
		⑥ 119에 신고한 직후 요양보호사는 가족 또는 기관장에게 현재 상황을 보고하고,
		⑦ 어떠한 이유로 119에 신고했는지를 알려야 함
		⑧ 구급대원이 질문을 하며 신고자는 질문에 성실하게 답변을 하는 것만으로 충분
119 신고 방법	119 구급대원에게 알려야 할 정보	① 상황이 발생한 곳의 정확한 주소
		② 대상자와 상태(나이, 성별, 주요 상황, 필요시 간략한 질병력)
		③ 신고 이유(요양보호사로서 가까이에서 관찰했음을 밝힐 것
		④ 응급처치를 실시한 내용이 있다면 이를 밝힐 것
		⑨ 119 구급대원이 끊어도 좋다고 할 때까지는 먼저 전화를 끊지 않음
		⑩ 119 신고를 완료했다면 구급대원이 진입할 수 있도록 문을 열어둠

2 재난상황에 대한 대처

재난상황	① 화재, 홍수, 태풍, 지진, 정전, 전기사고 등으로 뜻하지 않게 발생한 긴급상황을 뜻함
	② 요양보호 대상자는 재난상황에 가장 취약한 인구집단
	③ 요양보호사는 대상자 뿐만 아니라 자신의 안전도 함께 지킬 수 있도록 노력해야 함
	④ 항상 침착해야 함
	⑤ 핸드폰(인터넷) 또는 텔레비전을 계속 켜두고 현재 상황의 최신정보를 계속 수집
	⑥ 필요시 기관장(수퍼바이저)에게 연락하여 행동 지침을 전달받도록 함
	⑦ 만일 예측된 보도를 통해 대처할 시간이 있다면 신속하게 안전한 장소로 대피할 준비를 해야 함
화재	① 평소에 화재 발생시 진화요령과 대처방법을 숙지하고 있어야 함
	② 소화기가 비치된 장소를 알아 두고 사용방법을 익혀둠
	③ 음식을 조리하는 중에 주방을 떠나지 않거나 난로 곁에는 불이 붙는 물건이나 세탁물을 가까이 두지 않는 등의 예방수칙을 준수
	④ **화재가 발생할 경우 눈**(연기가 보이고 따가워짐), **코**(무엇인가 하는 냄새가 남) **귀**(사람들의 아우성이나 비상벨 소리가 남), **촉각**(사용하여 신속하게 상황을 인지)
	⑤ 만일 실내에서 화재가 발생한 경우, '**불이야**'라고 소리치고 비상벨을 눌러 주변에 이 사실을 알림
	⑥ 불을 끌 것인지 대피할 것인지 판단
	⑦ 불길이 천정까지 닿지 않은 불이라면 소화기나 불양동이를 활용하여 신속하게 진화를 시도
	⑧ 만일 불길이 커져 끄기 어려운 경우로 판단된다면 신속하게 대피하도록 함
	⑨ 반드시 **엘리베이터가 아닌 계단으로 이동**
	⑩ 이동 시 뜨거운 연기는 천장으로 올라가므로 **최대한 자세를 낮추면서 움직임**
	⑪ 연기나 어두움으로 시야가 확보되지 않는다면 한 손을 벽에 걸으면서 이동
	⑫ **아래층으로 대피할 수 없을 경우 옥상으로 이동하며, 옥상 출입문은 항상 열려 있어야 함**
화재를 진압하는 방법	실내에서 소화기를 사용할 때는 밖으로 대피할 때를 대비하여 문을 등지고 소화기 분발을 쏜다.

1 안전핀을 뽑는다
2 노즐을 잡고 불쪽을 향한다
3 손잡이를 움켜쥔다
4 분말을 골고루 쏜다

① 안전핀을 뽑는다.	바닥에 내려놓은 상태에서 안전핀을 뽑음
② 노출을 잡고 불쪽을 향한다.	소화기를 들고 출입문에 서서 노즐을 불쪽으로 향함
③ 손잡이를 움켜쥔다.	손잡이를 위아래로 눌러줌
④ 분말을 고루 쓰다.	분말을 불 전체에 골고루 뿌려줌

- **재난상황에 대한 대처**

수해와 태풍	• 평소에 유사시 대피 경로와 본인의 역할을 숙지하고 있어야 함 • 일기예보를 통해 풍수해 경보를 듣게 된다면 상수도의 오염에 대비하여 욕조에 물을 미리 받아둠 • 만일을 대비하여 응급약, 손전등, 비상식량, 휴대전화 충전기 등을 챙겨둠 • 차량 이동 중이라면 속도를 줄이고 바리 연료를 채워둠 • 침수가 우려되는 낮은 지대(지하 주차장)를 피하고, 하천변 산길, 공사장 가로등, 신호등, 전신주 근처, 방파제 옆으로는 이동하지 않음 • 물이 집안으로 흘러 들어오는 경우, 모래주머니 등을 사용하여 최대한 막음 • **이차적인 사고를 예방하기 위해 전기 차단기를 내리고 가스 밸브를 잠금** • 가스와 전기는 기술자의 안전조사가 끝난 후 사용 • 홍수로 밀려온 물은 오염되었을 가능성이 높음 • 몸이 물에 젖었다면 비누를 이용하여 깨끗이 씻음
지진	• **지진으로 많이 흔들리기 시작하면 탁자 아래로 들어가 몸을 보호하고 탁자 다리를 꼭 잡음** • 탁자가 없을 경우 머리를 팔로 감싸서 보호하는 자세로 웅크린 채로 대기 • 창문 근처 등 깨지거나 떨어지기 쉬운 곳은 피함 • 집이 흔들리는 동안에는 대피를 시도해서는 안됨 • 흔들림이 멈추면 전기와 가스를 차단하고 문을 열어 출구를 확보 • 계단을 이용하여 신속하게 건물 밖으로 이동하고 운동장이나 공원 등 넓은 공간으로 이동 • 휴대폰(인터넷)이나 라디오의 안내를 따라 공공대피장소로 이동
정전 및 전기사고	• **손전등 또는 휴대폰을 사용하여 주변을 밝힘** • 가정용 산소호흡기와 같이 전기에 의존하는 필수 의료장비가 중단될 경우 119에 신고하여 긴급 후송을 준비 • 전기쇼크를 입은 사람이 있다면 전류가 차단될 때까지 접촉하면 안되고, 119에 신고 • 긴급한 상황이 없을 경우 누전차단기의 이상유무를 확인하고 정전의 원인을 살펴봄 • 이상이 발견되면 전기공사업체에 수리를 의뢰 • 정전이 복구되면 하나의 콘센트에 여러 개의 전열기기를 연결하지 않는 등 평소에 전기사고 예방에 신경 • 냉장고 안에 냉동식품의 상태를 점검하고, 이미 녹아버린 냉동식품은 재냉동하지 않고 버림

• **올바른 손 씻기 방법**

	준비	흐르는 물로 양 손을 적신 후, 손바닥에 충분한 양의 비누를 묻힌다.
올바른 손 씻기 6단계	손바닥	제1단계 : 손바닥과 손바닥을 마주대고 문질러 준다.
	손등	제2단계 : 손등과 손바닥을 마주대고 문질러 준다.
	손가락 사이	제3단계 : 손바닥을 마주대고 손깍지를 끼고 문질러 준다.
	두 손 모아	제4단계 : 손가락을 마주잡고 문질러 준다.
올바른 손 씻기 6단계	엄지 손가락	제5단계 : 엄지손가락을 다른 편 손바닥으로 돌려주면서 문질러 준다.
	손톱 밑	제6단계 : 손가락을 반대면 손바닥에 놓고 문지르며 손톱 밑을 깨끗하게 한다.
	마무리	흐르는 물로 비눗물을 닦아내고 깨끗한 수건 또는 핸드 드라이기로 손을 건조해 준다.

• 손 씻기를 실천하지 않는 이유

손 씻기 실천하지 않는 이유	① 귀찮아서 29.1% ② 습관이 안 되어서 51.4% ③ 비누가 없어서 5.0% ④ 세면대가 부족해서 2.7% ⑤ 화장실 환경이 지저분해서 1.5% ⑥ 손을 닦을 것이 없어서 1.9% ⑦ 기타 8.5%
	출처 : 질병관리청 국제한인간호재단 지역사회 감염병 예방행태 실태조사

비법　이렇게 이해하고 암기하세요!

"바등깍가엄톱" 6가지를 암기해 주세요!

제3절　응급처치

1　질식

질식	기도폐색	기도(목구멍)에서 배에 이르는 길이 무언가로 막힌 상태
	증상	• 기도폐색이 발생하게 되면 자신의 목을 조르는 자세를 하며 괴로운 표정을 짓게 됨 • 갑작스러운 기침을 할 수 있으며, 때때로 숨을 쉴 때 목에서 이상한 소리가 들릴 수도 있음 [기도폐색에 따른 초킹사인]
	요양보호사 응급처치	① 만일 대상자가 의식이 있고 숨을 쉬도 쉬고 있다면. 요양보호사는 강하게 기침하여 뱉어내도록 격려하는 것 이상의 행동을 할 수 없음 ② 손가락을 넣어 이물질을 빼내려고 하거나 무리하게 구토를 유발하는 행동하면 안 됨 ③ **등을 두드리거나 물을 먹이는 행위도 이물질이 더 밑으로 내려가게 하므로 절대로 하면 안 됨** ④ 요양보호사는 대상자 스스로 이물질을 뱉어내서 호흡곤란이 완전히 없어질 때까지 곁에 있어야 함 ⑤ 만일 대상자가 의식을 알고 더 이상 말을 하거나 숨을 쉬지 못한다면, 즉시 119에 신고하여 전문적인 도움을 받을 수 있도록 함 ⑥ 만일 2명 이상이 있다면, 요양보호사는 옆 사람에게 신고하도록 요청하고 심폐 소생술을 실시할 준비를 시작

질식	요양보호사 응급처치	[성인의 부분 기도폐쇄 처지]	⑦ 응급조치 요령은 기도를 막고 있는 이물질을 제거하기 위해 복부 압력을 높이는 방법 (하임리히법) ⑧ 반드시 기도폐색이 확인되는 경우에만 실시하도록 ⑨ 기도폐색이 아닌 상황에서 복부에 압력을 가하면 늑골골절 또는 내부장기 손상의 사고를 일으킬 수 있기 때문
	하임리히법 순서		① "숨이 안 쉬어지세요? 제가 도와드릴까요?"라고 물어봐야 함 ② 대상자의 등 뒤에 위치 ③ 배꼽과 명치 중간에 주먹 쥔 손을 감싸야 함 ④ **양손으로 복부의 윗부분 후상방으로 힘차게 밀어 올림** ⑤ 한 번으로 이물질이 빠지지 않으면 반복하여 시행 ⑥ 만일 질식이 지속되고 의식을 잃어버린다면 천천히 바닥에 눕힘 ⑦ 119에 신고하고 심폐소생술을 실시

2 급성 저혈압

급성 저혈압	급성 저혈압쇼크	• 혈압이 과도하게 낮아져 기관과 조직에 충분한 혈액순환이 이루어지지 못한 상태 • 대표적으로 대량출혈, 심근경색, 심한 감염증 등에 의해 발생
	증상과 요양보호사 대처	① 피부색에 하얗게 또는 파랗게 변하고 손발이 차가워지고 호흡수가 증가 ② 혈압은 낮아지고 맥박은 상승 ③ **혈압이 90/60 이하로 낮아지거나 맥박 수가 100회 이상으로 크게 오르면 쇼크를 의심할 수 있음** ④ 대상자는 심한 불안과 공포에 휩싸일 수 있음 ⑤ 쇼크는 후기고령자가 갑작스럽게 사망에 이르는 위급한 상황 ⑥ 요양보호사는 항시 이와 같은 상황을 대비해두어야 함
	치료법	① 119에 신고하여 즉시 도움을 청함 ② 천장을 바라보는 자세를 취함 ③ 만약 대량출혈이 발생했다면 출혈에 대한 응급조치를 실시 ④ 만일 입에서 혈액 또는 토사물이 나온다면 고개를 옆으로 돌림 ⑤ 발아래에 베게나 이불 등을 받쳐서 다리가 30cm 정도 올라가도록 함 ⑥ 주변에 자동혈압계가 있다면 신속하게 혈압과 맥박을 측정 ⑦ 상황이 종료될 때까지 침착하고 편안하게 숨을 쉬도록 안내 ⑧ 상황이 종료될 때까지 물이나 음식을 주어서는 안 됨

3 출혈

출혈	혈액의 양과 출혈 쇼크	우리 몸 안에는 성인을 기준으로 5L 정도의 혈액이 있으며, **IL 이상의 출혈이 발생하면 생명의 위험을 초래하는 쇼크 상태에 빠질 수 있음**
	요양보호사 대처방법	① 눈앞에서 대량출혈을 목격할 경우 누구든지 심각한 불안과 공포를 경험 ② 요양보호사는 항상 침착한 태도를 유지하고 대상자를 안심시키도록 노력 ③ 출혈량이 적다면 간단한 지혈로 상황은 종료될 수 있음 ④ 지혈을 시도할 경우, 가급적 장갑을 낀 후 만지도록 함 ⑤ 어쩔 수 없이 맨손을 사용한다면 비누와 물로 깨끗이 씻도록 함
	치료법	① 즉시 도움을 청함(필요 시 119에 신고) ② 장갑을 착용하고 출혈 부위를 노출 ③ 출혈량이 적다면 멸균거즈 등을 활용하여 상처를 압박 ④ 출혈량이 많다면 깨끗한 수건이나 옷을 활용하여 상처를 압박 ⑤ **출혈이 멈추거나 119 구급대원이 올 때까지 출혈 부위를 누르고 있어야 함** ⑥ 출혈이 너무 많으면 두 번째 패드를 덧대서 계속해서 압박 (이때 첫 번째 패드를 제거에서는 안 된다) ⑦ 만일 쇼크가 의심되는 상황이라면 다리를 높이는 자세로 눕힘 ⑧ 출혈이 멈추었다면 상처 부위에 드레싱을 실시

4 경련

경련	증상	• 뇌세포의 비정상적 자극으로 몸의 근육이 비자발적으로 수축하는 증상을 뜻함 • 신체 일부에서만 발생할 수도 있고 온몸이 떨리면서 의식을 잃는 경우도 있음 • 어린아이들은 고열만으로도 경련이 발생하지만, 노인에서 경련은 위중한 질병에 의해 발생하게 됨
	요양보호사 대처법	① 요양보호사가 해야 할 유일한 조치는 병원으로 신속한 후송을 돕는 것 ② 119 구급대원이 도착할 때까지 온전히 기다리는 것이 가장 중요 ③ **경련을 멈추기 위해 무언가를 시도하지 않도록 함** ④ 입 안에 손가락을 넣거나 약을 먹이는 등의 시도를 해서는 안 됨 ⑤ 질식, 쇼크, 출혈 등이 발생하지 않도록 예방적 조치를 취하는 것은 필요
	치료법	① 119에 신고하여 즉시 도움을 청함 ② 주변에 뾰족한 물건 등을 치움 ③ 경련이 발생한 시각을 기록해둠(대부분 15분 이내에 종료)

경련	치료법	④ 대상자를 침대나 바닥에 눕히고 베개를 받쳐 머리의 손상을 보호 ⑤ 호흡을 편하게 할 수 있도록 상의를 느슨하게 함 ⑥ 질식을 예방하기 위하여 고개를 가만히 옆으로 돌림
		⑦ 경련을 멈추기 위해 억제를 시도해서는 안 됨 ⑧ 대상자의 입에 무언가를 물리는 어떠한 행위도 금지 ⑨ 경련이 종료될 때까지 물이나 음식을 주어서는 안 됨 ⑩ 저절로 경련이 멈출 때까지 옆에 가만히 있어줌 ⑪ 경련이 멈추었다면 휴식을 취하면서 다친 곳은 없는지 살핌

5 약물중독

약물중독	약물중독 종류	• 고의, 실수로 치료적 약물을 과량 복용하여 독성반응이 발생할 것으로 예측되는 상태 • 가정에는 의외로 삼겨서는 안되는 독성물질(세제, 락스, 화장품, 살충제 등)이 많음 • 실수로 이와 같은 물질을 섭취했다면 대상자는 이 사실을 알릴 것 • 고의로 독성물질을 섭취했다면 빠른 발견이 어려울 수 있음 • 이 경우 요양보호사는 대상자의 증상과 주변의 정황을 종합적으로 판단하여 약물중독을 의심하고 즉시 119에 신고해야 함 • 갑작스럽게 구토하거나 호흡이 불안해지거나, 의식이 흐려지는 등의 변화가 발생할 수 있음 • 약병 안에 내용물이 쏟아져 있거나 이상한 화약 약품 냄새가 나는 등의 정황을 통해 약물중독을 의심할 수 있음
	치료법	① 119에 신고하고 즉시 도움을 청함 ② 의식이 없는 상황이라면 천장을 바라보는 자세로 눕힘 ③ 입에서 거품이나 토사물이 나온다면 고개를 옆으로 돌림 ④ 119 구급대원이 올 때까지 대상자 곁에서 상태변화를 면밀히 관찰 ⑤ 복용한 것으로 의심되는 물질이 있다면 용기째 119 대원에게 전달

1 심폐소생술의 목적

심폐소생술	심장마비가 발생했을 때 인공적으로 혈액을 순환시키고 호흡을 돕는 응급치료법
심폐소생술 목적	심폐소생술은 심장이 마비된 상태에서도 혈액을 순환시켜, 뇌의 손상을 지연시키고 심장이 마비상태로부터 회복하는데 결정적인 도움을 줌
심폐소생술 필요성	• 폐와 혈관 내에는 심폐기능이 멈춘 후 약 6분 정도까지 생명을 유지할 수 있는 산소의 여분이 있으나 4~6분 이상 혈액순환이 되지 않는 경우 뇌 손상이 옴 • 심정지를 목격한 사람이 즉시 심폐소생술을 시행하게 되면 그렇지 않은 경우에 비해 생명을 구할 수 있 는 확률이 3배 이상 높아짐

2 심폐소생술의 단계

반응 확인		① 대상자에게 접근하기 전에 현장이 안전한지 확인 ② 화재 또는 교통사고 현장에 있다면 대상자를 안전한 장소로 이동시켜야 함 ③ 대상자의 양쪽 어깨를 가볍게 두드리면서 "괜찮으세요?"라고 질문하면서 반응을 확인
도움요청		④ 질문에 반응이 없고 정상적인 호흡이 없다면 즉시 큰 소리로 주변 사람에게 119 신고를 요청 ⑤ 주변에 아무도 없는 경우 직접 119에 신고
119 신고하기		⑥ 119 신고 전화를 끊지 않고 상담 요원의 지시에 따르는 것이 매우 중요

119 구급대원 지시에 따름	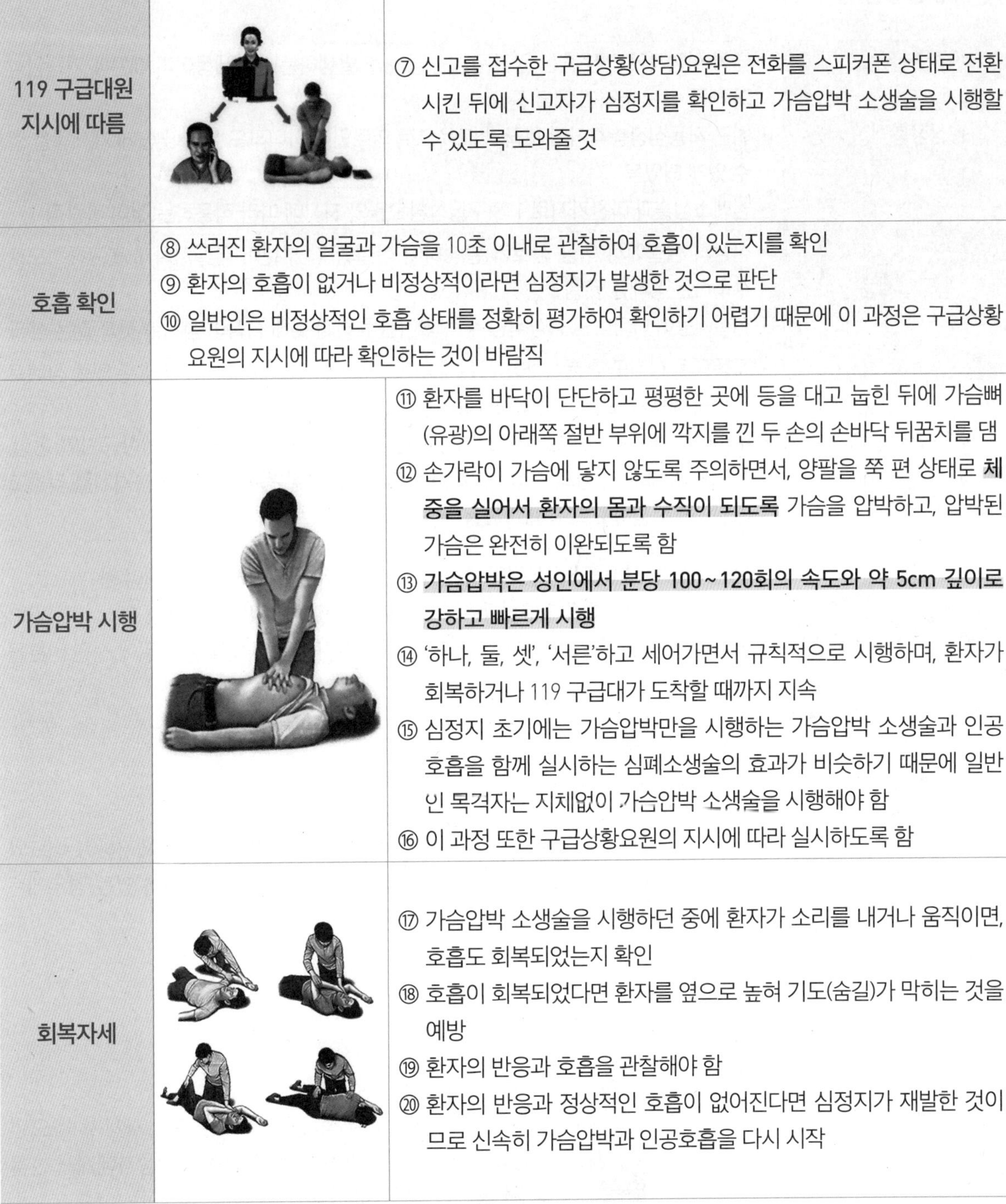	⑦ 신고를 접수한 구급상황(상담)요원은 전화를 스피커폰 상태로 전환시킨 뒤에 신고자가 심정지를 확인하고 가슴압박 소생술을 시행할 수 있도록 도와줄 것
호흡 확인		⑧ 쓰러진 환자의 얼굴과 가슴을 10초 이내로 관찰하여 호흡이 있는지를 확인 ⑨ 환자의 호흡이 없거나 비정상적이라면 심정지가 발생한 것으로 판단 ⑩ 일반인은 비정상적인 호흡 상태를 정확히 평가하여 확인하기 어렵기 때문에 이 과정은 구급상황요원의 지시에 따라 확인하는 것이 바람직
가슴압박 시행		⑪ 환자를 바닥이 단단하고 평평한 곳에 등을 대고 눕힌 뒤에 가슴뼈(유광)의 아래쪽 절반 부위에 깍지를 낀 두 손의 손바닥 뒤꿈치를 댐 ⑫ 손가락이 가슴에 닿지 않도록 주의하면서, 양팔을 쭉 편 상태로 **체중을 실어서 환자의 몸과 수직이 되도록** 가슴을 압박하고, 압박된 가슴은 완전히 이완되도록 함 ⑬ **가슴압박은 성인에서 분당 100~120회의 속도와 약 5cm 깊이로 강하고 빠르게 시행** ⑭ '하나, 둘, 셋', '서른'하고 세어가면서 규칙적으로 시행하며, 환자가 회복하거나 119 구급대가 도착할 때까지 지속 ⑮ 심정지 초기에는 가슴압박만을 시행하는 가슴압박 소생술과 인공호흡을 함께 실시하는 심폐소생술의 효과가 비슷하기 때문에 일반인 목격자는 지체없이 가슴압박 소생술을 시행해야 함 ⑯ 이 과정 또한 구급상황요원의 지시에 따라 실시하도록 함
회복자세		⑰ 가슴압박 소생술을 시행하던 중에 환자가 소리를 내거나 움직이면, 호흡도 회복되었는지 확인 ⑱ 호흡이 회복되었다면 환자를 옆으로 높혀 기도(숨길)가 막히는 것을 예방 ⑲ 환자의 반응과 호흡을 관찰해야 함 ⑳ 환자의 반응과 정상적인 호흡이 없어진다면 심정지가 재발한 것이므로 신속히 가슴압박과 인공호흡을 다시 시작

3 자동심장충격기 사용

자동심장충격기 사용	• 급성 심정지의 가장 흔한 원인은 심근경색 후 발생하는 심실세동이기 때문에 가슴압박과 빠른 심장 충격이 매우 중요 • 최근 자동심장충격기의 보급과 교육으로 의료인이 아니라도 누구나 쉽게 제세동을 할 수 있게 되었음 • 심폐소생술과 마찬가지로 119 구급상황요원의 지시에 따라 적용하는 것이 바람직
심실세동	• 심장의 심실에서 이상 신호가 발생하여 심실의 각 부분이 무질서하게 불규칙적으로 수축하는 상태를 뜻함 • 심실세동이 나타나면 정상적인 수축과 이완을 하지 못해 심정이 정지한 것과 같은 상태
자동심장충격기	• 자동으로 심전도를 분석하여 심실세동(또는 무맥성 심실빈맥)을 제거할 수 있는 장비로 자동제 세동기 또는 AED라고도 불리움 • 우리나라에서는 **공공보건의료기관, 구급대에 운용중인 구급차, 여객항공기와 공항, 철도차량, 20톤 이상의 선박, 공동주택, 다중이용시설 등에 자동심장충격기를 갖추고 매월 1회 점검하도록 정하고 있음**(응급의료에 관한 법률 제4조2)
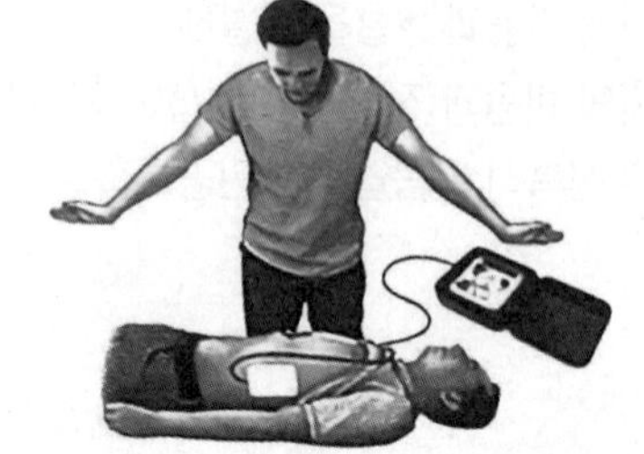 심장충격기 전원켜기	• **심장충격기는 반응과 정상적인 호흡이 없는 심정지 환자에게만 사용해야 함** • 심폐소생술 시행 중에 **자동심장충격기가 도착하면 지체 없이 적용**해야 함 • 먼저 자동심장충격기를 심폐소생술에 방해가 되지 않는 위치에 놓은 뒤에 전원 버튼을 누름
두 개의 패드 부착	패드 부착 위치 패드 1 : 오른쪽 빗장뼈 아래 패드 2 : 왼쪽 젖꼭지 아래 중간 겨드랑선 패드 부착 부위에 이물질은 제거하며, 패드와 심장충격기 본체가 분리되어 있는 경우에는 연결[1]
심장리듬 분석	① "분석 중…"이라는 음성지시가 나오면 심폐소생술을 멈추고 대상자에게서 손을 떼야 함

---

1 (출처: 질병관리청 손방예방관리과)

심장리듬 분석	② 심장 충격이 필요한 경우라면 "심장충격이 필요합니다" 라는 음성지시와 함께 심장충격기에 스스로 설정된 에너지로 충전을 시작
	③ 심장충격이 필요 없는 경우에는 "환자의 상태를 확인하고 심폐소생술을 계속하십시오"라는 음성지시가 나오며 즉시 심폐소생술을 시작
심장리듬 분석	① 심장충격이 필요한 경우에만 심장충격 버튼이 깜박이기 시작 ② 깜박이는 버튼을 늘려 심장충격을 시행 ③ 심장충격 버튼을 누르기 전에는 반드시 다른 사람이 환자에게서 떨어져 있는지 확인해야 함
즉시 심폐소생술 다시 시행	① 심장충격을 실시한 뒤에는 즉시 가슴압박을 다시 시작 ② 심장충격기는 2분마다 심장리듬을 반복해서 분석하며, 이러한 심장충격기의 사용 및 심폐소생술의 시행은 119구급대가 행각에 도착할 때까지 지속되어야 함

기출 요양보호사가 제공할 수 있는 응급처치 방법에 해당하지 않는 것은?

① 환자의 상처를 치료한다.　　　　② 심정지 환자에게 심폐소생술을 실시한다.

③ 환자의 약물을 처방한다.　　　　④ 응급상황에 적절히 대처한다.

⑤ 환자에게 응급 처치를 지시한다.

해 환자에게 약물을 처방할 수 있는 권한은 요양보호사가 아닌, 의사에게 있다.

답 ③

기출 요양보호사가 제공할 수 있는 응급처치 중 적절한 것은 무엇인가?

① 심폐소생술(CPR)　　　　　　② 상처 치료 후 진단을 내린다.

③ 수술 준비를 한다.　　　　　　④ 진통제를 투여한다.

⑤ 의약품을 처방한다.

해 나머지 선지는 의사만이 할 수 있다.

답 ①

< 참고문헌 >

- 요양보호사 양성 표준교재. 2024년 개정판, 보건복지부
- 보건복지부, (2022) 요양보호사 직무교육교재
- 송아름, 2026 지역사회간호학 리빌드 개념완성
- 이은주, 다약제 복용과 노인에서 부적절한 약물
- 미국노인병학회 (2019), Beers Criteria
- 질병관리청, 국가건강정보포털 (https://health.kdca.go.kr)
- 한국건강증진재단. (2014). 저위험음주 가이드라인
- NIAAA. (2007). Helping Patients Who Drink Too Much
- WHO. (2010). Global strategy to reduce the harmful use of alcohol
- WHO. Health topics: alcohol
- 질병관리청 (2018) 성인 예방접종 안내서
- 대한감염학회, (2019) 성인예방접종표
- 질병관리청 국가건강정보포털 (https://health.kdca.go.kr)
- 질병관리정 건강위해정보 (hitps://kdca.go.kr/contents.es?mid=a20205060100)
- 대한심폐소생협회, 심폐소생술 시행방법 (https://www.kacpr.org)
- 대한심폐소생협회, 자동심장충격기(자동제세동기, AED) 사용방법

송아름

| 약력 및 경력

- 現 환자안전 ART QI 컨설팅 대표
- 現 서울사이버대학교 겸임교수
- 간호직/보건진료직 전공전임
- 강의 since 2011~
- 컨설팅 since 2015~

| 학위 및 자격

- 행정학석사/간호학학사
- (면허증) 대한민국간호사/미국간호사
- (자격증) 보건교사/요양보호사

| 저서

- 『작심3일 요양보호사 합격비법노트』
- 『환자안전 비법노트』
- 『의료기관평가 인증준비 비법노트』
- 『간호관리힉 합격비법노트』
- 『지역사회간호학 합격비법노트』 외 다수

2026 100% 무료강의 제공되는 작심3일 요양보호사 필기/실기 합격비법노트

초판 발행 2026년 2월 1일

발행처 인성재단(종이향기)

발행인 조순자

편저자 송아름

편집디자인 장영은

정 가 19,000원   **ISBN** 979-11-7491-085-1